本书是2021年山西省高等学校人文社会科学重点研究基...

山西革命根据地主要报纸文艺副刊的搜集整理与研究成果。

王晓瑜 —— 著

山西革命根据地主要报纸文艺副刊研究

U0691465

山西出版传媒集团

山西人民出版社

图书在版编目(CIP)数据

山西革命根据地主要报纸文艺副刊研究 / 王晓瑜著.
-- 太原:山西人民出版社,2023.9
ISBN 978-7-203-13039-0

Ⅰ.①山… Ⅱ.①王… Ⅲ.①革命根据地—文艺—副
刊—研究—山西 Ⅳ.①G219.292.5

中国国家版本馆CIP数据核字(2023)第174376号

山西革命根据地主要报纸文艺副刊研究

著　　者:王晓瑜
策划编辑:连　军
责任编辑:魏美荣
复　　审:崔人杰
终　　审:梁晋华
装帧设计:昭惠文化

出 版 者:山西出版传媒集团·山西人民出版社
地　　址:太原市建设南路21号
邮　　编:030012
发行营销:0351 - 4922220　4955996　4956039　4922127(传真)
天猫官网:https://sxrmcbs.tmall.com　　电话:0351 - 4922159
E-mail:sxskcb@163.com 发行部
　　　　　sxskcb@126.com 总编室
网　　址:www.sxskcb.com

经 销 者:山西出版传媒集团·山西人民出版社
承 印 厂:晋中市美琳印务有限公司

开　　本:787mm×1092mm　1/16
印　　张:19.5
字　　数:300千字
版　　次:2023年9月　第1版
印　　次:2023年9月　第1次印刷
书　　号:ISBN 978-7-203-13039-0
定　　价:86.00元

《抗战日报》文艺副刊
《文艺之页》创刊号

《抗战日报》文艺副刊
《吕梁文化》创刊号

《新华日报》(华北版)
文艺副刊《新地》
创刊号

《新华日报》(华北版)
文艺副刊《戏剧》
创刊号

《新华日报》（华北版）
文艺副刊《新华文艺》
创刊号

《新华日报》（太行版）
文艺副刊《太行文艺》
创刊号

《抗敌报》文艺副刊
《海燕》创刊号

《抗敌报》文艺副刊
《剧运》创刊号

《晋察冀日报》文艺副刊
《鼓》创刊号

《晋察冀日报》文艺副刊
《晋察冀艺术》创刊号

目　录

前　言

　　1942年《在延安文艺座谈会上的讲话》的发表，无疑是左翼文学发展史上影响巨大的事件，标志着中国左翼文学进入一个全新阶段。检视这一阶段革命根据地文学，晋绥、晋察冀、太行太岳三大革命根据地的文学实绩非常耀眼。比如，太行太岳根据地出现了"方向性"作家赵树理、诗人阮章竞，晋察冀根据地出现了孙犁、康濯，晋西北根据地培养了马烽等"晋绥五战友"。与主要活动于陕甘宁边区的丁玲、艾青、何其芳等成名后投奔根据地的作家相比，赵树理、孙犁、马烽等作家更具有根据地的原生性色彩，其创作一定程度上更能代表根据地文学新样态的特色，对此后的十七年文学影响也更为明显。可以说，在理论层次对这种文学新样态做出设计与探讨的无疑主要是陕甘宁边区的毛泽东等中共领导人与周扬等红色学者，但是在文学创作上展示出这种文学新样态，赵树理等做出的成绩更多。因之，这三个革命根据地文学是研究根据地（解放区）文学以及之后的十七年文学发生演化绕不开的重要存在。

　　受限于物资奇缺，绝大部分时间里根据地的文学刊物很少，报纸的文艺副刊便成为文学作品发表的主要载体。一方面，根据地作家的许多文学作品都刊发于文艺副刊，另一方面，许多根据地作家参与了副刊的编辑，比如孙犁曾编辑《晋察冀日报》文艺副刊，赵树理编辑过太岳根据地多种报纸的文艺副刊，马烽担任过《抗战日报》的副刊编辑。这三个革命根据地报纸文艺副刊与其文学之间的紧密关系是不言而喻的。文艺副刊所呈现出的是一种未被秩序化、等级化的原生态的文学状貌，从中获取的文学信息更为准确、细致。因之，这三个革命根据地报纸文艺副刊的研究对于廓清革命根据地文学本身的原生态状貌与探析 1942 年以后兴起于根据地（解放区）的文学新样态的发生成形都是非常重要的。

国内对民国时期报纸文艺副刊的研究可以追溯到 20 世纪 50 年代，《〈觉悟〉〈学灯〉〈晨报副刊〉和〈京报副刊〉的终刊日期》是现在可查到的这一时期文艺副刊研究的代表性成果，但是之后成果较少。直到 20 世纪 80 年代才多了起来，如萧乾《鱼饵·论坛·阵地——记〈大公报·文艺〉1935—1939》、唐弢的《影印本〈申报·自由谈〉(1932.12—1935.10)序》、刘增杰的《鲁迅与〈豫报副刊〉》以及冯并的《略论副刊在我国近现代报学和文学中的历史地位》等，另外则是一些专门研究文艺副刊的专著或对此有所涉猎的专著，如王文彬的《中国报纸的副刊》、杨效农的《晋绥日报简史》等。这些研究，因许多研究者是历史的亲历者，研究中有着明显的回忆录色彩。这些对于文艺副刊的初步探讨，给后来者的深入研究留下宝贵的一手资料。从史料的真实与丰满来看，具有后来完全立足于资料的研究所无法比拟的优势。但也因这样的原因，在其中有着许多有意无意的遮蔽，研究者的客观性有所欠缺。

从 20 世纪 80 年代后期起，文艺副刊的研究相对沉寂。进入 21 世纪后，研究界越来越认识到报纸文艺副刊之于中国现代文学发生发展中的意义与研究的史料价值，孙玉石先生在 2004 年提出，"报纸文艺副刊资源的开发"关系着"现代文学研究的深入、突围以及学风改变"；文艺副刊的研究"对于了解和研究现代文学的生成，作家的产生与传媒的关系，作家、作品从产生到发表的原初过程，某些文类(如小品、杂文、散文、书评等）的产生与传播，文学思潮流派与作家风格的产生，文学创作的原生态面貌，文学作家、批评家、编辑与读者互动共生的文化形态，等等，提供了丰富的文献资源，也为原创性研究提供了一个重要契机和动力源"，这不仅仅是在论述文艺副刊之于现代文学研究深入发展的价值，同时对于研究的内容、视角与方法也有指导意义。从 21 世纪初到目前，许多研究者对民国期间多种报纸文艺副刊作了多角度多层次的研究，每年都有很多以此为研究对象的学术论文、专著以及硕士、博士论文。2019年《民国时期报纸文艺副刊汇编》（第一编）的出版是文艺副刊收集与研究的重大成果。2020年，"中国文艺副刊文献的整理、研究及数据库建设（1898—1949）"获批国家社科基金重大项目。可以看出，报纸文艺副刊的研究越来越受到国家与学界的重视，在未来的一段时间内可能成为新的学术亮点。

从目下民国期间文艺副刊研究的总体状貌来看，一方面，纳入研究视野的内容非常宽泛，既有如"民国四大副刊"这样的在文学史上影响很大的副刊，也有一些早先不被人们注意的副刊被重新发掘出来，如对《文座》的研究、对《革命军诗刊》的研究；既有对大后方、国统区报纸文艺副刊的研究，也有对延安等共产党领导的根据地解放区报纸文艺副刊的研究，甚至对沦陷区、伪满辖区的报纸文艺副刊也有研究；另一方面，研究对象又有所集中，比如"民国四大副刊"和《大公报》《新华日报》等民国知名报纸副刊的研究较多；对于国统区大后方报纸文艺副刊的研究要多于根据地解放区；对于根据地解放区报纸文艺副刊的研究也集中于陕甘宁边区的大报副刊，如《解放日报》的文艺副刊，对于其他解放区则研究较少。

晋绥、晋察冀、太行太岳革命根据地报纸文艺副刊也属于研究者较少关注的领域。20世纪80年代出版的《晋绥日报简史》，以及20世纪90年代出版的《晋冀鲁豫出版史》《晋绥边区出版史》等以及晚近出版的《山西根据地出版史》《晋察冀抗日根据地新闻出版史研究》《山西期刊史》等虽都有三个革命根据地报纸文艺副刊的相关内容，但都不是对它的专门研究，而且视角也偏于新闻出版而非文学。就资料收集整理而言，国家社科基金"抗日战争研究专项工程：抗日战争与近代中日关系数据平台"收录了三个根据地的主要报纸，《晋绥日报》（《抗战日报》）、《晋察冀日报》（《抗敌报》）、《新华日报（太岳版）》（《太岳日报》）；中国历史文献总库·近代报纸数据库收入《新华日报》（华北版）（太行版）、《晋察冀日报》（《抗敌报》）两种，但均未对其中的文艺副刊作专门整理；已出版的《民国时期报纸文艺副刊汇编》(第一编)收入北京、上海及重庆民国时期三大文学中心知名报纸的文艺副刊,尚未涉及根据地的报纸副刊。国家社科基金重大项目选题"中国文艺副刊文献的整理、研究及数据库建设(1898—1949)",尚处于研究的起步阶段,是否把山西根据地报纸文艺副刊纳入研究范围尚不得而知。

基于此,对山西革命根据地的文艺副刊作专门搜集整理并从文学的视角研究应该是有价值的。

抗日战争及之后的解放战争期间,山西的晋察冀、晋绥、太行太岳三大抗日革命根据地创办了多种报纸。限于时间及资料,对其作全面的搜集研究目前仍有一定困难,因而本书选取这三大根据地最具代表性的三份报纸作为研究对象:晋察冀抗日革命根据地的《晋察冀日报》(《抗敌报》),晋绥抗日革命根据地的《晋绥日报》(《抗战日报》),太行太岳根据地的《新华日报》(华北版)(太行版)。

即使做了这样的限定,这三种报纸在办报过程中,所办的文艺副刊有多种,除了专门的文艺副刊,在综合性副刊与其他类专刊中也有不少文艺性作品;除了有刊名的文艺副刊,一些没有刊名的副刊版面中也有大量的文艺性作品;由于在特定的战争语境中,对于作品反映现实的及时性与宣传鼓动性的偏重,文艺性作品与宣传性材料及新闻纪实性作品界限也很模糊。因而,本书把研究对象基本限定于有刊名的文艺副刊,没有刊名的副刊版面中的文艺性作品不作为研究对象,其他类专刊(如《晋察冀日报》的《子弟兵》等)中的文艺性作品也不作为研究对象。所以,太岳革命根据地的报纸《新华日报(太岳版)》(《太岳日报》),尽管是太行太岳根据地非常重要的一份报纸,但因为它始终没有创办有报头的专门的副刊,所以本书也没有把它列为研究对象。《晋绥日报》与《晋察冀日报》在抗战末期与解放战争时期都曾办过副刊,而且延续时间较长,期数较多,《晋绥日报》的副刊1945年9月1日至1947年12月30日,共出版708期,《晋察冀日报》的副刊1946年5月27日到1946年10月10日,共出版131期,但因为两种副刊都是综合性副刊,内容较为庞杂,也不作为研究对象。还有则是这些报纸还创办过一些增刊，比如《晋察冀日报》的《每周增刊》（1946年2月创办）和《新华日报》（华北版）的《新华增刊》（1941年3月创办），尽管在有些研究中也把它看做副刊，但其独立性较强，版面与主报不连续（这两种副刊都是两版，但不像《文艺之页》《海燕》等设于报纸的第四版，而是在主报之外另计第一版、第二版），因而也没有纳入研究范围，当然需要说明的是《新华日报》（华北版）的副刊《新华文艺》从版面设置来看，也属于此类增刊，但因为其与《新地》副刊有较强的连续性，为了便于呈现抗战初期副刊文艺的发展演变，本书将《新华文艺》纳入研究对象。以此标准，本书研究的文艺副刊共10种，按创刊时间排列如下：

《海燕》：《抗敌报》副刊，1938年10月26日创刊，终刊于1939年1月1日。

《新地》：《新华日报》（华北版）副刊，创刊于1939年1月9日，1939年3月29日停止发刊。

《戏剧》：《新华日报》（华北版）副刊，创刊于1939年2月27日，终刊于1939年3月27日。

《新华文艺》：《新华日报》（华北版）副刊，创刊于1939年7月1日，1939年9月15日终刊。

《剧运》：《抗敌报》副刊，创刊于1939年9月1日，仅有创刊号1期。

《晋察冀艺术》：《晋察冀日报》副刊，创刊于1941年1月9日，1942年7月12日终刊。

《文艺之页》：《抗战日报》副刊，创刊于1942年1月17日，终刊于1942年5月7日。

《鼓》：《晋察冀日报》副刊，1942年12月8日创刊，1943年4月18日终刊。

《吕梁文化》：《抗战日报》副刊，创刊于1943年3月6日，同年9

月30日终刊。

《太行文艺》:《新华日报》(太行版) 副刊，1949年2月5日创刊，1949年4月29日终刊。

本书以这三种报纸的10种副刊作为研究对象，但不是完全按时间顺序排列，而是首先按不同的主报分成三个部分。需要特别说明的是，因为《晋察冀艺术》内容较多，为了各章容量的大致平衡，所以把其单列一章，因而全书共分为四章，第一、二章分别为《晋绥日报》(《抗战日报》)的文艺副刊与《新华日报》(华北版)(太行版)的文艺副刊，第三、四章为《晋察冀日报》(《抗敌报》)的文艺副刊。在每一章则按副刊创刊时间的先后排列，除第四章外，每一节介绍评析一种副刊。

在每一节中，按副刊作品的体裁分类，但有以下几点需要说明：一、在所有副刊中，明确标出文体类别的作品很少，副刊文学作为一种新闻文学，纪实的内容较多，但也有一部分虚构性的小说，在没有明确文体标识的情况下，副刊中的虚构性小说和纪实性的通讯报告很难确切区分，因而本书没有用惯常使用的"小说""报告文学"这样的类别划分，而是把这两类作品统称为"叙事性作品"；而对于叙事诗，则因其有着明显形式特征，仍把它置于诗歌之内。二、按常用的体裁划分，文艺理论与文艺评论性作品都属于散文，但在本书所涉的这几种副刊中，这类型的作品较多，所以析出另设一类；另外因通讯报告归入"叙事性作品"一类，所以本书各节中的"散文"部分仅包括抒情性散文与议论性杂文。

为便于读者阅读，对于当时"的""地""得"用法与现代汉语不一致的地方，统一按现代汉语用法直接修改，不作专门说明与标注；对于行文中其他错字、讹字或用"（）"标注出正确的字，或作注予以说明。

第一章

《晋绥日报》（《抗战日报》）文艺副刊

　　《抗战日报》是中共晋绥分局的机关报，是抗战时期晋西北抗日革命根据地的主要报纸。1940年9月18日创刊于山西兴县，是在《五日时事》（1938年5月25日创刊于山西孝义）、《新西北报》（1939年1月28日创刊于山西岢岚）、《黄河日报》（路东版）（1939年12月创刊于山西壶关）三报基础上创办的。1946年7月1日《抗战日报》更名为《晋绥日报》，1949年5月1日终刊。

　　《抗战日报》在创刊号第四版就登出一则征稿启事，其中说："本版除转载或专载外，欢迎各种短论、通讯、报告、故事、杂文、诗歌、木刻等投稿"[①]，报纸从创刊起"就以第四版作为副刊"[②]。1941年3月15日，又在第四版刊出"本版征稿简约"，其中对本版刊载内容作了细化，把其分为四类："甲、关于政治经济军事文化等各种理论之研究以及关于建设抗日根据地各种问题之讨论；乙、关于党政军事民运等机关团体各部门工作之动员总结及经验检讨等；丙、关于文艺的短论、短篇小说、故事、诗歌、戏剧、杂文、报告文学、速写、文艺通讯、木刻等作品；丁、各种理论著述及文艺创作之翻译。"[③]其中丙丁两类都属于文艺范畴。据此看来在报纸编创者的设计里，文艺性的作品始终应是《抗战日报》第四版的主要

[①]《本版征稿启事》，《抗战日报》，1940年9月18日，第四版。

[②] 杨效农：《晋绥日报简史》，重庆：重庆出版社，1992年版，第106页。

[③]《本版征稿简约》，《抗战日报》，1941年3月15日，第四版。

内容。但就实际刊载内容来看，"在创刊后的头一年里，第四版上刊登的很多是长篇大论文章，实际上成为容纳长文章的机动版面，并不完全具备副刊的性质"①。文艺性的短文也有不少，但往往是与其他类型的文章混杂在一起，零星地不定期地刊载。"刊登长篇大论文章"之外为数不多的略具副刊性质的版面，也只能算是综合副刊。至1941年下半年，副刊中的各类内容才逐渐分门别类区分开来：《村选》《敌情》《教师之友》等渐次创办，文艺副刊有《文艺之页》与《吕梁文化》。

第一节　《文艺之页》

《文艺之页》是《抗战日报》创办的第一个文艺副刊，创刊于1942年1月17日，终刊于1942年5月7日。由晋西根据地文社编辑，主要刊登各种体裁的文艺作品，是专门的文艺副刊。

《文艺之页》占用第四版一整个版面，共出版14期，发表文学作品共45篇，其中诗歌8篇，文艺评论性文章14篇，有寓言1篇，散文2篇，其余20篇因其中许多篇不好区分是虚构性的小说还是纪实性的报告文学、速写、文艺通讯，所以在此笼统称为"叙事性作品"。

一、叙事性作品

严格来讲，《文艺之页》的叙事性作品应是21篇，田家的寓言《神农尝百草》也当属此类。但是《神农尝百草》是这21篇中唯一一篇明确标示出文体的作品，其文体属性无须讨论。余下20篇分别是：《屯兰川之夜》《风波》《二黑子的故事》《偏关"警备队"的反正》《像男子的女人（劳动英雄素描之一）》《我叫李荣华》《惊骇的一日》《四年前后》《笔》《张奇才》《重上前线》《老猴》《书店老板》《一个伤兵》《孩子们》《有我，

---

① 杨效农：《晋绥日报简史》，重庆：重庆出版社，1992年版，第106页。

还能丢了枪!》《美龄》《柳医生的末路》《安乐村长》《三支枪和一皮包文件》。整体而言，小型化、轻型化、报告文学化的特点体现依然明显——这些特点在一般的文学史叙述中被看作是早期抗战文学的特点，而《文艺之页》存续时间，就全国的抗战而言，已是相持阶段的中段。除了《风波》与《老猴》两期连载外，其他作品都是一期载完，所占版面也在一版的1/4至1/3者居多，而且此时的《抗战日报》是8开的小版面。

　　首先对"叙事性作品"这一概念作一说明。在这20篇作品中，虚构性的小说和纪实性的报告文学、速写、文艺通讯间的界限比较模糊。《风波》《老猴》《张奇才》《柳医生的末路》《二黑子的故事》《重上前线》《有我，还能丢了枪!》等几篇有较为明显的小说文体特征，《惊骇的一日》《屯兰川之夜》《书店老板》《孩子们》《三支枪和一皮包文件》与《美龄》通讯报告文体特点要强一些。《偏关"警备队"的反正》《像男子的女人（劳动英雄素描之一）》《我叫李荣华》《一个伤兵》《安乐村长》等篇幅较为短小的几篇则更像是速写素描。但即使《风波》等篇，仍有明显的报告文学通讯等新闻类文体的色彩，篇幅都比较短小，故事情节也较为简单，文学性都不是很强。但这种叙事的新闻色彩主要是形式及写法方面的，就作品书写的艺术世界与现实生活的关系而言，也即从小说的虚构性特征与新闻类文学的纪实性特征来看，这些作品又不严守文体的分野，其间有不少模糊与不好界定之处。比如，斯尔的《惊骇的一日》显然是在模仿20世纪30年代上海左翼文学中的《中国一日》《上海一日》等报告文学作品。故事情节很简单，叙写也很平实，从叙写的笔法上看，基本符合通讯报告的特征。但是，本篇作品是以第一人称"我"的视角来叙述的，叙述者"我"是带着弟弟逃走的农村小姑娘，显然与作者斯尔女作家的身份不符，文中所写也不是作者亲历，从这点来看，这篇作品又具有一定的虚构性，因而似乎又应归入小说。由是推之，在《屯兰川之夜》《书店老板》与《孩子们》这些通讯报告文体特征明显的作品中，尽管找不出叙述者"我"与作者并非一人的明显证据，但作品中的虚构性也很难排除，这些作品也许就是"报告文学体的小说"或曰"小说化的报告文学"。而同时更接近小说的作品中也有明显的通讯报告等新闻性文体的笔法，这种小说与通讯报告文学界限模糊的现象不仅出现于《晋绥日报》（《抗战日报》）文艺副刊中，在《晋察冀日报》（《抗敌报》）、《新华日报》（华北版）（太行版）中亦是如此，这也是我在书中把这类作品统称为"叙事性作品"，而没有再作进一步区分的原因。

此期的作者似乎对小说的虚构性与通讯报告的纪实性没有作有意识的区隔，在叙事类作品的写作中并没有受文体规约的自觉意识。其中原因，首先在于报纸文艺副刊毕竟是附着于以新闻为主要内容的报纸，与专门的文艺期刊有所不同，体现出较多的新闻色彩也是自然。其二，无论讲述内容是纪实还是虚构，这样的文体模糊化处理，对于作者而言都是把它当做真实的故事讲给读者听，期待读者把它当做真实的故事来接受。周维东在谈到延安的报告文学创作时认为"报告文学有'类新闻'的效果，一旦真人真事经过艺术加工被广大读者知晓，其产生的效果往往比'虚构'的文学更有力量"①。山西革命根据地报纸文艺副刊中的这样一种"报告文学化的小说"或者说"小说化的报告文学"，因其具有这样的接受层面真实性，同样具有"'真实'形成的震撼性"，②更有助于根据地普通民众的战争动员。

接下来先对《风波》《老猴》等几篇小说特征较为明显的作品作一介绍。

《风波》是《文艺之页》叙事性作品中篇幅较长的作品，分两期连载，作者是女作家莫耶。莫耶是从20世纪30年代即开始创作的左翼作家，1937年到达陕甘宁根据地后，创作了不少作品。1938年后到达晋西北根据地，是晋西北根据地初创时期比较知名的作家，1941年在《西北文艺》发表小说《丽萍的烦恼》，引起很大争议。

---

① 周维东：《被"真人真事"改写的历史———论解放区文艺运动中的"真人真事"创作》，《中山大学学报》，2014年第2期。

② 周维东：《被"真人真事"改写的历史———论解放区文艺运动中的"真人真事"创作》，《中山大学学报》，2014年第2期。

　　《风波》写农民出身的八路军战士赵补留与妻子是缺乏感情基础的旧式婚姻，妻子一开始就嫌其年纪大，日军入侵后，赵补留家里被日军洗劫，房子被烧毁，父母惨死。根据地建立以后，赵补留参加了八路军。两年后，赵补留在城里偶遇其妻子，才知道妻子也学习了文化，进了学校，"想自由自在地跟人家当干部"，①要出去参加抗日工作，这使他感觉到家庭的危机——"如今为着抗日出来，家里婆姨也跟着人跑了，叫咱抗完战回去找谁啦?!"②于是赵补留向班长请假回家解决家庭问题。但是回家后，妻子并没有因为赵补留参加了抗战、学习了文化而改变对他的态度，仍然对他很冷淡。赵补留多次向妻子示好得不到回应，一怒之下打了其妻，妻子因此提出离婚，最后，在妇救会秘书的劝说下，赵补留向其妻道歉认错，为了让赵补留安心抗日，其妻只是被安排在村里参加本村的妇救会工作，而不再去外面工作，夫妻俩重归于好。作品呈现出八路军占领晋西北农村后党领导下的农村的新变化，但这种新变化主要体现在农村的观念变化——妇女解放上，而基本没有触及"农民翻身"至为关键的农村基层政权建设与农村经济关系的变化。

　　《老猴》是莫耶的另外一篇作品，署的是莫耶的另外一个笔名"椰子"。作品讲述老猴本是一个农村富家子弟，吃喝浪荡，又抽大烟，参加八路军后成长为一名革命战士，最后在战斗中壮烈牺牲的故事。这是一篇围绕人物形象刻画而非注重故事情节结构的作品，塑造了作战勇敢机智、性格滑稽风趣的八路军战士老猴的形象。老猴因为躲避父母兄弟的责骂而入伍，入伍后冲锋陷阵毫不畏缩，最终在战斗中英勇牺牲。其中运用大量的动作描写，表现出老猴的机智勇敢，如"他就是这么个逗人乐的家伙。不论在战场上在游戏场在屋里有他在，人们总觉不到沉闷；就是说话，他也总很特别"，还有如"'不用，连长！孙悟空有七十二变，我多他一变！'老猴笑嚷着，大家叫他别大声吼，怕给敌人听见，他说：'怕什么，

---

　　① 莫耶：《风波》，《抗战日报》，1942年1月17日，第四版。
　　② 莫耶：《风波》，《抗战日报》，1942年1月17日，第四版。

咱们正要找他们呢！'"①作品生动地塑造了一个敏捷果敢、英勇无畏的抗敌战士形象，其中对老猴在战斗中的许多传奇故事有生动鲜活的描绘。这是一篇接近"英雄传奇"的作品。正如后来的批评中所言，老猴在夜袭敌人时仍大声叫嚷着开玩笑，"双手拿着手榴弹而把枪背在背上"，在战斗尚未结束的时候就跳进敌人的汽车长时间躲在里边"一点声音也没有"，叫嚷着"我在里边睡觉""嚼着饼干""双手捧着许多子弹"跳下车来，等等行为可能既违反作战纪律，也不符合战场的实际，②但这样的描写可以增加人物身上英雄传奇色彩，增强作品的趣味性与可读性。其实中国古代叙事文学中的英雄侠客叙事以及20世纪50年代《铁道游击队》等革命英雄传奇小说，甚至于近年来的《亮剑》等，情节的传奇性设计、英雄人物的塑造方式都与此类似。

法鉴的《张奇才》与罗寒的《柳医生的末路》是反映敌我双方渗透反渗透式的暗战作品。《张奇才》写敌占区的青年农民张奇才受敌人的胁迫与利诱，参加"灭共青年团"的训练后，受日军指派参加八路军"破坏八路军""五个月要回离石报告一次，还要把枪带回来，做到的话，一天一块白洋，还要给娶老婆，如果过期不回，就不能再见你的爹爹"③。但是张奇才参加八路军后，班长及战友都给予他无微不至的帮助，受八路军里新型的官兵关系与战士之间相互关怀的感化，最终向指导员坦白。其中用大量的文字描写张奇才准备坦白时的内心冲突。

《柳医生的末路》中的柳医生本是晋绥军的医官，"天天是白面、猪肉、香酒，④津贴一月几十块，人有钱就有可乐的地方：牌场，剧院，还可以堂堂皇皇嫖破鞋"，⑤参加到革命队伍后，过不惯八路军的艰苦生

---

① 椰子：《老猴》，《抗战日报》，1942年3月28日，第四版。
② 何嘉芸：《谈"老猴"》，《抗战日报》，1942年7月21日，第四版。
③ 法鉴：《张奇才》，《抗战日报》，1942年3月12日，第四版。
④ 原文此处为"、"，但根据文意，用","较为合适，疑为印刷错误。
⑤ 罗寒：《柳医生的末路》，《抗战日报》，1942年5月7日，第四版。

活，①对工作与生活有诸多的不满。后来在"破鞋"(也是敌军的暗探)爱儿的引诱下秘密投敌，在爱儿的指示下，进行了情报收集与窃取枪支弹药的反动活动，毒死了部队的休养员黎谷，最终事发被抓走。

《重上前线》写农民王全发父死母病，背着沉重的债务，在1935年红军东征时参军成为一名红军战士。但是后来收到家里的来信说母亲快死了，地主要霸占他家土地时，又离开革命队伍返回家乡"重拾起了地主的锄头"，②又过上了受剥削受压迫的生活。一年后，日军侵入晋西北，一路烧杀掠抢，激起了王全发的愤怒，随后，革命军队到了王全发的家乡，建立了革命政权，王全发毅然决定再次参军，重上前线。这篇文章体现的是农民战胜小农意识，阶级民族意识逐渐觉醒的过程。

《二黑子的故事》写村自卫队员二黑子因其婆姨(妻子)月英赶做军鞋而耽误了给他做饭，他打了月英几巴掌，被月英告到妇救会。二黑子为了逃避妇救会第二天对他的"斗争"而连夜出走参加了区游击中队，并且当上了班长。消息传回家里，月英转悲为喜，但二黑子之母张大妈却有诸多的顾虑，尽管村民告诉她抗日军属处处受优待，春耕委员会帮她种田，③但仍不足以打消张大妈的顾虑，借口让其大儿子大傻子去给二黑子送慰问品，悄悄嘱咐大傻子："去了，见当官的说好一点，想法把二黑子弄回来。"④大傻子去了区中队，感受到部队对战士与人民的热情，看到了参军后生龙活虎似的弟弟，并且听弟弟兴高采烈地讲述了人民军队不同于旧式军队的新生活，以及"比亲兄弟还要好"的新型官兵关系，受此感染，大傻子最终没有把张大妈让二黑子回家的话讲出口来。此篇除了写农民积极参加抗日军队支持抗战之外，仍涉及农村中夫权压迫与妇女解放的问题。

---

① 作品中这样写："自己快30岁的人了，老婆的温柔也没体验过……一个小小的医生只有可怜的命运，真像老百姓说的，'当八路军就是出家'，那我就是和尚了，柳医生常常这样想得很悲哀。"

② 郭烽：《重上前线》，《抗战日报》，1942年3月21日，第四版。

③ 无人种田的忧虑是大黑子提出，张大妈担心的是其他方面，是出于母亲对儿子安危的担心。

④ 若萍：《二黑子的故事》，《抗战日报》，1942年2月3日，第四版。

《有我，还能丢了枪！》写战士张德顺等四人在战斗之后的转移中与大部队失散，为了方便赶上队伍，决定把一挺张德顺在百团大战中缴获的九二式重机枪埋掉。因为这挺机枪跟随张德顺打过好多胜仗，张德顺对它非常有感情，所以他拒绝和排长及其他两个战士一起撤离，而是"到那隐蔽的能看见埋着机关枪的地方的石洞里藏起来，守卫着他的九二式重机枪"，①接下来的几天里，张德顺躲开敌人的搜索，"每天跑到那埋枪的坑周围走一走，小心地扬上几把土或扔上一些草"，②使得机枪不被敌人发现，直到有一天自己的队伍回来挖走机枪，张德顺才又返回部队。

《惊骇的一日》《屯兰川之夜》《书店老板》与《孩子们》《三支枪和一皮包文件》《美龄》通讯报告文体的特点要强一些。

《屯兰川之夜》讲述根据地抗日工作者"我"在敌我交错地带的古交屯兰川一个小村庄的经历。"我"途经屯兰川——"敌骑在二十分钟内就可到达，这一带经常有武装汉奸出没"，③"我"先是在村口遇到三个放哨的孩子的盘问检查，然后被带到其中一个孩子的家里，受到孩子爷爷热情细致的照顾。半夜里，日军来了，又是小孩报信并且把"我"带到山沟里躲藏。作品写出了在日军的侵扰压榨下敌我交错地区人民动荡艰难的生活，写了敌人的残暴与这些地区人民对于日军的仇恨，以及他们对根据地中共领导的抗日工作的暗中支持，也写出了孩子们的机智勇敢。

《惊骇的一日》写八路军与日军在村子旁打仗，村子里枪弹乱飞，村民们四散逃命。村里的一个小姑娘带着小弟弟逃到村外的树林里躲藏。晚上，日本人被打跑后，八路军战士把姐弟俩接回家中。从结局看，作品的主题似乎在写八路军对根据地人民的保护以及军民间的情义。但其中不少内容描写了战争中普通群众险恶的生存环境：村外枪炮声大作，头顶子弹乱飞，街上逃命的村民乱作一团，四散逃跑，"枪声，炮声，小孩的啼哭

---

① 雨田：《有我，还能丢了枪！》，《抗战日报》，1942年4月23日，第四版。
② 雨田：《有我，还能丢了枪！》，《抗战日报》，1942年4月23日，第四版。
③ 白嘉：《屯兰川之夜》，《抗战日报》，1942年1月17日，第四版。

声，女人的哀号声，牲畜的吼叫声，大车手推车轧拉声"①混杂在一起，对当时晋西北地区敌我交错地带的人民战乱下的生存状态有着较为真切的呈现。

《书店老板》写的是根据地的抗日报刊在平川地区（即山西中部汾河两岸的平原地区，抗战时期这些地区为敌占区或是根据地边缘的敌我争夺地区，《屯兰川之夜》中的屯兰川也属于这样的区域）秘密发行传播的故事。所谓的"书店老板"即是秘密发行点的负责人。书店老板小吴是一个十三四岁的男孩子，原本是一个富有的农家子弟，"童年的优裕生活把他养成一副豪放超迈，无忧无虑的性格"②，父走母丧后寄居姨母家，这样的寄居生活本就"给予他不少的痛楚"③，但是日军入侵后，"日本人烧了他们的房子，姨母家里也遭受到残害"④，于是他跑到根据地，学习了革命道理后被派回他的家乡做抗日报刊的秘密发行工作。尽管小吴还是一个十三四岁的孩子，但是报刊发行方面已做出了惊人的成绩——"小吴率领着他的四员大将——都是十三四岁的小孩子，已经在平川做了两年的工作，许多报纸书籍全通过他们散布在这被烟雾笼罩的大地上，像一股热流似的温暖了许多人的心。"⑤危险的工作环境锻炼出的小吴，在发行工作中有着机智摆脱敌人、完好无损保存报纸的惊险而传奇的经历。小吴对抗战胜利充满坚定的信心，对抗战之后的新社会满是憧憬："将来在新社会里，做书店工作倒也很好啊！""为了工作能更搞得好一些，抗战以后总得进进学校。"⑥在"我"与小吴交谈到深夜的第二天一早，当"我"醒来的时候，小吴已经收拾好东西，骑上自行车开始了新的一天的工作。

《三支枪和一皮包文件》写卫生部通讯班班长吴兴卫与看护员田玉喜，在遭遇敌人时被俘虏，敌人认为他们是小孩子而放下了戒心，但是没想到

---

① 斯尔：《惊骇的一日》，《抗战日报》，1942年2月24日，第四版。
② 伍陵：《书店老板》，《抗战日报》，1942年4月11日，第四版。
③ 伍陵：《书店老板》，《抗战日报》，1942年4月11日，第四版。
④ 伍陵：《书店老板》，《抗战日报》，1942年4月11日，第四版。
⑤ 伍陵：《书店老板》，《抗战日报》，1942年4月11日，第四版。
⑥ 伍陵：《书店老板》，《抗战日报》，1942年4月11日，第四版。

两个小家伙竟然在夜里趁敌人不备，偷偷将敌人带在身上的箱子里的三支枪和一皮包文件偷走，完好无损地归队。文章短小精悍，语言诙谐幽默，将两个勇敢无畏、聪明机灵的小战士形象生动地刻画出来。

《孩子们》是一篇叙事性散文，主要记叙作者与根据地某剧团的孩子们的交往。文章主要写"我"与小演员章青的几次交往。写了1938年孝义儿童剧团初到晋西根据地时与剧团团长章青及小演员们的初识与交往，以及两年后当剧团从延安回来后与他们重逢的情景。两年前章青因不堪日本人的欺压掠夺参加了剧团，到了根据地，尽管剧团里的生活"唱歌跳舞学习比住在家里好得多啦"，但有时仍不免有想家的愁绪，在根据地被阎军包围，形势不利时，孩子们仍有许多疑虑。两年后，当他们从延安回来时，在一年多里，他们"学到了很多新的东西""被延安那自由幸福的氛围所感动着""孩子们已经在战斗中健壮起来了"[1]。作品揭示的是孩子们在战斗的环境中身体与思想成长的主题。作品采用的是倒叙手法，孩子们初到根据地的场景通过回忆的手法叙写。

《美龄》写了处于敌占区汾阳一户富人家的16岁女孩美龄，因为"随时都可以看到敌人的卑污行为，她不愿意再在敌人的奴化教育下生活了"，[2]想逃离敌占区参加抗日工作，但因为逃出城后没有和地方工作的同志联系上，只得住到城外的姨母家里，后来生了病。她妈妈闻讯后去接她，在牧师的见证下，她妈妈答应等她病好一点一定送她参加抗日工作后才答应同她妈妈返回城里。但不久后的一天日军和警察包围了她的家，说美龄与八路军有联络，把她带走，此后便没了音讯。作品主要是反映敌占区人民在敌寇压迫下的悲惨遭遇以及对根据地的向往。

《偏关"警备队"的反正》《像男子的女人（劳动英雄素描之一）》《我叫李荣华》《一个伤兵》《安乐村长》等篇幅更为短小的几篇更像是速写素描。

---

① 效农：《孩子们》，《抗战日报》，1942年4月18日，第四版。
② 沙雁：《美龄》，《抗战日报》，1942年4月23日，第四版。

《偏关"警备队"的反正》写偏关城里的警备队在张大队长的带领下趁夜晚偷偷翻下城墙投奔了西山上的八路军,日军知道后吓得紧闭城门,不敢出来,但是八路军从四面山上围城,城内的日军慌了,派警察出城抓老百姓和毛驴,准备逃走,没想到这些警察出城后也投奔了八路军。本篇是纪实作品,但有语言景物描写,生动形象,写作手法上又有小说的味道。

《像男子的女人(劳动英雄素描之一)》描写农村妇女刘少良拥有强健的体魄,不但外表穿着像男子,也有如男子一般的豪放率直。男人死后为生活所迫干起了一般男人才干的职业——赶脚。根据地建立后,刘少良不怕苦不怕累,跨越漫长山路,迎着恶劣天气为县政府运粮,"九十里路,牲口驮上,我还背二斗,雨天打来回。就这么跑了八回"。①在劳动英雄大会上被选为劳动英雄。

《我叫李荣华》写八路军收复偏关城后召开群众大会,一个十六七岁的小和尚听了演讲后,要求参加八路军,八路军的宣传员问起原因,小和尚说:"扫院,挑水,给老和尚倒夜壶……拿着我当牲口用。还有磕头,我长了这么大就磕到这么大,吃饭磕,睡觉磕,磕、磕,他妈的日本鬼子来了,还得给日本鬼子磕。"小和尚所受的除了来自日军的民族压迫外,其实还有来自寺院上层的阶级压迫。而对于日军砸佛像,老和尚只能逆来顺受,不敢阻拦,其中隐含的意义可能在于对于日军的入侵,佛毫无保护作用。参加了八路军的小和尚特别强调"不要叫那灰名字②了,我叫李荣华!"③名字的恢复象征着小和尚新生的开始。

《一个伤兵》叙述了战斗中一个战士受伤很重,却因为没拿到指导员的介绍信,拒绝让"我们"用担架抬走,直到"我们"派人拿到指导员的介绍信,才去安心养伤。这篇作品体现的是革命战士严守纪律的美好品质,任何时候都坚守党性,不忘记自己战士的身份。

---

① 向鲁:《像男子的女人(劳动英雄素描之一)》,《抗战日报》,1942年2月14日,第四版。

② 指其在寺院里的法名:演恩。

③ 鸣:《我叫李荣华》,《抗战日报》,1942年2月14日,第四版。

　　《安乐村长》写敌占区安乐村的村长明里与敌人周旋，暗中一直坚持抗日工作。一天晚上，安乐村长带着八路军毁掉了敌人的铁路，并且送走了本村秘密工作的四个八路军同志。接着敌人包围村子，把他抓起来严刑拷打，威胁他说出八路军的下落，村长紧咬牙关，守口如瓶，最后被日军残忍杀害。

　　在根据地文学中，有一种五四新文学中所没有但在解放区被大力提倡并且在创作上很为繁荣的文体——故事。与小说这种来自西方现代文学的文体不同，故事源起于中国传统的民间文学。即使与明清拟话本小说相比，"故事"重故事情节的曲折完整，轻环境描写与人物性格塑造的特点也更为突出。纪实与虚构对于"故事"这种文体从来不是问题，一方面，它对作者并没有真人真事的约束，有不小的虚构空间；另一方面，从长期形成的阅读习惯上，"故事"的民间受众始终把它作为现实中曾经发生的事件而被接受。这样一种有一定虚构成分在内的经过典型化等艺术手段加工而成的"故事"，当它的纪实与虚构问题被作者悬置，同农村受众在长期的民间文学阅读场域中形成的阅读习惯的共同作用下，就会被根据地的民间受众当做"真人真事"被接受，这种"真实性"同样也会产生"类新闻"的效果，"比'虚构'的文学更有力量"，更容易激发根据地普通民众对敌人的仇恨与对根据地抗日政权的认同，有着更强的宣传鼓动性。跟前面所述的"报告文学体的小说"或者说"小说化的报告文学"文体界限模糊的叙事性作品一样，故事这种文体因其具有这样的接受层面真实性，同样具有"'真实'形成的震撼性"，[①] 更有助于对根据地普通民众发挥战争动员的作用。而恰恰是这样一种模糊了纪实与虚构边界的文体在根据地文学中始终被倡导，而且取得了不俗的创作成就。解放区文学的经典之作——马烽、西戎的《吕梁英雄传》与赵树理的《小二黑结婚》等在发表之初都被称为"故事"。

---

　　① 周维东：《被"真人真事"改写的历史——论解放区文艺运动中的"真人真事"创作》，《中山大学学报》，2014年第2期。

　　《抗战日报》创刊号第四版的《征稿启事》与1941年改版后的《本版征稿简约》都把"故事"作为单独的文体列了出来,可见,《抗战日报》一开始就对这一文体的重视。但是,从《文艺之页》刊载的作品来看,最接近"故事"的可能要数舒克的《四年前后》。作品讲述了童养媳华,受尽婆婆与丈夫的虐待,后来参加革命,成长为革命干部的故事,表达了"抗战是一座熔炉,许多人经过锻炼都成为有用的人"①的主题。作品线索清晰,基本是语言简洁的概略性叙述,故事情节完整,场景性描述较少,作品的主体内容文体上近于"故事",但其中仍然有着明显的西方现代文学色彩。作品开头一段从参加革命后的童养媳华的视角写起,写"我"在池边提水的时候遇见了四年前的邻居"他"。从第二段开始,却突然毫无转换痕迹地将叙述者变为"他",以"他"的视角来叙述"她"四年前做童养媳时挨打受骂的苦难生活。尽管作品整篇都用第一人称限知叙事,但是第一段中的叙述者"我"是华,第二段之后的"我"却是华"四年前的街邻",②作品叙述者的转化极具西方现代叙事文学色彩,甚至可以说有一定的先锋色彩。另外,第一人称限知叙事在中国传统民间文学的主要样式——"故事"中也很少使用。总体而言,《四年前后》"民族化""民间化"色彩并不明显,在创作方法上,主要还是借鉴应用西方现代叙事文学的写法,对传统民间文学的吸收借鉴相当有限。

　　沙子的《笔》也是较为独特的一篇,有着较为明显的现实批判色彩,作品以拟人化的手法,通过"派克笔"与高粱秆子笔的对话,写在物资十分缺乏的根据地显得十分贵重的"派克笔",被某机关某科长从太原买来之后就送给其女友,成为其向人炫耀的装饰品而被闲置不能发挥其应有的功用,批评了根据地机关工作作风以及某些干部的特权行为。

　　《文艺之页》与《解放日报》的《文艺》副刊基本属于同一时期的副刊,这一时期的《文艺》副刊发表了不少批评性作品,比如严文井的《一

---

① 舒克:《四年前后》,《抗战日报》,1942年3月5日,第四版。

② 舒克:《四年前后》,《抗战日报》,1942年3月5日,第四版。

个钉子》、鸿迅《厂长追猪去了》、马加《间隔》等。与此相比，《文艺之页》上的作品总体而言更多体现出对抗战时代主题与此阶段根据地的中心工作的积极配合，即如《风波》这样的内部存在几种不和谐声音的作品，从其结局的处理来看，也体现出这样的积极配合。总体而言，与《文艺》相比，《文艺之页》表现出的现实批判色彩要弱得多，这可能是后来解放区文学建构的"正向"资源。但是，主观意愿上的"积极配合"与客观效果上的"配合得如何"往往存在不小距离，是这些作品存在的一个普遍性问题。《文艺之页》刊载的绝大部分都是"短平快"的急就章，缺乏深沉的思考。从内容上看，许多作品要么故事情节过于简单明了，要么矛盾冲突的解决简单生硬，经不起推敲。比如，《风波》的结局：在妇救会秘书的劝说下赵补留夫妇重归于好。为了让赵补留安心抗日，赵补留妻子不但没有解除旧式婚姻，获得"自由"之身，即使是出来参加抗战工作也打了折扣，只能参加本村的妇救会工作，对于赵补留的妻子而言，其处境并没有太大改变。这就必然影响其艺术水准，也因之影响艺术感染力，宣传鼓动的效果也打了折扣。

在创作方法上，《文艺之页》中叙事性作品的民族化、民间化色彩并不明显，主要还是延续了五四新文学向西方现代文学学习的路向，主要借鉴应用的是西方现代叙事文学的写法。其中有大量的场景、对话、心理、环境描写等中国民间文学较少使用的写作方法。比如《张奇才》中有大量描写张奇才准备坦白时内心冲突的文字；坦白后离开指导员的住处之后，有这样一段描写："风有些凉了，峻峭的山尖黑压压的像一个凶恶的怪兽，突出在蔚蓝无底的天空，一只守夜的狗向张奇才扑过来，他拾起块圆滑坚硬的石子掷过去，狗汪汪地叫着跑开了，这时他像是把系在心头很久的一块石头抛落了。"①其中的山、狗、石子都极具象征色彩。再比如《我叫李荣华》这篇七八百字的短文中，除了开头用七八十字的极短的叙述交代事件的缘起，其余都是对话，类似于特写镜头的场景描写。极具新闻纪实性

---

① 法鉴:《张奇才》,《抗战日报》,1942年3月12日,第四版。

的《偏关"警备队"的反正》也是以对话与场景描写为主。这些显然是更接近于西方现代叙事文学的写法，与传统中国文学尤其是民间文学注重故事情节的叙述写法大相径庭。受限于西北地区文化生态的闭塞与受众的文化水准低的历史原因，要发挥抗日救亡功效，解放区文学"首要的任务就是与'农民'对话"，[①] 于是借鉴吸收民间文学、利用民间文学形式就成为解放区文学必然的选择。但是，在这方面，《文艺之页》显然做得并不太好，其借鉴吸收的更多的是西方现代文学，这必然导致这些作品在"与'农民'对话"方面也不是很顺畅。根据地文学的民族化任务还要留待之后崛起的以晋绥五作家为代表的本土作家来完成。

《文艺之页》中的叙事作品与《在延安文艺座谈会上的讲话》之后解放区叙事性文学相比，也有不尽一致的地方，称之为"反映党领导下农民翻身的新生活与革命武装军事斗争"[②]，尚不完全贴合。首先，军队题材的作品多于农村生活题材，作品中尽管对八路军解放晋西北农村后党领导下的农村的新变化有较多篇幅的呈现，但往往是作为军队生活的延伸。比如《风波》中赵补留回乡是为了缓和他与妻子间的关系，是为解决当兵的后顾之忧，而不是为了展示根据地农村的新生活；对于根据地农村的新变化，更多表现的是妇女解放与农民—战士思想观念的变化，前者如《风波》《四年前后》，后者如《重上前线》，而对"农民翻身"至为关键的农村基层政权建设与农村经济关系的变化却很少触及，写得更多的是作为个体的农民思想观念的改变，而不是作为群体政治经济上的翻身，这似乎仍在五四文学的启蒙主义与个人解放的视角观照根据地农村。比如《风波》中赵补留的妻子也学习了文化，进了学校，"想自由自在地跟人家当干部"，并在被赵补留打了以后，提出离婚，这是一种五四式的妇女解放反抗封建家庭的话语，当然也是根据地农村新变化的反映。共产党领导的抗

---

① 程光炜、刘勇、吴晓东、孔庆东、郜元宝：《中国现代文学史（第3版）》，北京：北京大学出版社，2011年版，第270页。

② 朱栋霖、朱晓进、吴义勤：《中国现代文学史（第3版）》，北京：高等教育出版社，2014年版，第291页。

日军队进入闭塞的晋西北地区，带来了现代的思想观念，引发了这一地区人们现代思想观念的启蒙。但是赵补留妻子这种个人的觉醒，这种对"自由"的追求却导致了革命战士赵补留的家庭危机——"如今为着抗日出来，家里婆姨也跟着人跑了，叫咱抗完战回去找谁啦?!"而这样的危机如果任其扩大成为潮流，必将影响革命军队的军心，影响抗战大计。小说中隐含着五四个人解放主题与20世纪40年代民族解放主题的冲突与调适的问题。矛盾冲突的最后解决是：在妇救会秘书的劝说下，赵补留夫妇重归于好。为了让赵补留安心抗日，赵补留妻子不但不能解除旧式婚姻，获得"自由自在"之身，即使是出来参加抗战工作也打了折扣，只能参加本村的妇救会工作，而不能到外面工作。从妇女解放的角度来说，这样的结果对于赵补留妻子的处境改变甚微，走出家庭的"娜拉"不是因自己无路可走而回去，而是被引导其反叛"家庭"的精神导师送了回去。这客观反映出解放区农村的复杂性与发动群众扩军抗战工作的复杂性，当然也反映出文学在受时代影响变化时的复杂性。《二黑子的故事》中二黑子因打了其婆姨，逃避妇救会对他的"斗争"而参加了游击队，其中也反映出晋西山区农村中的夫权压迫与妇女解放问题，只不过体现出的不是妇女解放与民族解放、阶级解放之间的冲突，而是两者的"共赢"，二黑子打婆姨，婆姨把他告到妇救会，这体现出在根据地新政权的支持下，妇女地位的提升与妇女权益的保障，而这又导致了二黑子参加抗日队伍，妇女解放之于阶级与民族解放构成了推动与促进。再如《四年前后》写的也是作为个体的华的女权意识—民族与阶级意识的形成，与体现在赵补留妻子身上的个人解放与民族解放存在一定的冲突不同，在华的现代女性—革命战士的成长中，女权意识—民族与阶级意识更多体现出的是一种协调的发展。而在《重上前线》中写的也是在民族危亡的大背景下个体农民克服与生俱来的小农意识，阶级民族意识逐渐形成。

其次，在对根据地革命武装军事题材的反映上，也并不以激烈紧张的战斗书写为主，更多作品反映的是中共领导的新式军队战斗之余的日常生活，比如学习文化、娱乐以及新型的官兵关系，这些在莫耶的《风波》、法鉴的《张奇才》、郭烽的《重上前线》等作品中多有呈现，战斗英雄形象的塑造并不多，"新英雄传奇"尚未成为《文艺之页》叙事性作品写作的主要范式。为数不多的直接写军事战斗的作品中，如《一个伤兵》写一个战斗中受重伤的八路军战士，坚持要等指导员给其"打了党员的介绍信"后才让担架队把他抬下火线，在这里突出的是八路军战士的纪律性，而不是战斗中的英勇。《三支枪和一皮包文件》中被日军所俘的两个八路军小战士机智逃脱出来，并且偷回了日军的三支枪和一皮包文件，故事情节有一定的传奇色彩，但对人物形象的个性化塑造却着墨很少。最为接近"新英雄传奇"的可能要算《老猴》了。但这部小说在晋绥边区的整风开始后，受到不熟悉战斗生活，因而"描写战斗场面""有很多毛病和欠妥当的地方"的批评，[1]批判的焦点恰是其中的那些传奇性因素，此问题在前文介绍《老猴》时已有论述，这里不再重复。

在《文艺之页》军队题材的叙事性作品中，参军、参加党领导的抗日队伍是这些作品写得较多的主题。在总共20篇作品中，有6篇直接写到参军的问题，写了各类人等不同的参军故事。《风波》与《二黑子的故事》写根据地农民参军，《张奇才》与《重上前线》写敌占区的农民参加革命军队，《我叫李荣华》写小和尚参军，《老猴》写一个出身富户的旧军人参加革命队伍后的转变与成长。之所以如此，可能与根据地初建时面临的形势有关——与农村变革与农村政权建设相比，扩大革命武装的力量应是此时期最为紧迫的任务。作为一种早期的解放区文学，这些作品的内蕴也比较复杂含混。比如从参军的动机来看，当然也有不堪压迫而参加革命军队的，如《我叫李荣华》中小和尚李荣华要参加八路军的原因是在寺院里"扫院、挑水、给老和尚倒夜壶……拿着我当牲口用"；《重上前线》中王全发两次参加革命队伍都是因为不堪地主的剥削压迫，在这里，阶级反抗与民族反抗达到了统一。但是《二黑子的故事》中青年农民二黑子参加抗日游击队却是因为逃避妇救会因其打了老婆而要对其开会"斗争"；《老

---

① 何嘉芸：《谈"老猴"》，《抗战日报》，1942年7月21日，第四版。

猴》中的老猴则出身老财,因品行不端过着吃喝浪荡的生活而与父兄吵翻后生活无着,才被迫出来参加军队,老猴当兵的动机可以说是为了吃饭。这些都与国家民族大义没有太大关系,其所呈现的生活与主题远不像后来的解放区小说中的为了反抗压迫报仇雪恨与保卫胜利果实参加革命军队的书写那样"纯净",有不少需要被规约的"杂质"。

二、诗歌

《文艺之页》中的诗歌共有8首,分别是:《祖国的骑兵》《葬》《火》《我有一个朋友》《罪恶的火》《春天》《宴》《一个倔强的灵魂消逝了》,都是抒情性的现代白话诗。就内容而言,主要是对子弟兵英勇杀敌及根据地新生活的歌颂,对日本侵略者残害人民的愤怒及对阎管区蒋管区黑暗的揭露。

就内容看,卢梦的《祖国的骑兵》与颂青的《火》反映的是"革命武装军事斗争"。《祖国的骑兵》是一首较短的抒情诗,诗中用简短激昂的语言:"仇恨像草原一样无边,骏马载着我们向前,迎着那翻飞的雪花,严寒冻红我们的脸,刺刀在闪耀着寒光,勇士坚守着自己的田间,马背上更加紧一鞭,奔驰在大青山的草原。"[①]渲染战争环境的严酷,运用几个重复句式"战斗吧,战斗吧,战斗到胜利的明天",[②] 号召人们奔赴前线抗战杀敌。这是一首对大青山根据地骑兵战士们勇往直前奋勇杀敌、保卫祖国疆土的赞歌,情感激越豪迈,节奏铿锵有力,但语言难免直露,抒情显得有些空疏。

《火》是一首文艺爱好者的习作。[③]诗歌运用象征手法,"火"的意象既是慈母的象征,温暖着它周围"庄严的战士",也象征着"革命的领袖

---

① 卢梦:《祖国的骑兵》,《抗战日报》,1942年1月17日,第四版。

② 卢梦:《祖国的骑兵》,《抗战日报》,1942年1月17日,第四版。

③ 在本版刊载这首诗时,对作者颂青有这样的介绍:"颂青,是决死四纵队前线剧团的一个小同志,爱好文学,尤其是诗。前年秋季,随剧团赴延安鲁艺部队干训班学习时,写出了这首诗,并在学校的一个晚会上朗诵,博得大家的赞扬。前线剧团归晋西北后,特觅得这首诗,发表出来——编者。"

毛泽东"，同时象征着"燃烧到中国的每一个角落，燃烧到法西斯死亡，燃烧到最后的胜利，燃烧到胜利的明天"的抗日力量。①当然，从另外一种意义上讲，慈母、革命领袖与星火燎原式的不断壮大的抗战力量又是融合无间的。作为一首初学写作者的习作，"火"的象征意义明晰直露，抒发的情感也较为直白，但其学习的显然是西方现代诗歌，看不出民族化、民间化的东西。

同样是写"火"，卢梦的《罪恶的火》写的却是对日本侵略者残酷烧杀掠夺的愤怒。诗的前半部分写诗人远望"黑色的东方"，看到敌人在中国的土地上烧杀掠抢，残害人民，在那片土地上"闪耀着几片红光"是侵略者放的"罪恶的火"，在火"曾经狂舞过的地方"，留下的是"一片破碎的瓦砾"与女人孩子的哭泣，"直立在村庄边上，像一个凶恶的巨人""在广阔的夜空上，流出罪恶的符号，扯起痛苦的暗影"②，在这里火成为凶残的侵略者的象征。后半部分写侵略者的暴行激起人民满腔怒火，团结起来，决心保家卫国，奋起反抗，"眼泪在中国人脸上垂着了，但他们是无声的，无声的紧握了拳头，'烧吧！'他们狠狠地说'烧吧，我记着的！'于是他们走开了，响着沉重的脚步，新的村庄在废墟上建立起来，也建立起了新的仇恨，中国人学会了一百次去建筑自己的房屋，也准备了你罪恶的火的一百次光临，你烧毁了他们的房屋，也烧着了他们复仇的烈焰，中国人的拳头举起来了，要复仇，要为保卫家园而战。"③读来悲壮有力，展示了一幅全民抗战的壮丽图景。

《葬》《我有一个朋友》与《春天》是3首根据地农村题材的诗歌，而且《葬》《我有一个朋友》都有一定的叙事性，是两首叙事与抒情结合的短诗。非垢的《葬》写根据地一位老农民在八路军做机枪手的儿子在反"扫荡"中牺牲后，老农民把骸骨从前线带回家乡重新安葬的情景。整首诗的格调是悲伤的，是老父亲的丧子之痛，但同时还有属于旧时代对于阶

① 颂青：《火》，《抗战日报》，1942年2月14日，第四版。
② 卢梦：《罪恶的火》，《抗战日报》，1942年3月12日，第四版。
③ 卢梦：《罪恶的火》，《抗战日报》，1942年3月12日，第四版。

级剥削的悲愤——"在这一小块土地上，他辛苦了快一辈子，青春，混（浑）身的精力，通同（通）埋进了泥土"，然而土地上的收成却"多半是别人的，少半留给自己"！①另外，作为一首抗战诗歌，作品也不止于悲伤，诗歌也有着对未来打败侵略者的信心与希望："我老了，还有你那些同志！"②

白嘉的《我有一个朋友》通过对"我"的一个农民朋友繁忙劳作，不知疲倦的"心儿乐呵呵"充满希望的新生活的书写，写出了根据地实行"减租减息"政策后，穷人有地耕，有了生路，激发了他们的劳动热情，开启了根据地农村的幸福之路。这两首诗虽然有一定的叙事性，但故事缺乏连贯性，总体而言仍然是抒情诗。

《春天》抒写的是对根据地的颂歌。诗歌借春天的"嫩芽""幼蕊""泉水""黄河"等景物，抒写了作者对充满生机与活力的春天的赞美，抒写了春天农民播下种子秋天就可以获得丰收的满怀希望的喜悦。诗中的春天显然不是仅指自然界的春天，其中喻指着根据地人民在中国共产党的领导下获得了解放，美好的生活开始了，也暗含了抗战如泉水冲向黄河，黄河冲向海洋的势不可当，一定会取得胜利。

1942年《抗战日报》总编辑赵石宾积劳成疾，因病去世。4月7日《文艺之页》出了一期（第十四期）纪念赵石宾同志的专刊。本期中刊载了两首诗，即石宾同志的遗作《宴》与卢梦的《一个倔强的灵魂消逝了》。

《宴》是赵石宾在病中为祝贺1942年2月召开西北临时参议会而创作的，诗中石宾把临时参议会的召开比作享受"民主"与"自由"的"宴会"，但诗中没有把这称作盛宴，而是"家常便饭"，暗指根据地人民群众享有"民主"与"自由"已成为生活常态。诗歌以根据地内与根据地外的两个人对话的形式写成，"民主"与"自由"在根据地内的人看来，是"家常便饭""味道也有点平淡"，而在根据地外的人看来这却是"奇珍异

---

① 非垢：《葬》，《抗战日报》，1942年1月24日，第四版。
② 非垢：《葬》，《抗战日报》，1942年1月24日，第四版。

菜""只在耳旁听过,嘴巴从来没有看见",在那里"从早到晚一日三餐都是'独裁''束缚'一碗一碗地往你嘴里尽灌""一日三餐都是'政治独裁',管你愿意不愿意,'一个主义'往你嘴里硬灌",①根据地内外大不相同的政治环境形成了鲜明对照。两相对照,得出应当珍惜根据地民主与自由的新生活——"我们今天应当珍重我们的欢宴"。②诗中不少内容是对根据地外的针砭批判,因而本诗具有政治讽刺诗的色彩。在不久之后召开的延安文艺座谈会上,毛泽东对革命文艺中的"歌颂"与"暴露"问题多有论述,毛泽东认为,在革命的文艺中,歌颂与暴露都需要,关键要看所针对的对象,"对于敌人,对于日本法西斯,和一切人民的敌人,我们文化军队的任务是在暴露他们的残暴和欺骗,及其必然失败的前途,鼓励抗日军民同心同德,坚决地打倒他们""对人民群众,对人民的劳动和斗争,对人民的军队,人民的政党,我们当然应该赞扬""对于革命的文艺家,暴露的对象,只能是侵略者、剥削者、压迫者,而不能是人民大众"③。石宾的这首诗中,对根据地新生活的歌颂赞扬与对根据地之外的讽刺暴露很是分明,与毛泽东关于"歌颂"与"暴露"的文艺思想有很多契合之处。

《一个倔强的灵魂消逝了》是卢梦悼念石宾的一首较长的诗歌,诗歌抒写了诗人在坟前凭吊"朋友""值得尊敬的同志"④石宾时的悲伤,诗歌选取"漫天沙尘覆盖了大地的春天""在夏天的河边""冬天"⑤三个横断面回忆了"我"与石宾的交往,以及石宾带病工作的形象,把石宾誉为"一个天才""倔强的灵魂""一个不知疲倦的战士,一个勇敢的射击手"。⑥因为是悼念自己熟悉与敬佩的战友,诗歌写得情真意切,很是感人。

总体而言,《文艺之页》中的诗歌抒发的基本都是立足于国家民族的

---

① 石宾:《宴》,《抗战日报》,1942年4月7日,第四版。
② 石宾:《宴》,《抗战日报》,1942年4月7日,第四版。
③ 毛泽东:《在延安文艺座谈会上的讲话》,《解放日报》,1943年10月19日,第四版。
④ 卢梦:《一个倔强的灵魂消逝了》,《抗战日报》,1942年4月7日,第四版。
⑤ 卢梦:《一个倔强的灵魂消逝了》,《抗战日报》,1942年4月7日,第四版。
⑥ 卢梦:《一个倔强的灵魂消逝了》,《抗战日报》,1942年4月7日,第四版。

豪迈激越的情感，有较强的鼓动性，几乎没有"小我"情绪的曲折低回，缠绵悱恻。基本是抒情诗，叙事性内容较少。从写法上来看，主要还是借鉴西方现代诗歌的写法，民族化、民间化的因素很是淡薄。虽然情感抒发直接明了，并没有太多的含蓄性，但是对于文学接受经验仅限于民间文学的晋西北根据地普通民众，这样的诗歌也未必能读懂。

三、文艺理论及评论性作品

除了叙事性作品，文艺理论及评论性文章也是《文艺之页》中占比较多的文类，总共有 14 篇。其中整体探讨文艺问题的 9 篇：《关于"提高"与"普及"的三问题》《谈文学的语言》《读书是一种享受》《从主题的贫乏说起》《丰富创作内容》《漫谈爱好文艺》《向伟大作家学习——关于写作态度的札记》《关于压缩》《了解农村！了解农民》；还有 4 篇是对戏剧、诗歌作品的评论：《谈〈金花〉》《谈〈十二把镰刀〉与〈治病〉的演出》《在〈荒地〉上——一本文艺刊物的读后感》《介绍〈控诉〉与〈大学生夫妇〉》和《读石宾同志的诗以后》。

伍陵的《关于"提高"与"普及"的三问题》是《文艺之页》上刊载的第一篇文艺理论探讨文章，文章探讨的是根据地剧运中"普及"和"提高"的关系问题。文章首先从根据地戏剧活动中存在的这样一种问题谈起：把民间形式看做剧运普及工作中的唯一形式，认为老百姓只能接受梆子、秧歌等戏剧形式，"于是，在其戏剧活动中，袭用了一些传统的表现手法，借用几支流行于民间的小调，生硬地换上几句政治口号，向老百姓传达今天的政治任务"，[1]导致"词句虽然慷慨激昂，曲调往往淫靡不振"，[2]而且表演过分夸张，化装过于奇特，结果是产生了"有意无意地迎合了观众的落后意识，媚悦了观众"[3]的庸俗化倾向。然后分析造成这种问题的原因：一方面是有些从事普及工作的同志把戏剧的宣传性和艺术性

① 伍陵：《关于"提高"与"普及"的三问题》，《抗战日报》，1942年1月24日，第四版。

② 伍陵：《关于"提高"与"普及"的三问题》，《抗战日报》，1942年1月24日，第四版。

③ 伍陵：《关于"提高"与"普及"的三问题》，《抗战日报》，1942年1月24日，第四版。

割裂开来,认为根据地剧运只是宣传,老百姓接受不了艺术性的东西,而且满足于现状,轻视提高工作,认为从事提高工作的同志"高高在上,脱离群众",不愿向他们学习,在戏剧艺术与专业技术方面提高自己;另一方面一些掌握着技术的戏剧工作者,"对剧运的普及工作关心不够或者估计过高""不愿去了解今天普及工作中的实际情况",认为"必须等有一套完整妥善的办法出现后",才能开始"提高"的工作,①于是对普及中的庸俗化问题任其自然,事实上加剧了这种倾向。最后提出要缩短戏剧的宣传性与艺术性之间的距离,"把提高与普及互相区别又互相联系起来""掌握着技术的戏剧工作者应当'降低'一定的艺术标准来迎接今天的普及工作",同时"必须纠正普及工作中狭隘的保守观点,接受提高工作中所给予的一切技术成果,使孕育着深刻教育内容的戏剧深入到农民与士兵群众中去"。②

卢梦的《了解农村!了解农民》是针对当时的晋西北根据地文艺作品中反映农村表现农民生活的作品缺乏这样的问题而作的。卢梦认为晋西北根据地内,百分之九十六的是农民,并且根据地的军队"也大都是放下锄头穿起军衣的农民",③文艺作品只有首先而且大量反映农民表现农村生活,"才能反映出晋西北的现实,才能得到读者的赞许"④,所以文艺工作者要突破狭隘的圈子,深入到农村的新天地里调查研究,了解农村,熟悉农民,写出表现农民反映农村生活的作品。在卢梦的这篇文章里还有两点需要注意:其一,卢梦认为表现农民反映农村生活的作品不一定非要与抗战拉上关系,农村生活的许多方面,如"农村生活的变迁的过程,农民种地的工作过程,农民口中的一点传说故事,甚至农村婚姻风俗等小事情"⑤,也同样是有价值的。抗战初期,梁实秋在写给《中央日报》副刊

---

① 伍陵:《关于"提高"与"普及"的三问题》,《抗战日报》,1942年1月24日,第四版。
② 伍陵:《关于"提高"与"普及"的三问题》,《抗战日报》,1942年1月24日,第四版。
③ 卢梦:《了解农村!了解农民》,《抗战日报》,1942年4月23日,第四版。
④ 卢梦:《了解农村!了解农民》,《抗战日报》,1942年4月23日,第四版。
⑤ 卢梦:《了解农村!了解农民》,《抗战日报》,1942年4月23日,第四版。

《平明》的《编者的话》中这样说："现在中国抗战高于一切，所以有人一下笔就忘不了抗战。我的意见稍为不同。与抗战有关的材料，我们最为欢迎，但是与抗战无关的材料，只要真实流畅，也是好的，不必勉强把抗战截搭上去。"①后被一些左翼的批评家简化为"文艺与抗战无关论"。而在根据地，卢梦在这一点上却与梁实秋有一定的相通之处。其二，卢梦认为不是所有文艺作品都要写农民，而是要写作者对农民与农村给予"更多的有系统的注意""在写战士干部时，要更多注意去寻找他们身上所具有的农民的特征"。②从这点来看，卢梦尽管强调要强化关于根据地农村与农民的书写，但却不是"题材决定论者"，把表现农民反映农村简单地等同于写农民。

在第五期与第六期中刊载了《从主题的贫乏说起》《丰富创作内容》《谈文学的语言》《关于压缩》4篇短文，探讨了文艺创作中的主题、内容、语言等具体问题。

卢梦的《从主题的贫乏说起》认为主题贫乏的原因在于取材范围的狭窄，作者只是把一些浮泛在生活表面的新奇的故事和人物毫不费力地拿来做自己作品的主题，并且把这样的主题不断地改头换面，写成许多作品，这样就造成了主题贫乏的问题。许多作者往往抓住一点主题，就急着下笔，由于材料缺乏，只能用自己不熟悉的虚构的人和事填充作品，紧接主题缺乏而来的是内容空洞，缺乏思想，这样的作品也就没有战斗性，没有"强大的力量去启发、煽动、组织广大的读者为真理与正义而战斗"③。这样的问题，究其原因，卢梦认为在于作者没有"深入而艰苦"地去捕捉生活中"那些在翻滚的水下面和急剧的流过去的东西""没有深刻而广大的社会生活的体验"。④卢梦在本文中强调的是深入生活对于写作的重要性。

卢梦的《谈文学的语言》探讨的是如何解决晋西北根据地写作者创作

---

① 梁实秋：《编者的话》，《中央日报》，1938年12月1日，第四版。

② 卢梦：《了解农村！了解农民》，《抗战日报》，1942年4月23日，第四版。

③ 卢梦：《从主题的贫乏说起》，《抗战日报》，1942年2月24日，第四版。

④ 卢梦：《从主题的贫乏说起》，《抗战日报》，1942年2月24日，第四版。

中普遍存在的语言贫乏的问题。"同一种的动词，同一种的形容词，我们甚至可以在许多不同的人身上，许多不同的事情当中找到，在一篇作品里，只有几种形容词与副词反（翻）来复（覆）去的翻筋斗的情形，也是常常可以看到的"，[①]语言的贫乏使得作品中塑造的人物脸谱化、概念化，把丰富多彩的生活简单化，由于只能在几个"少得可怜的词类里兜圈子"，使得作者写来生涩僵硬，读者读来"如同嚼蜡，索然无味"。[②]究其原因，卢梦认为，首先在于"轻视或者没有耐心去进行长时间的语言的锻炼"，同时，他们的语言大都来自"书房"而非生活，并且把这种语言当"宝贝"当"典型语言"，用这种类型化语言去套生活，这样的语言很难反映出复杂多样的生活和个性各异的人物。卢梦认为"积蓄语言，丰富语言""是目前我们晋西北写作者第一等的工作"，晋西北根据地的写作者在写作时要用"人的语言，活的语言，现代的语言，而要摒除木头的语言（不通人性的，没有思想的，不能表现人的情感的语言），死的语言（静止、僵硬的，没有生气的，不能表现出战斗与变化的语言），旧的语言（封建时代的、不科学的、不能表现现代人的生活的语言）"，[③]而现实生活是产生这种种语言的"宝库"，需要"突入"现实生活"去寻求，去积蓄，去锻炼"。当然作者也指出生活语言并不直接等同于文学语言，需要加工创造。文章最后提出锻炼语言的第一步是记录语言（从历史的遗产中，外来语与民间语中），第二步是对其作选择创造，而"从现实生活的宝库中去继续选择创造语言"，是解决语言贫乏问题，精炼语言的"唯一无二的出路"。[④]

芝（常芝青）的《丰富创作内容》从创作内容的角度强调了反映现实在创作中的重要性。文章首先指出"反映现实，反映根据地的社会实况和工作实况，为抗战和建设根据地而服务，这是文艺写作者的光荣任务，也

---

① 卢梦:《谈文学的语言》,《抗战日报》,1942年3月5日,第四版。
② 卢梦:《谈文学的语言》,《抗战日报》,1942年3月5日,第四版。
③ 卢梦:《谈文学的语言》,《抗战日报》,1942年3月5日,第四版。
④ 卢梦:《谈文学的语言》,《抗战日报》,1942年3月5日,第四版。

只有真正而生动地反映出现实的作品，才是好的作品"①。作者认为"反映现实"不是反映作者个人对某些现象的感想，也不是对生活中"一些表面的片段的现象的简单记录"，或"根据某些现象做夸张的想象"，而是要对现实生活"随时随地地留心，多看多想进行思考""对某些社会实况和工作实况进行深入的调查研究"才能做到。②作者认为，即使是艺术家创作中的情感与想象，也是具体的，有现实基础的，"真正接触到现实中的事物"而"生发出来的感情"，具有一定的社会性，才能感染读者；③想象也是在接触现实中生发出来的，"想象越是符合于现实就越是接近于真实""想象也就成为现实的了"，因而，"要发挥高度的想象力，写出内容丰富和生动的作品，是和不断耐心地了解和研究现实的具体情况不能分开的"。④这篇文章与卢梦的《谈文学的语言》讨论的对象不同，但是都强调社会生活之于文艺创作的重要性，卢梦认为对于语言的创造，社会生活是"宝库"，常芝青认为创作内容的丰富需要通过对社会生活的深入调查研究来实现，是与毛泽东提出的"社会生活是文学创作的唯一源泉"的论断相一致的。这三篇文章分别探讨主题、内容与语言，但都强调现实生活的重要性，把深入生活看做解决问题的关键。

赵家萍的《关于压缩》针对的是晋西北根据地文学作品中存在的"把一点感想写成'诗'，拾取一些社会现象或人物故事加头加尾，而写成小说和戏剧之类，穿插一些噱头奇迹或身边细碎而成大文"，人为拉长而内容空泛的现象，指出在创作中"对主题和题材的选择，对文字语言动作的确定，以及形式的运用"都要有一种"压缩"的功夫。⑤所谓的"压缩"，用现在的话来讲即是创作过程中的选择提炼，去芜存菁。文章建议根据地的写作者尤其是初学写作者不要一开始就写长篇，而是"压缩"自己创作

① 芝:《丰富创作内容》,《抗战日报》,1942年2月24日,第四版。
② 芝:《丰富创作内容》,《抗战日报》,1942年2月24日,第四版。
③ 芝:《丰富创作内容》,《抗战日报》,1942年2月24日,第四版。
④ 芝:《丰富创作内容》,《抗战日报》,1942年2月24日,第四版。
⑤ 赵家萍:《关于压缩》,《抗战日报》,1942年3月5日,第四版。

中的轻浮心态,去创作主题明了、题旨明确的"能发挥艺术战斗功效"①的短小精干的作品。另外,文中也谈到对人物、言语动作"由抽象而具体化"②的"压缩"的方法,其实也是典型化的方法。

与以上几篇谈创作的文章不同,赵家萍的《读书是一种享受》探讨的是阅读问题。在抗战背景下,人们更倾向于阅读"关于解决战争问题的一些民族啦,政治啦,经济啦以及军事等的科学书籍",③但赵家萍的《读书是一种享受》却主要谈论战争环境中文学书籍的阅读。赵家萍认为,当阅读文学书籍时,读者"总是在心灵中深深地透露出了或是沉痛、惋惜,或是甘美、愉快,这样也直接对人们日常的精神生活起着调和的或者是不调和的刺激""仿佛觉得有所追求似的:也许会感到崛立在人类社会上的新的光明的自由的一些事物,都正在无限地召唤着自己,奋发着永远地走向前面去;也许是很明显地觉察了掩盖在自己生活深处的灵魂的悲哀的影子",而这种来自文学书籍的感染力量,对于长期生活在战争中的人们是"不可免掉的",④作者以此来强调在战争环境中文学书籍的阅读同样是需要的。对于阅读什么样的文艺性书籍,作者认为,"旧生活中所遗留下来的古旧的书籍"如《三国演义》《封神榜》《七侠五义》《说岳》等对于根据地的"新民主主义革命战士"而言,这样的阅读不是一种享受,而是"一种对客观社会发展的无意识的混淆""一种精神生活的浪费",因为这样的书籍"把希望与欲求寄托给以往的古人或化妆(装)过的古人""它的作用将是麻醉,自暴自弃"⑤;而阅读那些书写"创造人类历史奇迹的英雄"的劳动与战斗的书籍,能"安慰一颗磅礴的年轻的心""唤起那民族的家仇国恨灵魂深处悲哀的影子,创造那甘美而愉快的精神生活"的书籍,才是种享受。⑥因而,作者建议,对于那些"古旧书籍"如果不是为

---

① 赵家萍:《关于压缩》,《抗战日报》,1942年3月5日,第四版。
② 赵家萍:《关于压缩》,《抗战日报》,1942年3月5日,第四版。
③ 赵家萍:《读书是一种享受》,《抗战日报》,1942年2月24日,第四版。
④ 赵家萍:《读书是一种享受》,《抗战日报》,1942年2月24日,第四版。
⑤ 赵家萍:《读书是一种享受》,《抗战日报》,1942年2月24日,第四版。
⑥ 赵家萍:《读书是一种享受》,《抗战日报》,1942年2月24日,第四版。

了钻研与批判,对于"无力掌握这些材料,以及只是把读些文艺书籍作为享受的人们",最好不要去读这些书籍。①

之向的《漫谈爱好文艺》与默生的《向伟大作家学习——关于写作态度的札记》谈的是创作态度。《漫谈爱好文艺》指出随着根据地人们对文艺的兴趣一天天高涨起来,文艺的爱好者越来越多,文章对这些文艺爱好者分成三种类型作了分析,指出了不足与需要改进的地方:第一种是一些"抱定决心要从事于文艺工作"的人,"放下书本,拿起笔杆",一天到晚埋头写作,时间上付出很多,但是进步却缓慢,写出来的东西多是辞藻的堆砌,缺少坚实的内容,究其原因,在于创作的动机为"自我表现的欲望所支配",通过写作个人成名的念头过重,忽略了"文艺应当为人类社会服务";②第二种是很爱好文艺,对文艺鉴赏与写作有较好修养,但"对于创作的态度却过分严厉而慎重",③以致总是没有勇气提笔写作,形成眼高手低的现象;第三种大都是一些初接近文艺者,爱好文艺却不知为什么而爱,文艺的修养还很低,但写作的勇气很大,"大批地写,到处热切地请求别人提意见和修改",④尽管勇气可嘉,但写作不能单靠勇气,需要掌握一定的写作技巧,应虚心学习,从写作小的短的作品开始提高自己。最后也指出他们各自的长处:"我们所需要的是第一种人的不屈不挠的精神;第二种人对文艺的严正态度与修养,再加上末一种人对于写作十足的勇气和胆量。"⑤

《向伟大作家学习——关于写作态度的札记》也是谈论写作者的写作态度。文章引用罗曼·罗兰、高尔基、契诃夫、托尔斯泰、果戈理、莱蒙托夫、普希金和鲁迅等中外伟大的作家谈论写作态度的观点与他们创作中不断认真修改自己作品的事例,说明"世界最伟大的作家,他们的创作态

---

① 赵家萍:《读书是一种享受》,《抗战日报》,1942年2月24日,第四版。
② 之向:《漫谈爱好文艺》,《抗战日报》,1942年3月12日,第四版。
③ 之向:《漫谈爱好文艺》,《抗战日报》,1942年3月12日,第四版。
④ 之向:《漫谈爱好文艺》,《抗战日报》,1942年3月12日,第四版。
⑤ 之向:《漫谈爱好文艺》,《抗战日报》,1942年3月12日,第四版。

度都是极严肃的，他们在写作上是怎样努力，一篇作品是经过怎样的迂回过程和惨淡经营啊"！^①文章提出根据地的写作者要向这些伟大作家学习严肃认真的写作态度，"要长期地写，要严肃地用生活来衡量自己的作品，不要急于发表自己还未加工的东西"^②，经过长期的努力，才能取得光辉的成绩。

《介绍〈控诉〉与〈大学生夫妇〉》《在〈荒地〉上》《读石宾同志的诗以后》是针对具体作品的文艺批评。

于垦的《介绍〈控诉〉与〈大学生夫妇〉》评论的是《西北文艺》第六期上的两篇作品：非垢的长诗《控诉》与莫耶的小说《大学生夫妇》。《控诉》是非垢的长诗《俘虏》的一部分，从这篇文章中对其介绍与部分引用来看，应是一首叙事长诗，写了在根据地的一次大会上根据地军民以及十二个被俘的日本兵对日本侵略者的控诉。文章指出其成功之处："用诗句描写一个大会的场面与很多人讲话"，却没有写成"事物的排列与散文式的说话"^③，同时指出其不足：有些句子缺乏强烈的色彩，缺乏形象性，显得空泛、呆板。《大学生夫妇》写了一对夫妇因观念不合而最终离婚的故事，塑造了"甘心坐吃山空，抱着他的大烟枪进坟墓的旧社会中的知识分子"和"受过几天抗战教育洗礼的大方而又自然的女人"^④这样两个互相对照的人物形象。文章认为这篇小说描写人物的方法较为成功。这篇文章重点在于对这两篇作品内容的介绍，评析很少。

林容的《读石宾同志的诗以后》是纪念赵石宾逝世的文章，发表于赵石宾纪念专号上。文章通过对石宾的五首遗作的分析，概括总结出石宾诗的几个特点：描写生动形象，表现出生动的想象力，"含蓄一种深藏的思想"，^⑤社会价值与艺术价值兼具；思想与文字简练质朴，不浮泛夸饰（文

---

① 默生：《向伟大作家学习——关于写作态度的札记》，《抗战日报》，1942年4月18日，第四版。
② 默生：《向伟大作家学习——关于写作态度的札记》，《抗战日报》，1942年4月18日，第四版。
③ 于垦：《介绍〈控诉〉与〈大学生夫妇〉》，《抗战日报》，1942年2月14日，第四版。
④ 于垦：《介绍〈控诉〉与〈大学生夫妇〉》，《抗战日报》，1942年2月14日，第四版。
⑤ 林容：《读石宾同志的诗以后》，《抗战日报》，1942年4月7日，第四版。

章联系当时晋西北根据地创作的实际指出：不简练不质朴，正是今天一些初学写诗的人的通病）；写作态度认真，轻易不下笔，下笔则"较长的时间构思。——绞尽脑汁地想"，①多次修改。

赵戈的《在〈荒地〉上——一本文艺刊物的读后感》是对根据地手术医院文艺小组编的油印刊物《荒地》上的一些作品（主要是《他被救活了》与《王大嫂》两篇）的批评。②手术医院文艺小组应为一个业余的文艺爱好者组成的团体。文章从四个方面谈了这些作品存在的问题：一、只是记录了一场手术的繁杂过程，而没有塑造出曾经战斗于火线因伤病躺在病床的干部与战士的英雄形象，也没有塑造出医院中医生与看护员的形象，因而更像科学小品而不是报告文学；二、反映现实不真实，如《王大嫂》中王大嫂的悲惨故事在旧中国农村普遍存在，但放在根据地，不真实；③三、语言与所反映对象不贴合，仅是简单袭用一些美妙的语句和辞藻，而不能根据所表现的情感与所反映的人和事的不同而变换；四、风景的描写也是套用一套陈旧的描写法，而不能描写出其真正的美。

《谈〈金花〉》是林杉观看话剧《金花》之后的观后感。《金花》是李伯钊编剧的三幕话剧，由长城演剧队在晋西北根据地演出。林杉在文中首先肯定了本剧的主题："在中国的伟大民主运动中妇女参政是必要而且可能的"，以及剧中出现的新的妇女形象："金花这个人物应该代表这个时代农村中的前进着的新的女性的典型"。但是，文章主要谈的是剧本及演出

① 林容：《读石宾同志的诗以后》，《抗战日报》，1942年4月7日，第四版。

② 赵戈：《在〈荒地〉上——一本文艺刊物的读后感》，《抗战日报》，1942年3月21日，第四版。

③ 文章认为之所以把《王大嫂》写成一个悲惨的故事，原因在于"也许是因为我们曾经受了旧中国风雨的吹打，而往往喜爱'伤感'的情调；也许，是因为作者要避免'公式'地在故事结尾'插上一条光明的尾巴'，而来了这样一个相反的结局。"但是文章并没有从现实生活中的事实去印证根据地已经没有这样的悲惨故事，而是觉得这样的悲惨不应出现在根据地。文中还写道：后来"经人告诉我，王大嫂是有这么一个人和这样一回事，但她并没有死，而且跑到延安找她的美丽希望去了"，也就是说现实中的王大嫂确实有一个圆满的结局，文章认为《王大嫂》的作者把它写成悲剧，是为了避免公式化而违背了现实，但这一单一的事实实际并不足以印证王大嫂式的悲惨遭遇在根据地已完全不存在。因而文章中关于不真实与真实的判断并非完全与现实对照，而是依据某种推理，而在同一时期根据地报纸副刊刊载的理论批评性文章持这样一种真实观的还有不少。

中存在的不足：首先，在人物形象上，林杉认为作为根据地农村的女村长，金花应该坚强泼辣，但剧本及演员塑造的金花却体现出软弱寡断善愁的性格，反面人物胡金魁的出现仅是为使故事曲折，而没有生活依据。其次，故事情节展开上，偶然性较多；为了增强故事性，情节离奇，不符合生活常理。在此基础上，作者又从作者、导演、演员三个方面分析了造成这些问题的原因，比如受敌后的演剧环境与群众条件所限形成的根据地戏剧的"人物的经济，布景的简单，场面多变及对民间的传统形式——大团圆主义的利用等"特点对编剧创作的限制；导演在把文学形象转化为舞台形象时人物再创造不足，演员演技上存在文明戏的影响。

1942年年初，七月剧团从延安演出归来后，在晋西北根据地进行公演，《十二把镰刀》与《治病》是这次公演的重点剧目。3月20日，晋西文联文化队文艺小组组织了对两剧的讨论。由向鲁主持，参与者有田涯、郭风、舒克、庭和、震民、秀芝、林杉、铁可，林杉做记录。会议的记录《谈〈十二把镰刀〉与〈治病〉的演出》刊载于《文艺之页》第九期。参与者从"剧本本身""形式""演出"等方面对两剧展开讨论，涉及两剧演出的多个方面，但其中重点探讨的一个问题是旧形式的利用。《十二把镰刀》借用了曲子戏的形式，大家认为其借用旧形式很是成功，"全剧自始至终异常紧凑，没有一般旧剧所带有的剧情松懈的缺点""很巧妙地套用了民间形式所有的场面、动作、曲调，十分和谐地表演了边区老百姓的现实生活，这里看不出所谓旧形式与新内容之间不调和的破绽"，[1]同时也对其中残留的旧剧因素，比如"男女调情的内容"在表现根据地新主题新内容的剧作中是否合适进行了讨论。《治病》则是"作者尝试并创造新的歌剧形式""大胆地突破旧形式的固有的格调，比如音乐部分，并不套用民间戏剧的任何曲调，越过了'填词'的阶段，创造了一种新民间风味十分浓厚的新曲子；乐器的运用也同样经过改造，完全放弃了'七锤''顶头''流水'等陈套而使它适合剧情，同时也保留了中国打击乐器原有的风味；

---

① 林杉等：《谈〈十二把镰刀〉与〈治病〉的演出》，《抗战日报》，1942年3月28日，第四版。

演技方面，克服了旧剧的写意的动作，充实以话剧的写实的手法，在舞台装置方面利用了现实的布景"。[1]尽管大家在讨论中肯定了这种尝试，而且从后来的发展看，这样的西方歌剧与中国传统戏曲相结合的新歌剧成为解放区戏剧发展的方向，但是在其最初的尝试阶段，其中肯定有许多粗糙的地方，讨论中大家也提出了其中的不足，比如"形式上的不统一"，[2]旧剧的表现形式与新的歌剧的表现形式只是简单并置于剧中，没有很好地融合，感觉有些不伦不类，给观众的感觉是"不调和""不舒服"。另外还有某些剧情是否反映了陕甘宁边区的现实等问题。

总体而言，《文艺之页》上的文艺理论探讨及评论类文章，有很强的现实针对性，与根据地文艺发展的现实联系紧密，不是坐而论道，而是着眼于急需解决的实际问题，如农村剧运中的"普及""提高"问题，反映农村农民的作品过少问题，写作者写作态度不恰当的问题，文艺工作者深入农村体验生活不够而导致的作品主题、内容贫乏问题等，这些都是当时根据地文艺发展中存在的迫切需要解决的问题。其次分析探讨很具体，对于初学写作者可以说有一定的操作性，比如，探讨创作主题、内容及语言等的几篇文章中，其中很多内容可以说是给出的解决问题的具体的方法。第三，不少文章的探讨已经涉及不久之后发表的解放区以及新中国文学的纲领性文件《在延安文艺座谈会上的讲话》中的许多问题，而且其中观点也与之有不少暗合之处，比如关于"普及"与"提高"的探讨，比如文艺作品要首先而且大量反映农民表现农村生活，比如把从现实生活中创造提炼语言看做解决语言贫乏问题的"唯一无二的出路"等等；另外则是偏重于指不足谈问题。

四、其他类作品

田家的《神农尝百草》是唯一的一篇寓言。写神农氏发明了蓑衣，使

---

[1] 林杉等：《谈〈十二把镰刀〉与〈治病〉的演出》，《抗战日报》，1942年3月28日，第四版。
[2] 林杉等：《谈〈十二把镰刀〉与〈治病〉的演出》，《抗战日报》，1942年3月28日，第四版。

人们有了暖身之物后，人们仍然没有足够的食物，过着食不果腹的惨淡生活，为此，神农氏苦尝百草，终于从草里发现了一种金黄的草粒，春天种下去，秋天就能结出累累的谷穗。神农氏欣喜地带着草粒与青苗回到人聚居的地方。这时野人氏高擎着一支紫色的草告诉人们这就是可以结出食物的禾苗，因而获得了人们的歌颂与拥戴。神农氏大呼"毒草"抢走紫草吞了下去，在人们仇视的目光中，神农氏随即中毒倒下，野人氏用从神农氏那里偷来的解毒药救活了神农氏，然后声称自己用仙术救活了神农氏。人们不但没有看清野人氏的真面目，而且因之对野人氏更加崇拜。野人氏被视为"圣者"，被狂热的人群簇拥而去，只有被看做"疯子"的神农氏孤独地留在那里。作品最后点出了寓意："善于叫喊的野人氏，享受着一切光荣，而为着人类，神农氏沉默地坐在草堆里蠕动着石臼般的颚骨，吮吸枯唇，品味苦汁，嚼着百草。"①这个作品是对中国远古的神话故事《神农尝百草》的改写，以神话故事为依托，但加入许多新内容。从中可以隐约看出时代的因素，一心为了人类忍辱负重的神农氏可以看作是坚持在敌后抗战的中国共产党与八路军的隐喻，而野人氏可能指向的是蒋阎势力。但是其中的启蒙文学色彩更为明显，神农氏一心为民但却不被群众理解，并被视为疯子，其处境与鲁迅小说中的文化先驱者们（如《药》中的夏瑜、《长明灯》中的疯子和《孤独者》中的魏连殳等）很为相似，而没有自己判断力的狂热的人群与鲁迅小说中的庸众也极为相似。

白嘉的《"铁壶"的讽刺》是一篇杂文。文章开篇引用鲁迅翻译的童话《小彼得》中的人物破铁壶讽刺他的伙伴们用一些孩子们听不懂的"制度呀""资本主义呀""烦难的话"与小彼得交流的故事，尽管这些道理很好，但因孩子们听不懂这些深奥的名词，交流归于无效。以此引出日常生活中与写文章时存在着的"开口名词，闭口艺术"，②故弄高深，别人却听不懂的通病。接着分析了形成这种通病的原因："第一种人是自己对某一

---

① 田家：《神农尝百草》，《抗战日报》，1942年1月24日，第四版。
② 白嘉：《铁壶的讽刺》，《抗战日报》，1942年5月7日，第四版。

问题没有深入的研究，懂得很少，想得也不多，即使想过，也不大透彻，当然，无法解释得具体，只得硬生生地啃进去，又硬生生地吐出来。另一种则是自以为渊博，常常玩弄名词，藉以炫人，甚或自我陶醉，造成夸夸其谈，言必希腊的恶风气。"①最后提出，要克服这样的毛病，不使自己也成为破铁壶讽刺的对象，就"必须消灭矫饰，对事对物，要知之为知之，不知为不知；要多调查，多研究，多思索，多理解；具体一点，实在一点，而且要弄清楚对象。要使对方听得懂，便要自己说得十分明白、动人"②。

叶石的《深沉的哀悼》刊载于第十期石宾的悼念专刊，是一篇抒情散文，表达了七月剧团的同志们对石宾的怀念。文章回溯了石宾同志去世的情景，文章写石宾同志去世时，"我们"正在附近不远处的石窑里"贪婪地享受着一场好的睡眠"③而不知情。满含对因演出忙而错过看望石宾的愧疚与遗憾之情，表达了失去"一位战友，一位导师"④的悲痛与惋惜。文章语言平实，情感却真挚感人。

顾彬认为解放区文学"其特征是形式的民族化与语言的军事化"，⑤程光炜等则称之为"民间化与政治化趋向"⑥。就解放区文学整体而言，"民族化""民间化"无疑是解放区文学的显著特征。但作为生成阶段的早期解放区文学，《文艺之页》的"民族化""民间化"色彩并不明显，在创作方法上，主要还是延续五四新文学向西方现代文学学习的路向，主要还是借鉴应用西方现代文学的写法，无论是叙事性作品还是诗歌散文等。

李丹认为1942年延安文艺座谈会之后解放区文学的建构存在着"华北根性"问题，即华北根据地的文艺经验参与了延安文艺座谈会确定的文艺

---

① 白嘉：《铁壶的讽刺》，《抗战日报》，1942年5月7日，第四版。
② 白嘉：《铁壶的讽刺》，《抗战日报》，1942年5月7日，第四版。
③ 叶石：《深沉的哀悼》，《抗战日报》，1942年4月7日，第四版。
④ 叶石：《深沉的哀悼》，《抗战日报》，1942年4月7日，第四版。
⑤ 顾彬：《二十世纪中国文学史》，上海：华东师范大学出版社，2008年9月版，第187页
⑥ 程光炜、刘勇、吴晓东、孔庆东、郜元宝：《中国现代文学史（第3版）》，北京：北京大学出版社，2011年版，第270页。

新方向与新文艺的建构,"无论是座谈会后所树立的'正确方向'还是《讲话》这一产生悠远影响的文献本身,都离不开华北根据地文艺经验和理论的支持"①。晋西北根据地是华北根据地的主要组成部分,《文艺之页》是早期晋西北根据地文学的主要载体,从"华北根性"这个角度来看,相较于创作,其中的文艺理论探讨及评论文章为延安文艺座谈会之后的这种新文艺的理论建构与创作实践提供的正向资源要多一些,而创作中却存在着较多的需要被规约的地方。

作为早期的解放区文学,《文艺之页》上的作品的确已初具解放区文学的雏形,其间有着构成解放区文学的"根性"的因子。但无论是立足服务于抗战还是立足文学自身的价值,显然都需要有很大的提升,当然这两方面的提升并不一定很协调。

附录:

《文艺之页》目录

1. 叙事性作品

第一期(1942年1月17日) 白嘉:《屯兰川之夜》;莫耶:《风波》

第三期(1942年2月3日) 雷鸣:《偏关"警备队"的反正》;若萍:《二黑子的故事》

第四期(1942年2月14日) 向鲁:《像男子的女人(劳动英雄素描之一)》;鸣:《我叫李荣华》

第五期(1942年2月24日) 斯尔:《惊骇的一日》

---

① 李丹:《解放区文艺的"华北根性"》,《南方文坛》,2019年第5期。

第六期（1942年3月5日） 舒克：《四年前后》；沙子：《笔》

第七期（1942年3月12日） 法鉴：《张奇才》

第八期（1942年3月21日） 郭烽：《重上前线》

第九期（1942年3月28日） 椰子：《老猴》

第十一期（1942年4月11日） 捷：《一个伤兵》；伍陵：《书店老板》；椰子：《老猴》

第十二期（1942年4月18日） 效农：《孩子们》

第十三期（1942年4月23日） 雷：《三支枪和一皮包文件》；雨田：《有我，还能丢了枪！》；沙雁：《美龄》

第十四期（1942年5月7日） 罗寒：《柳医生的末路》；沙雁：《安乐村长》

2. 诗歌

第一期（1942年1月17日） 卢梦：《祖国的骑兵》

第二期（1942年1月24日） 非垢：《葬》

第四期（1942年2月14日） 颂青：《火》

第五期（1942年2月24日） 白嘉：《我有一个朋友》

第七期（1942年3月12日） 卢梦：《罪恶的火》

第八期（1942年3月21日） 非垢：《春天》

第十期（1942年4月7日） 石宾：《宴》；卢梦：《一个倔强的灵魂消逝了》

3. 散文

第十期（1942年4月7日） 叶石：《深沉的哀悼》

第十四期（1942年5月7日） 白嘉：《铁壶的讽刺》

4. 寓言

第二期（1942年1月24日） 田家：《神农尝百草》

5. 文艺理论及评论性作品

第二期（1942年1月24日） 伍陵：《关于"提高"与"普及"的三问题》

第三期（1942年2月3日） 林杉：《谈〈金花〉》

第四期（1942年2月14日） 于垦：《介绍〈控诉〉与〈大学生夫妇〉》

第五期（1942年2月24日） 赵家萍：《读书是一种享受》；卢梦：《从主题的贫乏说起》；芝：《丰富创作内容》

第六期（1942年3月5日） 卢梦：《谈文学的语言》；赵家萍：《关于压缩》

第七期（1942年3月12日） 之向：《漫谈爱好文艺》

第八期（1942年3月21日） 赵戈：《在〈荒地〉上——一本文艺刊物的读后感》

第九期（1942年3月28日） 田涯、向鲁等，林杉记录：《谈〈十二把镰刀〉与〈治病〉的演出》

第十期（1942年4月7日） 林容：《读石宾同志的诗以后》

第十二期（1942年4月18日） 默生：《向伟大作家学习——关于写作态度的札记》

第十三期（1942年4月23日） 卢梦：《了解农村！了解农民》

第二节 《吕梁文化》

《吕梁文化》创刊于1943年3月6日，同年9月30日终刊，共16期。由根据地文社主办。根据地文社由周文、廖井丹、杜心源等20余人发起，于1942年11月17日正式成立，周文、廖井丹、杜心源、柳林、亚马、王修、杜若牧、叶石、常芝青为理事，周文、杜心源、柳林、亚马、王修为常务理事。根据地文社成立时，即决定暂以《抗战日报》第四版出综合刊，要求各社员严格遵守简章规定，每月至少交一篇作品，1943年年初，根据地文社在征集到一定数量的稿件后，决定在《抗战日报》第四版出

《根据地》副刊，由亚马主编。但是《根据地》副刊最终也未出刊，只是在一二月间在《抗战日报》第四版刊载了紫池的《火种》、赵可的《老同志》、白石的《他是我的丈夫》、陈中平的《枪与歌》、谷曼的《假如我死了》几篇作品，文后标注"根据地文社稿"。

在《吕梁文化》创刊词《我们的任务》中，对副刊的功用作了这样的界定："需要它如同需要子弹和小米一样""给人以精神的武器"，是"向敌人掷出致命的投枪"[1]；对于内容与主题，有这样的倡导："写敌人的残暴，写人民的英勇，写八路军，写新军，写民兵，写劳动英雄，写群众领袖，写模范妇女，写忠心耿耿的老干部，写与工农结合的知识分子，写禀赋民族正义的开明士绅，写努力生产的'二流子'，写敌占区人民的苦难，写汉奸的无耻与伪军的颓唐，写胜利的经验，写流血的教训，写民主、自由、光明的生长，写斗争的艰苦、残酷与信心的坚定。"[2]而且，创刊词呼吁"大家动起笔来吧"[3]，因而《吕梁文化》倡导的文艺不仅仅是内容主题与语言形式的大众化，也包括作者大众化的含义在内。

《吕梁文化》占用第四版一整版，主要刊登各种体裁的文艺作品，同时刊登文艺理论研究文章和译文，共刊文50篇。另刊有一些报道文化活动的简讯。

一、叙事性作品

与《文艺之页》相似，《吕梁文化》中明确标示出文体的作品很少，文体上也有很大的模糊性，是虚构性的小说还是纪实性的通讯报告，很多作品很难辨别，所以，我仍然使用"叙事性作品"这一概念对其归类。叙事性作品是《吕梁文化》中刊载最多的文类，共有29篇，另有5篇特别短小的作品。

其中根据文体特征，小说特点明显的有下列8篇：《敌占区的家乡》

---

① 《我们的任务》，《抗战日报》，1943年3月6日，第四版。
② 《我们的任务》，《抗战日报》，1943年3月6日，第四版。
③ 《我们的任务》，《抗战日报》，1943年3月6日，第四版。

《电话班》《军民在田野》《李奴子》《到根据地去》《二爹》《谈判》《夏收时节》。

1943年3月25日，春节刚过完，《吕梁文化》刊载出3篇作品：方阵的《春节》、万一的《敌占区的家乡》和方唯若的《太原的春天》。其中《春节》写的是根据地的生活，后两篇则反映敌占区的生活。本期《编后记》中说："透过这些，我们看到了一种无可置疑的自由的欢乐的生活在生长，然而不能忘记了另一个悲惨的世界，看看敌占区的家乡吧，我们一刻也不能怠懈了斗争。"①本期把这三篇作品放在一起，显然是通过根据地生活与敌占区生活的对比，激起根据地军民奋起抗敌的决心。其中《敌占区的家乡》写"我"回到被日军占领的地处平川（晋中盆地）的故乡的所见所闻。在日军统治下的故乡变得"寂寞而阴森"，②麦田荒芜了，沃土成了沟渠，丰饶的故土变成一片废墟。回到自家的院子，不见亲人，从一个惊惧胆怯的女人口中得知：父亲因反抗日军强行占用自家院子修汽路而被日军判刑，嫂子也被抓走不知所终，母亲被气死无人埋葬。一家人受日军残害已家破人亡。文章最后写一家人悲惨的遭遇激起了"我"对日军无比的仇恨。《敌占区的家乡》采用的是第一人称叙事，但文中有这样的叙述，当"我"回到自家的院子时，问院子里的一个女人："这不是高贵祥的家吗？"因此文中的"我"不是作者万一，而应是"高贵祥"或是"高贵祥之子"，所以这篇作品有一定的虚构性，应归于小说。而《春节》则是一篇通讯报告，《太原的春天》则是叙事与议论相结合，有杂文与时评的色彩，后文另述。

孙谦的《电话班》写因为缺乏战斗经验的电话班战士油嘴误传敌人要来包围的消息，所以电话班的战士摸黑去山上的雪地里收线。但是又因为油嘴慌张，把一捆电话线失手掉在山沟里，班长王振兴为了部队的物资不受损失，让油嘴拉着"我"的皮带，"我"拉着他的手把他吊到沟里去找

---

① 万一：《敌占区的家乡》，《抗战日报》，1943年3月25日，第四版。

② 万一：《敌占区的家乡》，《抗战日报》，1943年3月25日，第四版。

回电线,但是当班长刚下到沟里,由于油嘴受惊吓松手,使得"我"(战士马富)掉到沟里,把腿摔伤。经此事件,油嘴也受到教育,变得成熟起来。作品中几个战士的形象塑造较为鲜明。比如班长王振兴是一个恪尽职守、战斗经验丰富的老兵形象,总是把艰巨任务留给自己,比如在分配任务时自己上山拉线,而把初到电话班的油嘴留在村子里。而在撤退时,也是自己背着最多的东西,"你看飞毛腿背的有多少东西吧,马枪、电话机、背包,背包上放着电线,手臂上挂着电线。如果他爬(趴)在地上不动,你真以为他是一块石头或者一座小山呢"。①找电话线时,他让人把自己吊到沟里,有极强的责任心,在电话线掉到沟里时,他说:"电话班的人丢掉电线,这和战斗员丢了枪是一样的",②遇事沉着冷静,能马上想到解决问题的办法。而"我"(战士马富)也是一个把公共财物看得非常重的战士,当因找电话线而受伤时,没有因此而抱怨,而是为摔坏一架好的电话机而惋惜。战士油嘴则是一个缺乏战斗经验,身上有不少毛病,"好说调皮话,而且好打人的差子""成天价疑神疑鬼得乱吹牛屁(皮),扩大事实""会写一笔好字",③有些骄傲,看不起不识字的其他战士,但是后来在实际的战斗中受到教育,得到了锻炼,逐渐成熟起来。这是一篇初具山药蛋派特色的小说,写法上有民族化特征,比如叙述了一个有头有尾的完整故事,以讲故事为主,环境与场景的描写较少,比如借给人物起绰号来点出人物个性(如班长王振兴绰号"飞毛腿",战士张义绰号"油嘴");语言通俗易懂,而且借用了不少晋西方言(如"抖起来""就讲起二话""灰人"等),带有较浓的地域色彩。

方唯若的《军民在田野》表现的是根据地军民拥政爱民的主题。作品写春耕时节,八路军战士帮助根据地农民春耕的情景,体现出人民军队与根据地人民和谐亲密的关系。小说借根据地农民黑七郎与帮助他耕种的马兵老王在劳动时的交谈呈现出根据地的今昔变化:日本的入侵使得农民连

① 孙谦:《电话班》,《抗战日报》,1943年4月17日,第四版。
② 孙谦:《电话班》,《抗战日报》,1943年4月17日,第四版。
③ 孙谦:《电话班》,《抗战日报》,1943年4月17日,第四版。

地都不敢种，日本人放火烧了黑七郎家的房子，拖了牲口。八路军来了以后，有了八路军的保护，根据地人民才又种上地，而且军队不仅出人出畜力帮助农民春种秋收，而且给农民提供生产的资金，共产党领导下的根据地"空气里荡漾着一种甜蜜的愉快的和谐的声浪"。需要注意的是，在本篇中，也写到了农民参军的问题，与《文艺之页》中的《风波》《二黑子的故事》《老猴》等不同，在本篇中马兵老王也是农民出身，他参军是因为"辛辛苦苦打下粮食，背到镇上去换几个钱，但官府把市价定得很低，等到青黄不接又飞涨得买不起，我的婆姨就穷得把自己孩子扔在家里给人家少爷当奶妈"①，偏向于阶级反抗，而黑七郎也说："那时候打了粮食，自己还是不能好起来。日本鬼子来，更活不成了"②，民族反抗与阶级反抗的原因皆有。与《文艺之页》中的《风波》《二黑子的故事》《老猴》等相比，他们战斗与生产的动机在于反抗压迫报仇雪恨与保卫胜利，所表现的主题已很"纯净"了。从写法上看，尽管人物对话也使用了方言，但从结构语言等方面，还是更接近于西方现代小说，尤其是开头的环境描写，有着俄罗斯文学的味道。

靳旺、几五的《李奴子》故事情节很简单，写勤劳吃苦的炊事兵李奴子为了迎接新来的部队，一夜未睡磨豆子做豆腐，直到天快亮的时候才干完休息。但是中间插入小号兵"不怕死"跑来打趣他，面对小号兵的不断挑逗，李奴子也很生气，两次想赶出去揍他一顿，但想起指导员对他的教导，为了不耽误工作，李奴子忍住了。文中对李奴子的情绪变化有较多心理活动的描写，塑造了一个勤劳吃苦，在平凡岗位上奉献的八路军战士形象。文中在写到八路军战士间日常生活中细小的矛盾，也写到了八路军战士工作之余学习文化这样一种新式的军营生活，富有生活气息，但是主题较为模糊，虽然小号兵对李奴子的打趣也谈不上有多大的恶意，但小号兵的不断纠缠，使得李奴子也很恼火，在《二黑子的故事》中八路军战士之

---

① 方唯若：《军民在田野》，《抗战时报》，1942 年 5 月 6 日，第四版。
② 方唯若：《军民在田野》，《抗战时报》，1942 年 5 月 6 日，第四版。

间的关系被表述为"比亲兄弟还要好",在《退伍》中则是"弟兄们都惯熟了,和自己家里人似的",①这样的战士之间的融洽关系似乎在李奴子与小号兵之间体现不出来,当然这样的书写可能反映出的是一种对原生态生活尚未着意提纯的自然状态。本篇作品小说特征明显,另外文中使用了不少晋西北方言,如"李奴子一夜没有睡,两双(只)眼睛像两盏麻油灯,熬得红朗朗的"②,其中"红朗朗"即为晋西北方言词汇。

敏行的《到根据地去》写的是敌占区人民的苦难。福祥的父亲和几个农民因缴不出粮食被日军抓进城里严刑拷打后杀害,日军又抢走了福祥家所有的粮食,杀掉了耕牛,刺死了福祥的婆姨和孩子。敌占区被日军搞成人间地狱,百姓们被逼得没有活路。同村崔保全悄悄来找福祥,告诉福祥可以搬到山上的根据地去,那里的抗日民主政府会"给咱们找地种,找房子住"。③三天以后的夜里,崔保全领来了接他们进山的八路军战士,在八路军战士的带领下,福祥带着他妈同同村的乡亲们趁夜色带着他们所有的家当,坚壁清野,奔向了山里的根据地。

西戎的《二爹》写的是一个根据地的老农民在抗战大背景下思想观念的转变。作品写二爹④是一个非常财迷(吝啬)保守的老农民。自己舍不得吃、舍不得穿,连继子上学也舍不得花钱,与人共事更是一毛不拔。对村里的公事如招待军队、送公粮、抬伤兵等更是消极对待,能推就推。但是拥军大会教育了他,使他明白了"军队是咱们老百姓的,为老百姓打仗流血,老百姓也得爱护咱的军队,就像自个的儿女"⑤。所以变得积极起来,在村里的优抗会上主动承担了村里军属七亩地的代耕任务,而且抢着去抬担架。本篇讲述了一个有头有尾的故事,以塑造人物性格为中心(塑造的是一个中间人物,而非英雄),语言通俗易懂,大量使用了当地农村

---

① 靳旺、几五:《李奴子》,《抗战日报》,1943年4月8日,第四版。

② 靳旺、几五:《李奴子》,《抗战日报》,1943年4月8日,第四版。

③ 敏行:《到根据地去》,《抗战日报》,1943年6月8日,第四版。

④ "二爹"是晋西兴县一带的方言,在这个地方,对自己父亲的兄弟们,按排行大小称作"大爹""二爹""三爹"以此类推,所以"二爹"可能是"二伯",也可能是"二叔"。

⑤ 西戎:《二爹》,《抗战日报》,1943年7月3日,第四版。

的语言，对中国传统叙事文学的借鉴也比较明显，比如开头对二爹财迷性格的概述性书写，这样的写法在评书、故事等传统的民间叙事文学中很常见。这是一篇很符合山药蛋派小说特征的作品。

20世纪40年代初，根据地实行减租减息政策，根据地的有些地主不敢明着对抗，就想了好多办法暗中阻碍减租减息，比如以夺地（收回出租给租户的土地）威胁租户。束为的《谈判》即是写根据地租户团结起来与要夺地的地主谈判，最后取得胜利的故事。《谈判》主要写租户王廷邦在另外两个租户的帮助下与地主马寡妇的斗争。地主马寡妇表现出来的不是一个凶恶的形象，她的精明表现在装可怜，博取同情，但往往是硬话软说，绵里藏针，很难对付。先是以丈夫死后生活艰难，花销大为借口夺地，租户们以她的生活比王廷邦好来回应她；然后她提出要王廷邦给租地交粮纳税，王廷邦回以不符合政策，要与她去村公所开公民大会辩理。最后马寡妇聪明反被聪明误，本来是想用虚套子套人，不承想被租户们抓住破绽，反把自己给套住：刚开始她说要卖王廷邦租种的五亩地，租户们问她多少钱可以度过饥荒，她说五六块就可以，租户们就给她算账，五亩地可以卖五六十元，那其实只要卖一亩地就可以，所以提出让王廷邦买她的一亩地，继续租种另外四亩，马寡妇不好改口只好照办。这篇小说及时地反映了减租减息政策实行后，根据地农村中存在的地主与租户之间的矛盾与斗争，从这个意义上讲，可以说是一篇如赵树理所说的"问题小说"，同时也反映了中共领导的根据地的建立，给晋西乡村社会带来的新变化，如小说中所言："让那停滞了多年的思想，流转起来吧。给这年老的农民注入新鲜有生的力量，苏生过来，知道人与人的关系应该变，可以变化，如同籽儿下到地里生根、发芽、开花、结实"，[1]在这里租户与地主之间的关系正在改变，再也不需在地主面前唯唯诺诺，而是可以平等地理直气壮地去与他们谈判，另外租户之间的关系也在改变，他们已经意识到团结起来去争取自己的权益，所以他们组织起来相跟着

---

① 束为：《谈判》，《抗战日报》，1943年9月7日，第四版。

一家一家去"熬"夺地地主，而不是单打独斗，而且王廷邦买地的钱也是其他租户帮他凑齐的。在本篇作品中通俗化、民间化的色彩也很明显，使用了大量晋西北农村的方言。

胡正的《夏收时节》①写了夏收时节靠近敌占区的关庄民兵边抢收夏粮边与抢粮的日伪军战斗的故事。小说写了关庄民兵两天两夜的活动：第一天白天，民兵编组在山梁上抢收麦子；晚上挨家挨户检查督促村里群众空舍清野，帮助群众搬东西到野地里或山沟里躲避敌人的抢掠；第二天天刚放亮，伏击了敌伪的抢粮队，缴获了一头驴；第二天后半夜，休息了一整天的民兵，精神抖擞地主动出击，分散到敌人据点对面的山梁上，打枪放炮骚扰敌人，使他们整夜不得安生，阻止他们第二天下乡抢麦的计划。小说选取4个时间的4段故事，尽管4段故事有一定的联系，但其间的因果联系并不紧密，有一定的独立性，情节性不强；4段故事的连接处使用了叙述暂停，与中国传统叙事文学中往往使用概略叙述以维持时间的连续性也不大相同，这篇小说尽管在语言方面使用了精短的节奏明快的句式，民间化的语词，体现出民族化的色彩，但其中西方现代小说的因子也很明显。②

纪实性作品有11篇：《春节》《一天——日记的一页，4月5日》《大众剧社在兴县西川》《看战斗剧社跳秧歌舞》《民兵在壮大中——记保德××沟的民兵》《退伍归来的刘红武》《力的形象》《没选差》《和人民在一起，为人民而战斗——记八路军的一个排长》《给我们的孩子》《鸡蛋与庞炳勋军队》。

《春节》虽题目为"春节"，其实写的是元宵节前后根据地农村"平安盛会"的场景。因为有了八路军的保卫，根据地又可以恢复举行千百年来流传下来但因日军侵略而停办的"平安盛会"了，文章描写了根据地男女老幼兴高采烈赶会的场景，正如本期的编后记《两个世界》所言，这是

① 后收入作品集时改为《民兵夏收》。
② 晋绥五作家的文学起点，可能仍是更偏于借鉴学习西方现代小说，所以从晋绥五作家到山药蛋派，其中也可能有一个民族化的过程。

"根据地人民的一幅欢乐图"，①其中有对九曲黄河阵和秧歌队巡街表演等节日民俗风情的描写，也写到了根据地农村的新变化：在秧歌队中的监道官——按例原来由"'有功名'的，或是'爷''太爷'各等人才能荣任的角色"，这次被村长、庄稼汉取代。②从中可以看出，八路军共产党在根据地所进行的工作中也有阶级革命的内容。

1943年初，欧洲战场德军败势已显，《太原的春天》写受此大局影响，1943年春节前后太原城里敌伪"愁惨"的境况。尽管敌伪官员及其所办报刊（如《新民报》）竭力粉饰太平，故作镇定，比如伪省长苏体仁新年感言中说："本人深感于此时代尚能确实享受安居乐业之生存"，但却难掩对时局的愁惨与对未来的绝望，难掩市场的凄冷，经济的萧条。而苏体仁等虽奴颜婢膝腼颜事敌，但却难逃被日本主子抛弃的可悲命运。但是"太原的人民却预见到新的局势的变化"，预感到抗战胜利的春天即将到来。文章有一定的纪实性，同时其中的议论性内容较多，有杂文的笔法，更像是新闻时评。

陈业丰的《一天——日记的一页，4月5日》以八路军与日军一场战斗为题材，但不是直接写战斗的场面，而是写战斗结束以后，八路军得胜归来的情景。主要写了这样几件事：其一，村子里的干部群众欢天喜地地去观看被俘的日本伤兵，群众对他们既有仇恨，也有对他们失败的讥讽。其二，配合作战的民兵给群众讲述战斗的经过：刚开始日军很自大，大摇大摆地走出来，但真打起来几乎是一触即溃，并没有多少战斗力，很快就缴枪。最后写群众对子弟兵的热情慰劳。作品写得通俗简洁，其中借用了很多当地的方言词汇，如"米小子"（其义为"我儿子"）、"老儿嘛"（其义为"确实是"），尽管是写战争，情绪情感却很是轻快，充满了乐观的气氛。

《大众剧社在兴县西川》与《看战斗剧社跳秧歌舞》是两篇通讯。《大

---

① 方阵：《春节》，《抗战日报》，1943年3月25日，第四版。
② 方阵：《春节》，《抗战日报》，1943年3月25日，第四版。

众剧社在兴县西川》写大众剧社在晋西北根据地兴县农村演出的盛况。演出的剧目《买卖》《十二把镰刀》《掺砂》《母女行》等利用了民间形式,但反映的是根据地的现实生活。文中叙述了这几部内容与群众日常生活贴近的新剧在农村演出时广受欢迎的盛况,以及这些剧目对群众所起到的宣传教育作用——文中写到群众看了新剧之后的感受:过去看戏是为了"看红火",现在演戏"是给老百姓开脑筋的"①。《看战斗剧社跳秧歌舞》写晋西北根据地五卅纪念会上战斗剧社秧歌舞的演出。秧歌舞本是晋西北地区一种古老的民间艺术形式,边区的文艺工作者把它改造成一种新的群众性的艺术形式,赋予其反映根据地群众现实生活的新内容与教育群众的任务。文章没有正面去写秧歌舞的内容与演出状况,而是把视角对准观众,主要描写根据地群众观看此次演出时的热烈场面以及观后的感受,侧面写出了秧歌舞在宣传抗日思想、教育根据地农民方面所起的作用。

颂迁的《民兵在壮大中——记保德××沟的民兵》主要写了三件事:××沟民兵平时严格训练,学习打仗,练好做军队和老百姓耳目的本领;××沟民兵半夜悄悄到南×沟,与南×沟民兵竞赛,进行夜摸演练;敌情出现时,认真辨别消息,沉着应对。通过这几件事来表现××沟的民兵已经动员起来,已经为保卫夏田做好准备,如果敌人来破坏夏收,山头上的民兵一定会用手中的炸弹无情地打击这些破坏者。

以上几篇以记事为主,下面几篇则以记人为主。

江橹的《力的形象》与胡升的《和人民在一起,为人民而战斗——记八路军的一个排长》写的是战斗英雄。《力的形象》写冀中平原的一次战斗中,副班长刘星在追击敌人时独自一个人缴获了七八个敌人拖着的一辆炮车,却被敌人的子弹打中,壮烈牺牲的故事。文章最后写刘星牺牲后和炮车一起被原封不动地运到祝捷大会上,"刘星依然矫健地抱着那门大炮的炮身,巍峨地屹立在炮车上",②这一形象即是标题所说的"力的

---

① 吴钢:《大众剧社在兴县西川》,《抗战日报》,1943年6月19日,第四版。
② 江橹:《力的形象》,《抗战日报》,1943年4月8日,第四版。

形象"。

《和人民在一起，为人民而战斗——记八路军的一个排长》记叙八路军排长卢天云的事迹。与前一篇不同，这篇不仅写激烈战斗，也写了军民关系。作品分三个部分，第一部分写卢天云带领队伍在村子周围警戒，保卫春耕，卢天云既有丰富的作战经验，同时每到一个村子都同群众热情交流问寒问暖，同群众打成一片，同时又严守纪律"每次走的时候一定把借了老乡的东西和吃了的粮食各样手续交代清楚"，因而得到群众的极度信任，群众说："卢排长来了""可以安心种地""鬼子出来也不怕"[1]。第二部分写卢排长带领他的班或排在冬天护粮与保卫春耕时的三个战斗故事，凸显出卢排长作为一个基层指挥员的英勇机智与沉着。第三部分，写端午节时，村子里的群众派人送来两驮白菜，为感谢卢排长率领战士们保护春耕，体现了人民群众与人民军队的鱼水之情，但是第三部分与第一二部分联系有些松散，并未凸显出卢排长的形象来。

竹邨的《退伍归来的刘红武》与李节的《没选差》写的是在平凡的岗位上默默奉献的模范人物。

《退伍归来的刘红武》写参加八路军四五年的刘红武，因年龄增长，更兼跌断左臂，所以退伍回家。因为有部队的经历，对子弟兵生活有切身的了解，因而对拥军优属的意义理解更深。当他被推举为农会干事后，"贷粮贷款很公平，抗属优待的彻底，二流子也动弹起来了"，[2]为村里的拥军优属、抓紧生产工作费尽心力。而对于自己，则尽管拖着伤残的身体劳动很不方便，却从不要别人对他照顾。带着八路军优良作风的刘红武，不能在战场上做战斗英雄，回乡后做了劳动英雄，成了退伍军人的模范。

《没选差》记述的是"拥政爱民战士个人模范"军区警×连[3]伙夫牛少功的事迹。牛少功原来是战士，曾在冀中跟随部队完成过掩护送粮的任

---

① 胡升:《和人民在一起，为人民而战斗——记八路军的一个排长》,《抗战日报》,1943年8月19日,第四版。

② 竹邨:《退伍归来的刘红武》,《抗战日报》,1943年5月29日,第四版。

③ 原文如此,按上下文推测,可能是"警卫连"。

务。冀中平原碉堡林立，掩护送粮时常有激烈的战斗，在门镇的战斗中，他们排挡住了敌人凶猛的进攻，没有损失一颗粮食，但是事后他却归功于群众，"那次老百姓真沉着，硬要把粮食送到咱们地点上，你说老百姓要安心不管，扔下跑了，光是仗打得好也没用啊"。①无论走到哪里干什么工作，牛少功都特别能团结群众，坚壁清野时，帮着房东老郭藏东西；平时帮着老郭家挑水，而且常给村中的老人讲八路军战斗的故事，教育群众。被调到伙房工作后，勤恳工作，工作之余给伙房编锅盖、编筐、盘炕，给部队节省了不少钱，和全连的同志团结得非常好。另外他和驻地老百姓也团结得很好，却从不讲私情，得到老百姓的赞誉，认为选他当模范没选差。作品生动形象地写出了一个在平凡岗位上勤勉工作的模范战士形象。

除了以上具有新闻性的作品，还有两篇比较特别的作品。

吴修的《给我们的孩子》写的是于丕铎夫妇去世后，他们的战友们对他们遗孤的关爱。在他们的多方努力之下，烈士遗孤得到妥善安置。故事其实很简单，但作者采用了一种独特的写法，即给两岁的烈士遗孤写信，希望他长大后读懂这封信，了解自己的成长。正因为采用了这样的形式，此篇作品中有较多的抒情内容。作品题目中的"我们的孩子"意在表达烈士遗孤尽管父母双亡，但有父母的战友——"许多的叔叔和姨姨们"关心爱护着他们，而且"有着最伟大的爸爸——我们底（的）党"，②在这种意义上是"我们的孩子"。

束为的《鸡蛋与庞炳勋军队》是篇回忆性的作品，写了作者1939年去晋东南陵川工作时经过庞炳勋军队防区时的一段经历。作品写抗战初期庞炳勋的军队撤到荒山僻壤后，军官们收留了一大批流落乡下的窑姐做姨太太，仍然过着骄奢淫逸的生活。因日军"扫荡"，大米小米供应不上，便调了一营队伍专买鸡蛋，供养这些军官与太太，于是庞军驻地就经常充斥着因强买鸡蛋而打骂当地老百姓的声音。在"我"要渡一条陵川境内的大

---

① 李节：《没选差》，《抗战日报》，1943年5月29日，第四版。

② 吴修：《给我们的孩子》，《抗战日报》，1943年5月6日，第四版。

河时，遇见七个庞炳勋军队的士兵押着两个担鸡蛋的老乡，两个老乡因河水太急害怕打破鸡蛋而请求稍缓渡河，但庞军士兵却说"师部的太太们饿毁唠，我们的屁股要吃黑红棍"，强迫老乡立即担蛋渡河，并且蛮横要求"谁打了谁赔偿，打一个赔十个"。①渡河时其中一个老乡滑到，打碎鸡蛋，逃跑时被枪射死。之后，"我"恰好又到庞军师部驻地所在村投宿，又遇见了这七个庞军士兵和另一个老乡，庞军士兵诬陷是这个老乡打碎鸡蛋，让他赔偿一担鸡蛋，把他吊起来拷打。这篇作品写于庞炳勋投敌后不久，这篇以纪实文体写的文章，显然是在通过对庞炳勋军恶行的回述，表达对庞炳勋投敌的声讨。

　　文体类型难于确定的有：《骑兵连来了》《老张的枪——敌占区小故事之一》《退伍》《变工队长的话》《抓民夫》《高洛豪夫医官》《春耕》《河曲风光》《民众愤怒了》和《战斗着的农村》。

　　行者的《骑兵连来了》写的是边墙以外根据地与敌占区交错处的一个村庄里的一场战斗，不好判断这个故事是纪实的还是虚构的。作品写一天有几个人赶着牲口带着大行李进了村，跟随着七八个八路军战士，遭到埋伏在村子里的日伪军的伏击。由于敌我力量悬殊，战士们且战且退，要退回山上的根据地去。其中一个战士在混战时因慌乱忘记选择道路，跑到村外的田野里，遭到一个伪军和一个日军的追杀，危急时刻，伪军扑倒日军救了八路军战士，并暗助他刺死日军，最后伪军让这个战士躺倒，谎称已被杀死骗过了追过来的大队的日军。当晚，八路军的骑兵连杀来，把不肯投降的敌军全部杀死。本篇表现的是八路军战士的英勇和某些伪军的暗中反正。这场战斗看起来是一场真实的战斗，但对于这个战士和伪军与日军战斗的描写却又像是虚构的故事，不好判断是虚构性的小说还是纪实性的通讯报告。

　　夏蒂的《老张的枪——敌占区小故事之一》从作品的内容看，情节曲折，具有传奇色彩，写法上也很像小说，但是从副标题来看，似乎又是纪

---

① 束为：《鸡蛋与庞炳勋军队》，《抗战日报》，1943年9月30日，第四版。

实的。作品写的是一个敌占区的游击英雄老张回到敌占区的老家后，发展了两个助手：一个是一只手的退伍兵，一个是因赌输钱气得他父亲要勒死他的青年农民。没有枪，活动起来老张觉得很别扭。一次，一队伪军进村，老张三人悄悄潜到村口，把两个哨兵的枪都夺了。大队伪军追来，老张他们逃跑的时候碰见一群毛驴和赶驴的人，就跳上空驴，赶着跑，跑得尘土飞扬，伪军以为来了大队的八路军吓得赶紧跑掉。原本对战斗害怕的青年农民也得到了锻炼。

李节的《退伍》从故事与写法上也很接近小说，但是从作品中透露出来的信息看，老骡夫王锡瑞似乎又确有其人，不能排除写的是他的真实事迹。作品写老骡夫王锡瑞从汾阳老家带了自己的骡子出来给部队应差，家乡被日军占了，然后就参加了共产党领导的新军成了抗日军人，继续赶骡子，当脚夫，给部队运送物资，一干就是六七年。王锡瑞对革命非常忠诚，一次赶牲口运送物资时与部队失散，由于敌情紧急，王锡瑞只好把骡子驮的一驮子大洋卸下来藏在山洞里，自己藏在附近守了一天一夜，最后把银圆完好无损地交给了部队，"公家连一块钱也没有损失"，[1]受到部队登报表彰。但是，随着日军的"扫荡"，王锡瑞因为年老力衰，跟随部队转移有些吃力，所以尽管在参加革命时就下定了"这把骨头，不打算埋在祖坟里了"[2]的决心，尽管不愿离开有着深厚感情的队伍，但为了不拖累部队，选择了退伍。临行时，还与一同退伍的另一个老骡夫陈中士把"所有的鞍垫子，一个一个，重新修理一遍"[3]。与《文艺之页》中的叙事性作品相比，这篇作品民间化、通俗化色彩比较明显，这种特点不仅体现在人物语言上，比如王锡瑞的话，基本是一个文化很低的老农民的口气；而且，叙述语言也体现出民间化、通俗化、地域化的特点，比如"公家连一块钱也没有损失""临出门，就听说小日本反得厉害"[4]。当然在写老骡夫

① 李节：《退伍》，《抗战日报》，1943年3月6日，第四版。
② 李节：《退伍》，《抗战日报》，1943年3月6日，第四版。
③ 李节：《退伍》，《抗战日报》，1943年3月6日，第四版。
④ 李节：《退伍》，《抗战日报》，1943年3月6日，第四版。

的过去以及保护部队银圆的事迹时，采用的是中国传统小说不常用的逆时序的叙述。

　　与以上两篇一样，从文本看像小说，但不好确定是否写的是真人真事的还有常功的《变工队长的话》。作品写的是根据地农民自发组织变工队提高劳动效率促进生产的故事。小说采用第一人称叙事，全文都以一个组织变工队的农民口吻来写。写了"我"和高宝、大盆、马驹、二丑四家组织了变工队，第二天便开始分工劳动，高保到区上去贷款，我们四个一起依次给各家锄地，集体劳动干劲足，又有女人把饭送到地头，效率大大提高，以往一人一天锄一亩，今天人均两亩半。晚间回家，高宝贷到款，买回粮食，春天青黄不接时大家的吃饭问题得到解决，也有了耕种所需的青苗款。村里从前不爱劳动现在想改好的狗鼻梁也要求加入进来。看到组织变工队劳动的好处，村里的人纷纷加入进来，从五家很快发展成十家。由于劳动效率提高，"半个月的事情，七天就办完了它"①。由于节省出了时间，大家决定到川里打短工，既是对川里农民的帮助，又可以挣钱。有了变工队集体劳动的经验，大家决定，去打工时仍然是组织起来，一起行动。②本篇作品中使用了大量晋西农民方言，民族化、民间化色彩明显。

　　沙雁的《抓民夫》写一个日本兵大摇大摆到驻地吴城附近的村子去抓民夫，被隐蔽在山腰的游击小组组员张汉和村主任代表发现其落单，然后跑回村里，夺了他的枪，并把他击毙的故事。这篇作品情节完整，按时间的先后叙述，人物性格塑造与环境描写方面着墨很少，基本符合"故事"这一文类的特征。本篇也使用了大量晋西农民方言。

　　西戎的《春耕》写的是根据地人民积极响应抗日政府"不荒芜一寸地"的号召热火朝天开展春耕生产的场面。这篇作品没有完整的故事情节，只是写了三月春耕时节的三个场面：第一，田野里，在根据地自由的

---

　　① 常功：《变工队长的话》，《抗战日报》，1943 年 9 月 21 日，第四版。

　　② 文中写到集体劳动的好处：第一大家在一起好揽工，第二做活的时候有说有笑，红火，不熬人。

田地里,人们的劳动热情被激发,男女老幼齐上阵热火朝天闹春耕;第二,代耕队给抗属代耕,抗属们被感动得流泪的场景;第三,晚上的生产会议上,人们被生产的热情所鼓舞,忘记白天劳动的疲倦,热情高涨地报告生产计划,发起生产挑战的场景。三个场景蒙太奇式地组接在一起,这种写法也是中国传统叙事文学较为少见的,借鉴的是西方现代文学叙事的技法。这篇作品和《春节》很相似,更应该属于纪实性的作品,但其中某些场景描写很像小说,然而又不好确定其是否虚构。

束为的《河曲风光》与西戎的《春耕》有很多相似的地方,同样写的是春耕时节的根据地农村,同样没有写一个完整的故事情节,而是写了河曲黄河东岸的某一村子中某个晚上的四个场景:第一个场景,一个租户小组的农民下工之后围坐在炕上商量反对出租人非法收地的场景:有的土地出租户想借卖地来逃避根据地民主政权的减租减息政策,被农民识破,租户小组商定一起去跟他斗争。第二,另一个院落里另一些农户在农会秘书的主持下讨论评定分配银行支持农业生产贷款的场景。[1]第三,一个农户从村公所买了公债,回家告诉他女人,他从最初的对于买公债的迟疑,到后来看到许多人都买,出于对政府的信任也买了,当然也写到另外的两个原因:"能救国"与"能生利"。第四个场景是村前大庙的小学校里,也聚集着一些农户在讨论旧田赋政策不合理的问题,提出了改革的要求。四个场景组合起来,对当时的农村工作有了一个较全面的反映,通过这四个场景反映了根据地农民"在开始与创造那可以享受到的幸福生活"[2]的主题。本篇作品在语言上很通俗,在写法上有一些特别之处,作品这样开头:"你要是一只雄鹰,在河曲的高空盘旋,那么,在那道明澈的黄河东岸,便有河浪似的山巅呈现在你的眼底,仔细点,又会发现无数的黑点点,棋子般分散于棋盘上,那就是动荡而和平的河曲的乡村了。要想了解它们的什么,请下来吧,随便走到哪个村里,只要你能够,便可以发现它们的一

---

① 在此场景中有女性农民参与进来,体现出根据地女性地位的上升。

② 束为:《河曲风光》,《抗战日报》,1943年6月8日,第四版。

切秘密，由你攫取。这个村子，便是那些棋子中的一个。它畔着黄河，磐于山根在春天的三月里，树在抽芽，枯草又生。农民们扬着鞭子赶着驴牛在暖日下踏遍他们的土地。村口，高大的墙壁上，写着'熬过今明两年就是胜利'。一切都带有战斗的快乐的气象。然而，再走进村里来看吧。"①以雄鹰为视角由大到小，由远及近逐渐聚集到要写的小村子里，这种开头与鲁迅的《风波》开篇写河里驶过的船上"文豪"的视角有一定相似之处；另外整篇作品都是以这只雄鹰的视角来写，通过雄鹰在村子上空飞行"移步换景"把四个场面组接起来，写的都是雄鹰的所见所闻，采用的是一种旁观者式的外聚焦叙述，这样的结构在中国叙事文学中也较少见。当然这样的视角书写，其中应有比《春耕》更多的虚构性内容。

　　孙谦的《民众愤怒了》与西戎的《战斗着的农村》写的都是反对国民党进攻根据地的反内战主题，同样不好确定是否属纪实性作品。《民众愤怒了》写国民党军要进攻边区的消息传到府谷秦家河，引起边区群众的极度愤怒，不论是从国民党统治区逃来的饱受压迫残害的神府人，还是共产党建立根据地后翻身成为劳动英雄的农会干事，都一致表示跟着共产党，反对国民党发动内战，坚决保卫根据地，连富农也说"不管什么党什么军，只要他打日本，我就跟着走，我的钱和粮不能白出，我的羊，日本人不能白杀"。②妇女们也积极赶制军鞋，支持八路军保卫根据地。作品使用了大量方言，通俗易懂，通过贴合农民身份的对话，把人物形象塑造得鲜活生动。其中神府人与府谷人的对话有浓厚的小说色彩。

　　西戎的《战斗着的农村》也没有写一个完整的故事，而是写了根据地农村的四个场面，写法上与《春耕》《河曲风光》相似：第一部分："一个劳军大会"，写"听说国民党的反动派死不觉悟还是要准备打内战"时，根据地的老乡们"像暴雨后的无数条细流似的向这里汇聚着"，把"茄子白菜、山药蛋豆角和成袋的白面莜面豆面"等"土产品"③送到劳军大会

---

① 束为：《河曲风光》，《抗战日报》，1943年6月8日，第四版。
② 孙谦：《民众愤怒了》，《抗战日报》，1943年8月19日，第四版。
③ 西戎：《战斗着的农村》，《抗战日报》，1943年9月21日，第四版。

上慰劳八路军，表现了边区人民对国民党军发动内战的无比愤恨以及对人民军队的无比热爱。第二部分"武装的人民"写根据地民兵在打谷场上训练与晚上巡逻严防敌特混入的场景，表现了边区人民严阵以待，打退国民党顽固派进攻的决心。第三部分"娃娃哨"写白天大人们到田野耕作，孩子们替大人站岗放哨的情景，孩子们虽然小，但是警惕性很高，非常严肃认真地盘查过往行人，不放过任何可疑之处。第四部分"农会干事的话"，秋天丰收后，借农会干事向下乡检查工作的抗联主任汇报，反映了根据地政府处处为群众着想，"关心百姓种关心百姓锄，关心百姓收，好像大人照应一个小娃娃一样，只担心他吃不饱穿不暖"，老百姓把丰收归功于政府贷钱借粮对农民耕种的支持，表达了根据地人民对政府的热爱。

　　非垢的《高洛豪夫医官》是一篇译作，单从文本看，这篇作品小说特征明显，但文后标示："摘译自《莫斯科新闻》"，似乎是纪实性的作品。写的是苏军反法西斯战争中的故事。高洛豪夫不仅是外科手术医官，在战场上救死扶伤，而且马术刀法也极好，用他自己的话说"药膏绷带和军刀都是我的本行"。[1]作品中写了高洛豪夫在战斗中的两个传奇故事：一次进攻时，与部队失去联系的高洛豪夫发现一个德国军官正在窜逃，高洛豪夫单人独马追上前去，用军刀劈死了德国军官；另一次是他第一次指挥作战：一次，高洛豪夫所在的军队被德军三面包围，四百多个士兵没有指挥员，不知该怎么办，危急时刻高洛豪夫挺身而出，率领这些士兵全部脱离险境。

　　《吕梁文化》中还刊载了五篇非常简短的叙事性作品：《打后面不打前面》《敌人与小孩》《不给敌人缴飞机捐》与第五期刊载的《大东亚小幽默》两则，因其过于短小，不便概括，所以全部辑录于下：

---

　　[1] 非垢：《高洛豪夫医官》，《抗战日报》，1943年4月17日，第四版。

打后面不打前面

沙　雁

信义的敌人出来"游击"了。

一个伪军在休息的中间向严村的维持会长说："告给咱们中国的军队，叫他们打枪时，打后面的，不要打前头的，真倒运，我们每天出发，日本人老叫我们前面走。"

"告给咱们军队，我们打枪叫他们也不要顾虑，我们每天放枪——你要知道不打不行！"

敌人与小孩

张　戎

一个敌人捉着一个六岁的小孩问："小家伙，你大了干什么？"

"大了当兵。"小孩毫不思索地说。

"当什么兵？"

"当八路军。"

"当八路军干什么？"

"干？打日本！"

"你敢不敢打？"

"敢打！"小孩儿坚决地回答。

这一来，可把敌人恼火了，飞起一脚，把孩子踢了丈把远，一面怒气冲冲说："小小年纪脑子就大大的坏了，将来还了得！"

这是一个真实的故事，发生在元氏敌占区。

不给敌人缴飞机捐

新 辑

地点——敌寇统治下的北平

户主问:"缴钱买飞机做什么?"

警察:"献给国家。"

"献给那(哪)个国家?"

警察默默无语了,一会说:

"献给日本'皇军',快缴吧!"

"我大儿子就在事变那年叫日本飞机炸死了,我现在为什么还要缴钱给日本买飞机去,来炸死我这个小儿子吗?我不缴。"

"大东亚"小幽默(二则)

"工业日本"

同盟社参考消息(绝对机密务请随阅随忘)。

东京讯:东条首相日前于议会秘密会议席上关于特种生产增产之数字,曾提出如次之报告:

自昭和十二年至十七年的总产量——

棺　材:一百万个;

尸灰罐:一百五十万个;

明年增产目标:共五百万个。

"农业中国"

战场掩埋队员甲:(一面端详,一面掘土)"这个日本兵好大的块头哩。"

战场掩埋队员乙:"块头越大对他们的国策越尽力,叫我们也越发感激他"。

　　甲："什么?"

　　乙："明年这片地上一片好庄稼。"

——东方漫

　　这几篇作品写的几乎都是一个横断面式的场景,故事时间延续很短,类似于小小说,但前三篇不能确定是纪实还是虚构。

　　相较于《文艺之页》,《吕梁文化》中的叙事性作品取材更为广泛,对根据地军民生活反映更为全面。题材内容上,"反映党领导下农民翻身的新生活与革命武装军事斗争"两大主题的文学格局已隐然成型。除了反映农民思想观念上的变化(而且在这方面与《文艺之页》的作品中更多偏于个人意识觉醒的五四式启蒙相比,《吕梁文化》中的农民思想观念的变化则偏立足于群体的阶级民族意识的觉醒),反映农村基层政权建设与农村经济关系的变化,反映农民作为群体政治经济上翻身的作品在《吕梁文化》的叙事性作品中占有很大的分量。另外,这些作品中,农民参加革命的动机也基本是反抗压迫报仇雪恨与保卫胜利果实,如《风波》《老猴》《二黑子的故事》中的"杂质"基本已不存在。第三,有很强的现实针对性,主题直露,不求含蓄蕴藉,虽然文学性有所欠缺,但正如创刊词所言"它向敌人掷出致命的投枪",[①]有很强的战斗性。

　　《吕梁文化》中的叙事性作品在民族化、通俗化方面取得了很大进展。作品大都情节完整,有头有尾,叙述简洁明快,对中国传统文学与民间文学的叙事多有借鉴;语言方面,大量借用当地老百姓的语言,通俗易懂,欧化的语言大为减少。当然,也应看到,西方现代小说的技法仍然被大量使用,西方现代文学对这些作家的写作仍然有很大的影响。

　　最后,需要说明的一点就是同《文艺之页》一样,《吕梁文化》中的作品文体界限很模糊,纪实与虚构问题被悬置,其中原因与产生的效应第

---

①《我们的任务》(《吕梁文化》创刊词),《抗战日报》,1942年3月6日,第四版。

一节中已作分析,这里不再赘言。

二、诗歌

《吕梁文化》刊载的诗歌不多,仅有6首,即纪照岩的《黄河歌》、孙谦的《我是一时的糊涂》、陈仲凯的《站岗》、景岚的《在乡下》、烈飞的《这就是反动派》、胡正的《纺线》。仍然以抒情诗为主,但也出现了一些叙事诗。

纪照岩的《黄河歌》采用第一人称的代言抒情,即作者把自己想象成中华民族的母亲河——黄河,以黄河的口吻抒情,抒写了黄河开凿道路冲破阻碍奔腾向前的豪迈气概。在诗中,黄河有着"奔腾如云,长啸如烈风""歌唱震撼天下"的气势,有着"吸收无数条细流,把他的灵魂化为我的灵魂"的团结一切力量壮大自己的胸怀与魄力,有着无穷的力量与永不改变的意志,对奔流到海的理想充满自信,对实现理想充满了战斗的激情。在这首诗里,黄河不是代表作者"小我",而是象征着正在战胜艰难险阻争取抗战胜利的中华民族,象征着领导中国人民争取胜利的中国共产党。整首诗写得豪迈奔放,气势磅礴。

孙谦的《我是一时的糊涂》是一首叙事短诗,也是第一人称代言式书写。故事写一个八路军战士在村口站岗时在一个"老乡打扮又带(戴)着军帽"的"灰鬼"的蛊惑下,一时糊涂,趁着晚上天黑,偷跑回家。但是回家后却受到全家的责骂:父亲拉住皮带要打,老婆趴在炕沿上大哭,终于醒悟,赶紧跑回部队,请求原谅。诗歌使用了当地的许多方言词汇,语言通俗易懂,诙谐亲切,人物与场景生动鲜活。可以说是应和了《在延安文艺座谈会上的讲话》精神,代表了根据地诗歌发展的新方向。

陈仲凯的《站岗》采用的是第三人称抒情,有叙事诗的成分,但只是写了一个场景,情节性很弱。作品写了一个战士夜晚独自一个人在漳河岸边站岗时的所思所想。尽管风雪交加,但为了让准备夜半去袭击敌人的战士们休息好,这个战士不畏艰难,毫无怨言,用夜鹰般的眼睛,监视着敌人的动向。表现出的是革命战士积极昂扬大无畏的精神状态。

景岚的《在乡下》是以"与工农结合的知识分子"为题材的一首诗歌。诗歌以轻快简洁的语言写了"我"在农村的一年中五个典型性场景：过新年，"我也扮个小丑，踩上高跷绕圈"①与民同欢；春季，"我"为农民缺少农资而焦灼，为他们获得农贷而欢喜；夏天，"我"同农民一样因为天气的变化而悲喜；秋天，和农民一起抢收，和民兵一起掩护；冬季，教农民识字。通过这四个场景，凸显出"我的心弦，和着农民的心弦；我和农民脉脉相连"②的关系，把一个深入农村，与农民打成一片的大众化的根据地新型知识分子的形象呈现出来。这首诗与其他几首相比，风格要柔婉一些。

烈飞的《这就是反动派》的主题是反内战。诗歌首先揭露了国民党反动派对大后方人民的压榨，"重庆街头每天要饿死十五个穷人""成都市上女人卖得十元钱一斤。他们吃着千元一桌的酒席，人民卖掉儿女挖尽了草根"，③不仅如此，还"封住人民的嘴巴，到死也不准叫喊一声"；④他们不仅压迫剥削国统区人民，也不想让根据地人民过上好日子，把根据地的光明看做眼中钉，和汪伪眉来眼去，相互勾结，把"反共"当做第一要务。诗歌最后提出中华民族的同胞们要认清他们的真实面貌，"伸出大家的指头来，指着他，这就是反动派，不让他打内战，不准他投降敌人"⑤。这首诗节奏铿锵有力，语言浅显易懂，情感激烈，便于普通群众接受，有较强的宣传鼓动性。但情感抒发直露，语言缺乏锤炼，诗味不足。

胡正的《纺线》是代言式抒情诗，以根据地年轻妇女张大嫂的口吻抒写了她对八路军战士的丈夫的思念。在中国传统古诗中，代言式的思念征夫的作品很多，如沈佺期的《独不见》、李白的《春思》、罗邺的《秋怨》等，这类诗大都写相思之苦，写对丈夫安危的担忧以及对早日团聚的期

① 景岚：《在乡下》，《抗战日报》，1943年5月18日，第四版。
② 景岚：《在乡下》，《抗战日报》，1943年5月18日，第四版。
③ 烈飞：《这就是反动派》，《抗战日报》，1943年8月10日，第四版。
④ 烈飞：《这就是反动派》，《抗战日报》，1943年8月10日，第四版。
⑤ 烈飞：《这就是反动派》，《抗战日报》，1943年8月10日，第四版。

盼，情感基调哀伤而凄凉，但是《纺线》表达的是完全不同的感情，诗中写孩子健康成长，土地有人代耕，挑水、砍柴也有儿童团帮忙，"家里的事情儿，彻底不用你挂念"，①而且自己也在追求进步，努力生产，多纺线，多种瓜菜，争做劳动英雄，没有了传统思妇诗中盼归的哀伤凄婉，而是希望丈夫在部队安心杀敌立功，"努力一个模范"，②表达的是夫妻为抗战做贡献的共勉。尽管也写思念，但基调却是明朗的。另外本诗使用了很多当地的方言，可以说是用老百姓自己的语言写成的通俗易懂的诗歌。

《吕梁文化》中的诗歌与现实联系紧密，关注的都是根据地各个阶段战斗与工作中的重大主题或面临的主要问题，注重宣传鼓动性。诗风刚劲健朗，很少表达婉转悱恻的个人情感。借用了根据地农村的一些方言土语入诗，在民族化、通俗化方面有所推进，但主要影响仍然是来自20世纪30年代的左翼诗歌。诗歌中的叙事性内容增多，但大多是时间延续很短的场景性叙写，其中情节性较强的仅有孙谦的《我是一时的糊涂》一首。后来成为山药蛋派骨干作家的孙谦与胡正的诗作在民族化、通俗化方面更为明显。

三、散文

与《文艺之页》相比，《吕梁文化》中刊载的散文（除文艺理论及评论性文章之外）大幅增加。大致可分为两种类型：叙事与抒情相结合的文艺性散文和议论性散文。前一类包括《人民的精神》与《幸福》；后一类有《保卫光明》《大后方活见鬼》《事业精神》《向群众学习些什么》《整风中纪念高尔基》。

泉卜的《人民的精神》可以说是对生活于黄河边上的人民精神的颂歌。他们"背负着高山、岩石，刨着薄薄的山坡；本分地作息着。生活与斗争很少震荡过人们的心波"，但是千百年来他们是在与生存环境的斗争

① 胡正：《纺线》，《抗战日报》，1943年9月7日，第四版。
② 胡正：《纺线》，《抗战日报》，1943年9月7日，第四版。

中生活着的，"愤怒的头底下荒地开花了，山野上崩出火星"，他们的斗争精神被千年的枷锁沉重地压迫着，但是面对日本侵略者的残暴，民族自救的浪潮掀翻了这千年的重负，根据地人民的这种精神被激发出来。文章讲述了以下几个故事：童养媳王四孩冲出封建家庭，再不用呻吟着做一个旧道德的殉道者，医平了旧创伤，成为建设根据地的刚强战士；富农儿子靳四小"永远带着富农的安闲"，①按照自己的生活方式日复一日地劳动，外界几乎对他没有影响，当他的哥哥参加抗日军时，他和父亲一样不理解咒骂他的哥哥，但是当他看到被日军杀害的老人、女人和他的伙伴，看到被烧焦的粮食和烧毁的房屋，以往柔顺的他忽然刚强起来，参加了抗日军队。更多的人认识到日本侵略者灭亡全中国的野心，亲自送自己的儿子孙子参加八路军打鬼子，形成一种不屈不挠的战斗精神，涌现出许多英勇抗敌的英烈，这种人民的精神掘开了源泉就不会枯竭，必将把敌人"冲到东洋大海中去"②。文章表达了依靠人民力量取得抗战胜利的坚定信念。

　　章杰的《幸福》通过自己的亲身经历来探讨什么是幸福。文章从过旧年时一位工农同志的日记写起，这位同志写过年时"吃的是白面、牛肉饺子和蒸馍，还有炒猪肉菜"③，因而引发作者对幸福的思考。想起之前与同志们一起冰上拉炭的往事，虽然很累，但也感到幸福，从中可以看出幸福并不仅来源于物质方面的享受。在抗战以前尽管物质上更好一些，但也没有幸福感，由此作者想到自己的包办婚姻，与大自己五岁的素不相识的女子结婚，如同坐监，本该是人生的大喜事却毫无幸福可言。作者写自己第一次感到幸福是八路军办事处负责人答应介绍自己加入学兵队。之后五年的革命道路很艰苦，但却从其中懂得了真正的幸福：在艰苦的磨炼之后感受到幸福；在受到根据地群众的爱护时感受到幸福；学会生活的小本领，获得自己亲手做成的劳动成果时感受到幸福；第一次参加党的小组会时感到幸福；每次听到胜利的捷报和看见新的战利品的时候，分享到了胜

---

①　泉卜：《人民的精神》，《抗战日报》，1943年3月6日，第四版。

②　泉卜：《人民的精神》，《抗战日报》，1943年3月6日，第四版。

③　章杰：《幸福》，《抗战日报》，1943年4月8日，第四版。

利的愉悦而感到幸福。最后作者引用别的同志的一句话对于幸福的问题作归结"无论在什么时候都快乐，因为我们的前面是光明"。①

殷白的《保卫光明》与张熙的《大后方活见鬼》都是以揭露大后方的黑暗与反内战为主题。

《保卫光明》是一篇议论性的散文，也可以说是杂文。其主题是反对国民党当局发动内战，保卫解放区。文章根据《抗战日报》刊载的一些大后方报纸的摘录反映出大后方生活的点滴，揭露了在国民党政权"一个领袖，一个政党"的新专制主义特务政治下，大后方人民苦难的生活境遇与显贵巨富们穷奢极欲的荒淫生活。接着把这与西北根据地在中国共产党领导下经过艰苦奋斗而实现的民主自由与丰衣足食的生活作对比，表达根据地军民决不允许国民党当局妄图用黑暗来统一光明，破坏根据地人民的幸福生活。

《大后方活见鬼》是一篇新闻时评，也是以揭露国统区黑暗、反内战反投降为主题。文章针对西安的"中华国学社"在国难当头背景下大搞尊孔复古活动而发。文章指出，历代的统治者不仅要从身体上物质上压榨剥削人民，而且"要锁住他们的嘴""又要麻醉他们的脑袋，好使自己纵情荒淫无道。当外族侵来的时候，安然投降。"②接着借南宋的历史借古讽今，指出南宋政权对外族入侵奴颜婢膝甘于投降，而对自动起来抵抗的义兵一再剿灭。另一方面却大力提倡程朱道学，"使人高谈性命天理，不讲时政是非。国家的奇耻大仇，漠不关心，只奴颜婢膝地逢迎，无声无息地做官""后来元兵一来，逃的逃，降的降，把宋朝的幼主丢下，只好退到海里去"，而民众的义兵却一直坚持斗争。③而现在的国民党政权比此更甚，"接受了历代这种反动传统，又从外国学会了办特务，设集中营"，对日军侵略一再退让，"对内继续反共内战和压制人民的抗日运动，同时也

---

① 章杰：《幸福》，《抗战日报》，1943年4月8日，第四版。

② 张熙：《大后方活见鬼》，《抗战日报》，1943年9月7日，第四版。

③ 张熙：《大后方活见鬼》，《抗战日报》，1943年9月7日，第四版。

提倡读经、祭孔，强迫中小学生作文言文，弄到山河破碎，国将不国"[①]。文章最后写敌占区与大后方都把"这些僵尸"搬出来，其用处前者是亡中国，后者是卖中国。而它对于中国人民则毫无用处，中国人民要把这些亡中国与买中国者一起埋葬。

赵家萍的《事业精神》、卢梦的《向群众学习些什么》、张熙的《整风中纪念高尔基》探讨的是工作态度的问题。

《事业精神》探讨的是对待革命工作的态度问题。文章首先从工作中遇到"不熟""不懂"事情的时候该用积极的态度（不耻下问，深入调查，弄懂弄熟这些事情，解决问题，增加自己的知识）还是消极的态度（充耳不闻，推开了事）应对谈起，提出马列主义者对于革命工作中遇到每一件事都要采取积极的态度，这就叫"事业精神"，这种精神就是"要熟，熟得彻头彻尾的；懂，懂得彻内彻外的"。[②]接着作者指出"不全熟，不全懂与熟懂之间"看似差别不大，但其结果却差之千里。最后作者提出革命工作者是"为了广大的抗日人民效劳，为了一个理想的新社会实现而努力"，[③]不能缺乏工作热情，对工作袖手旁观，无功亦无由生过，在革命工作中灌注事业精神是必要的。

《向群众学习些什么》也是探讨工作态度与工作方法。文章首先探讨的是"谁向群众学习"的问题，当时普遍的观点是小资产阶级知识分子应向群众学习，卢梦的独特之处在于提出除了"念书出身的小资产阶级干部们""工农出身的干部也需要经常向群众学习"，因为他们"做了干部以后，往往会染上一些脱离群众的小毛病，或者是只愿向上边学，不向下边学，时候久了，便满口官腔，记不得群众的那些优良精神了"。[④]卢梦在文中提出要从这样几个方面向群众学习：第一，重实际，少空谈。在工作中

① 张熙：《大后方活见鬼》，《抗战日报》，1943年9月7日，第四版。
② 赵家萍：《事业精神》，《抗战日报》，1943年3月16日，第四版。
③ 赵家萍：《事业精神》，《抗战日报》，1943年3月16日，第四版。
④ 卢梦：《向群众学习些什么》，《抗战日报》，1943年5月29日，第四版。

就是少讲大道理，少说空话，多做实事，"事实就是最好的宣传"①，把群众的利益放在重要的位置。第二，"具体精神，一切都由时间地点条件出发，不空洞，不抽象，不专讲一般的如何如何"②。因为农村中人与人之间的关系建立在具体问题之上，所以工作中要有耐心了解群众所谈论的具体问题，而且这样正可以在工作中向群众学习这种具体精神。

张熙的《整风中纪念高尔基》讨论的是根据地小资产阶级知识分子的思想改造问题。文章首先指出高尔基常和工人农民士兵通信，把自己当作群众一员，每天都向他们学习，曾经因为对布尔什维克与工人阶级估计过低而非常后悔，从来不蔑视群众，不顾群众。接着文章指出，在根据地整风中发现一些知识分子仍然是"一脑袋琐屑、自私、龌龊而又非常顽固的思想（过去我们看做是'美丽的灵魂'）和无产阶级和广大人民和我们自己相敌对的思想"，③因而，知识分子的思想需要改造。经过一年的整风，还有人"没有决心抛弃自己的旧皮囊"，④把自己的名誉、地位看得很重，立足于个人，把工作看做往上爬的垫脚石，就不能忠实于群众，忠实于生活，忠实于工作，也不能忠实于革命文艺，在工作中也不会有所成就。文章最后指出解决问题的办法，即"站稳立场——和高尔基站在一个立场，无产阶级的立场，工农兵的立场，人民的立场，投身到工作中去，生活中去，斗争中去，以全副的精力和热情"⑤。

四、文艺理论及评论性作品

《吕梁文化》中的文艺作品以创作为主，文艺理论探讨及评论文章仅有4篇：《从春节宣传看文艺的新方向》《怎样充实语汇》和《读〈苏联西部地域详图〉》《〈十二金牌〉的演出》。其中前两篇都不是刊发的原创作

---

① 卢梦：《向群众学习些什么》，《抗战日报》，1943年5月29日，第四版。
② 卢梦：《向群众学习些什么》，《抗战日报》，1943年5月29日，第四版。
③ 张熙：《整风中纪念高尔基》，《抗战日报》，1943年6月19日，第四版。
④ 张熙：《整风中纪念高尔基》，《抗战日报》，1943年6月19日，第四版。
⑤ 张熙：《整风中纪念高尔基》，《抗战日报》，1943年6月19日，第四版。

品，而是转引自《解放日报》。

《从春节宣传看文艺的新方向》转载自陕甘宁根据地《解放日报》的社论，文章"总结了整风以来，延安文艺界在毛泽东同志指导下的新方向下十个月来努力的成果"，①并不直接针对晋西北根据地的文艺发展状况。在《在延安文艺座谈会上的讲话》精神的指导下，文章把根据地1943年春节前后文艺活动中表现出来的新方向的特点概括为三个方面。第一，"文艺与政治的密切结合"。文艺工作者开始克服脱离实际的政治斗争的偏向，"开始抛弃了那些小资产阶级的艺术趣味，努力使自己的工作中表现出革命的战斗的内容，把抗战、生产、教育的问题作为创作的主题了"。②第二，"文艺工作者的面向群众"。"文艺走向工农大众"，③囿于小资产阶级知识分子的小圈子，脱离群众，不肯用力来创作能为老百姓所喜闻乐见的作品的错误思想开始得到纠正。以上提及的两种偏向，文章都把它归因于知识分子身上的小资产阶级思想。第三，普及与提高的问题"看出了解决的方向"。④打破把两者对立的观点，开始了与群众结合的提高，即反映群众的现实生活、实际斗争与思想感情，采用符合群众实际的表现形式，提炼采用群众旧有的艺术传统。另外，文章认为只要作品能真正正确地反映群众的思想感情，新的艺术形式在工农群众中也能普及。文章也指出春节文艺活动中表现出来的文艺工作中的不足：对于群众的语言、生活以及民间艺术熟悉不够，对群众的思想意识理解不够；新的作品只是初级的，还需提高；文艺活动局限于延安附近，局限于少数知识分子文艺工作者，范围需扩大。文章最后提出解决问题的方法：文艺工作者下乡，"深入到实际工作中和工农兵群众中去，去熟悉他们的生活、情感和语言，去帮助他们中间的艺术活动的普遍发展，并在这个基础上去进一步提高自己的创作

①《从春节宣传看文艺的新方向》，《抗战日报》，1943年5月18日，第四版。

②《从春节宣传看文艺的新方向》，《抗战日报》，1943年5月18日，第四版。

③《从春节宣传看文艺的新方向》，《抗战日报》，1943年5月18日，第四版。

④《从春节宣传看文艺的新方向》，《抗战日报》，1943年5月18日，第四版。

质量"。①这篇文章是根据地文学发展中的一篇重要文献，《吕梁文化》用了近一个版面转载这篇文章，它对《讲话》在晋西北根据地文学的落实有着重要意义。

《怎样充实语汇》转摘自《解放日报》的"答读者信"。文章认为，充实语汇首先"要随时随地留意流传在各种人们口头的活的语汇""特别是工农大众的说话"，因为他们的语汇"是从他们对于生活和事物的长久的接触和精确的观察中得来的"，是活的语汇。②然后对其提炼改造"使它更能贴切地表现生活"。③同时也要多多阅读名家巨匠的作品，"学习他们的尊重民间语言的精神和提炼民间语言的方法"，④也可以从中直接得到一些语汇。这篇文章因为是写给普通读者的用以解决写作中遇到的具体问题的，所以写得很具体，其中有着具有实际操作性的方法，比如文章最后写到的关于积累语汇的方法："为了使我们随时随地得到新的语汇，不会忘记，应当带一个本子在身边，把它们记录下来，记的方法可以按性质分类，把字面不同而含义一样或相似的语汇聚在一起。然后加以细腻的比较研究，辨别出它们的微妙的差异，采取它们的精华，抛弃其中的糟粕。"⑤这其实已经具体到实际操作的方法了。

也白的《读〈苏联西部地域详图〉》则是对吕梁文化教育出版社油印完成的《苏联西部地域详图》的简评。作者首先称赞它提供了一个政治与技术完美结合的典型。看这幅图"更加深了对为全人类命运担负重任的苏联英勇红军的敬仰，也更对那些卑劣凶暴的法西斯强盗加深了神圣的憎恨"，⑥所以作者认为技术要服从于政治，"优秀的技术正是因为它表现了进步的政治内容，才得到了它的发展和获得了艺术的生命"，⑦而且作者提

①《从春节宣传看文艺的新方向》，《抗战日报》，1943年5月18日，第四版。
②《怎样充实语汇》，《抗战日报》，1943年6月19日，第四版。
③《怎样充实语汇》，《抗战日报》，1943年6月19日，第四版。
④《怎样充实语汇》，《抗战日报》，1943年6月19日，第四版。
⑤《怎样充实语汇》，《抗战日报》，1943年6月19日，第四版。
⑥ 也白：《读〈苏联西部地域详图〉》，《抗战日报》，1943年7月3日，第四版。
⑦ 也白：《读〈苏联西部地域详图〉》，《抗战日报》，1943年7月3日，第四版。

出这幅优秀技术与进步政治内容结合的地图的完成是"革命美术工作新方向的一个成功的实践"。①技术要服从于政治可能是《讲话》中"文艺服务于政治"的延伸。

《〈十二金牌〉的演出》在副刊中标出是"文化通讯",但看其内容仅有一小段叙写了历史剧《十二金牌》的创作及演出过程,大部分内容是对此剧的评析,把它看做剧评更为合适。文章指出这部剧从内容上借用的是南宋秦桧陷害岳飞,形式上利用了旧戏的形式,"生旦净丑皆有,唱作念打俱全"。②作者认为"剧情正是目前时局的痛切写照",剧本其实是借岳飞被迫害的故事来抨击国民党当局不顾抗日民族大义"阴谋进攻陕甘宁边区""剧情暗示了观众:今日之中国,俨然一南宋局面",③同时也指出,以史为鉴,"不盲从反民族反人民的军纪命令",不让国民党反动当局的"出卖民族的奸计得售,实为今日全国人民之紧急任务"。④

从这些为数不多的文章中,可以看出其倡导的是一种紧密联系现实,关注社会生活中存在的重要问题,服务于政治主题的文艺,一种深入群众深入生活,从群众中、从民间汲取营养的大众化的文艺。

除了以上内容,《吕梁文化》还设置了"延安文讯"(第三期)、"根据地文讯"(第七期)、"文化消息"(第十二期)、"大后方文化点滴"(第十三期)这样一些栏目及时报道根据地及大后方文化活动的消息。

相较于《文艺之页》,《吕梁文化》的作品主要以文学创作为主,文艺理论探讨与批评性文章较少,从中反映出根据地文学初期的"作品荒"问题有一定的缓解。作品取材更为广泛,对根据地军民生活的描写更为全面。《吕梁文化》创刊词中即有这样的倡导:"写敌人的残暴,写人民的英勇,写八路军,写新军,写民兵,写劳动英雄,写群众领袖,写模范妇女,写忠心耿耿的老干部,写与工农结合的知识分子,写禀赋民族正义的

---

① 也白:《读〈苏联西部地域详图〉》,《抗战日报》,1943年7月3日,第四版。
② 范若愚:《〈十二金牌〉的演出》,《抗战日报》,1943年9月21日,第四版。
③ 范若愚:《〈十二金牌〉的演出》,《抗战日报》,1943年9月21日,第四版。
④ 范若愚:《〈十二金牌〉的演出》,《抗战日报》,1943年9月21日,第四版。

开明士绅，写努力生产的'二流子'，写汉奸的无耻与伪军的颓唐，写胜利的经验，写流血的教训，写民主、自由、光明的生长，写斗争的艰苦、残酷与信心的坚定。"①检视《吕梁文化》中的各类作品，这些内容基本都有所涉及，但是反映"党领导下农民翻身的新生活与革命武装军事斗争"两类内容更为突出，其他内容的书写相对薄弱。与《文艺之页》相比，《吕梁文化》主题更为集中明晰，对主题有一定消解性的"杂质"变少。

不论是小说、报告文学，还是诗歌、散文都与现实联系非常紧密，关注的基本是根据地各个阶段战斗与工作中的重大主题或面临的主要问题，比如减租减息、反内战、知识分子思想改造等，注重对实际问题的解决，注重宣传鼓动性与战斗性。民族化、通俗化方面有较大进展，各类作品中都使用不少提炼加工过的民间语言，语言的欧化色彩大为减少。但是西方文学的影响仍然明显，即使是西戎、束为等根据地培养出的新作家，在语言词汇等方面相当民族化、通俗化，但在作品的结构方面对西方现代文学的借鉴仍很明显。

《吕梁文化》是《在延安文艺座谈会上的讲话》发表之后创办的文艺副刊，据长期在晋西北根据地从事文化工作的张友回忆，主办副刊的根据地文社是刚从延安调到晋西北根据地担任宣传文化领导工作的周文，按照《在延安文艺座谈会上的讲话》精神组织创办的。②所以，与《文艺之页》相比，无论是主题内容还是语言形式，都与《讲话》所设计的新的文学样态的特征更为吻合。

---

① 《我们的任务》(《吕梁文化》创刊词)，《抗战日报》，1943年3月6日，第四版。
② 张友:《吕梁文化教育出版社简介》，《山西文史资料》第27辑，第104页。

附录:

《吕梁文化》目录

1. 叙事性作品

第一期（1943年3月6日） 李节：《退伍》

第二期（1943年3月16日） 沙雁：《抓民夫》《打后面不打前面》；行者：《骑兵连来了》

第三期（1943年3月25日） 方阵：《春节》；万一：《敌占区的家乡》；方唯若：《太原的春天》

第四期（1943年4月8日） 江橹：《力的形象》；靳旺、几五：《李奴子》

第五期（1943年4月17日） 孙谦：《电话班》；非垢：《高洛豪夫医官》；东方漫：《"大东亚"小幽默》

第六期（1943年5月6日） 西戎：《春耕》；吴修：《给我们的孩子》；方唯若：《军民在田野》

第八期（1943年5月29日） 陈业丰：《一天》；竹邨：《退伍归来的刘红武》；李节：《没选差》

第九期（1943年6月8日） 束为：《河曲风光》；敏行：《到根据地去》；张戎：《敌人与小孩》

第十期（1943年6月19日） 夏蒂：《老张的枪》；吴钢：《大众剧社在兴县西川》

第十一期（1943年7月3日）　西戎：《二爹》；河山：《看战斗剧社跳秧歌舞》；新辑：《不给敌人缴飞机捐》

第十二期（1943年8月10日）　颂迁：《民兵在壮大中》

第十三期（1943年8月19日）　孙谦：《民众愤怒了》；胡升：《和人民在一起，为人民而战斗——记八路军的一个排长》

第十四期（1943年9月7日）　束为：《谈判》

第十五期（1943年9月21日）　常功：《变工队长的话》；西戎：《战斗着的农村》

第十六期（1943年9月30日）　胡正：《夏收时节》；束为：《鸡蛋与庞炳勋军队》

2. 诗歌

第一期（1943年3月6日）　纪照岩：《黄河歌》

第二期（1943年3月16日）　孙谦：《我是一时的糊涂》

第三期（1943年3月25日）　陈仲凯：《站岗》

第七期（1943年5月18日）　景岚：《在乡下》

第十二期（1943年8月10日）　烈飞：《这就是反动派》

第十四期（1943年9月7日）　胡正：《纺线》

3. 散文

第一期（1943年3月6日）　泉卜：《人民的精神》

第二期（1943年3月16日）　赵家萍：《事业精神》

第四期（1943年4月8日）　章杰：《幸福》

第八期（1943年5月29日）　卢梦：《向群众学习些什么》

第十期（1943年6月19日）　张熙：《整风中纪念高尔基》

第十二期（1943年8月10日）　殷白：《保卫光明》

第十四期（1943年9月7日）　张熙：《大后方活见鬼》

4. 文艺理论评论性作品

第七期（1943年5月18日）　《从春节宣传看文艺的新方向》（转载《解放日报》社论）

第十期（1943年6月19日）　《怎样充实语汇》（摘录《解放日报》"答读者信"）

第十一期（1943年7月3日）　也白：《读〈苏联西部地域详图〉》

第十五期（1943年9月21日）　范若愚：《〈十二金牌〉的演出》

第二章

《新华日报》（华北版）（太行版）文艺副刊

　　《新华日报》（华北版）是中共中央北方局的机关报，是抗战时期太行抗日革命根据地的主要报纸。于1939年元旦在山西沁县创刊。1943年10月中共中央北方局撤销，《新华日报》（华北版）更名为《新华日报》（太行版），改为中共太行分局的机关报，至1949年8月9日终刊。《新华日报》（华北版）在创刊之初即把第四版设定为理论与副刊版。在抗战期间，《新华日报》（华北版）（太行版）创办了《新地》《战地报人》《华北青年》《卫生常识》《回民》《戏剧》《抗日军人》《日本研究》《华北妇女》《敌后方》《敌后方木刻》《新华文艺》《新华增刊》等多种副刊，其中《新地》《新华文艺》《戏剧》《太行文艺》为文艺性副刊。

第一节　《新地》

　　《新华日报》（华北版）是华北抗日革命根据地主要报纸中，创刊后创办副刊比较早的报纸。《新地》是《新华日报》（华北版）创办的第一个文艺专刊，也是《新华日报》（华北版）第一个副刊，创刊于1939年1月9日《新华日报》（华北版）的第5期［《新华日报》（华北版）初创时为双日刊，每两天一期］，至1939年3月29日停刊。

　　在《新地》发刊词中，提出副刊的主要任务。在功用上，是"鼓吹抗战的号角"，让"这个号角的声音深入地吹进广大的群众的心里，变成一股泼辣新鲜的力量，鼓舞着大家，为争取抗战最后胜利而更坚决地奋斗到底"！①从内容与主题来看，"表现出有五千年历史的中华民族的伟大，它将要尽情暴露敌人的野蛮残酷，阴险毒辣的兽行，它将要尽力反映出中华好儿女无数的英勇斗争和光荣事迹"②。为此，提出刊物是大众的刊物，并对其提出大众化的要求："以大众为对象"，成为"大众自己说话的地方"，刊载"通俗和具体的作品""要说大众所说得出，听得懂的话""要写大众看见的，或者大众自己正在做的事""不需要矫揉造作的美的辞藻，也不需要没有内容的作品""要求短小精悍的作品"。③

《新地》由新地社主办，旬刊，共5期。占报纸第四版的半个版面，与同时期的《战地报人》《华北妇女》等副刊相比，所占版面较小。除发刊词外，共20篇作品，另有一些文艺活动的简讯。

一、叙事性作品

和《抗战日报》的《文艺之页》《吕梁文化》相似，《新华日报》副刊《新地》中的作品也存在纪实与虚构较为模糊的问题，小说与通讯报告不好作确切区分，因而仍然把它们统归于"叙事性作品"中，共6篇。

《两棵柿子树》在《新地》中是一篇较为独特的作品。后期新月派诗人卞之琳曾于1938年11月间随吴伯萧为团长的"文艺工作团"从延安进入太行抗日革命根据地，至翌年四五月间返回延安，《两棵柿子树》为此间创作的作品。从内容看，作品似乎写的是作者在随军访问期间的亲身经历。作品写"我们"经过太行山中的一个偏僻的小山村时，看到一棵很大的柿子树，上面结着"不下千点"的熟透的柿子，"我"很奇怪为什么不打下来吃，村里的老头告诉"我们"因为这棵树是他与他哥哥共有，所以

---

①《〈新地〉发刊词》，《新华日报》（华北版），1939年1月9日，第四版。

②《〈新地〉发刊词》，《新华日报》（华北版），1939年1月9日，第四版。

③《〈新地〉发刊词》，《新华日报》（华北版），1939年1月9日，第四版。

两家"谁也不打,谁也不许谁打"。①而老头告诉"我们"旁边的一棵较小的柿子树,也因属于两家共有,"也是谁也不许谁打,柿子已经不打了三年了。"②作者借这件小事讽刺了村民们的极端自私自利,不懂团结,不顾共同利益,最终既失去个人利益,也毁掉了共同利益,颇有一些国民性批判的味道。所以作品在结尾处用一种"哀其不幸,怒其不争"的激愤语气写下"留下来给日本兵吃吧""专等敌人来给我们撕去的这幅天然讽刺画"的句子。③在根据地文学中,这样的以批判的视角来写普通民众的作品不多。当然在作品最后又写到"我"为此激愤时又想到"刚才那个年轻的民夫硬要分给我们吃的他从家里带来的那种加柿子蒸的小米粉饼子",④就又高兴起来,没有将批判的基调贯穿始终,这可能是根据地的新语境给作者带来的新变化,也可以看作是作者向根据地文学新样态靠拢的尝试。

　　《新地》中的6篇叙事性作品除了卞之琳的《两棵柿子树》,其余5篇都是以对敌军事斗争为题材。

　　《征兵》也是一个讽刺性的作品。从内容上看,讲述的可能是个虚构的故事,应该归之于小说。叙述上比较简洁,场景性的描述较少,与中国民间叙事文学中的故事接近。作品写靠近根据地的被敌占领的某村,被"皇军"⑤任命为维持会长的李大成对敌假装恭顺,暗中却帮助游击队,也依靠游击队来保护村子。一次,日军强迫他们村子里缴粮,李大成假装答应下来,收起粮后,在送粮的晚上,李大成暗中集合了四十多个村民,带着仅有的两杆枪,预先埋伏在敌人运粮经过的山沟里,打死了三个鬼子,抢回了粮食,全部送给游击队,鬼子以为是游击队抢的,夜间再也不敢出来。这一次,日军限时三日要向村里征壮丁五十名,李大成又想到一个办法,他跑到日军军营里,谎称村里来了游击队,把全村人都掳走了,要求

---

①卞之琳:《两棵柿子树》,《新华日报》(华北版),1939年1月9日,第四版。
②卞之琳:《两棵柿子树》,《新华日报》(华北版),1939年1月9日,第四版。
③卞之琳:《两棵柿子树》,《新华日报》(华北版),1939年1月9日,第四版。
④卞之琳:《两棵柿子树》,《新华日报》(华北版),1939年1月9日,第四版。
⑤整篇文章都把日军称作"皇军",显然是带有讽刺的意味。

日军出兵去救。把日军队长骗到村子里，乘机"拿着一条铁链要将他绑在死的柱上"。①这篇作品主要不是暴露侵略者的凶残强暴，而是嘲讽他们的愚蠢，比如整篇作品中都把日军称作"皇军"，表达的其实不是对他们的畏惧，而是一种戏谑。主人公李大成是与《安乐村村长》中的村长相接近的人物，但《安乐村村长》写的是一个为抗日悲壮牺牲的故事，而本篇却带有喜剧色彩。

《七个敌人和七个窟窿》是一个战斗故事。写农民出身的八路军新战士李景铭和班长去侦察敌情时与敌遭遇，李景铭第一次开枪，这投军以后的第一颗子弹就射死了七个日军。敌人发现他们人少，就又向他们进攻，李景铭和班长打完子弹，用两颗手榴弹炸退敌人，平安地返回部队，只是两人的枪托上被敌人射了七个窟窿。这篇作品没有场景与对话的描写，基本都是概略性叙述，语言简洁口语化，是一篇典型的故事体文本，有一定的传奇色彩，充满乐观，把原本艰难与残酷的战斗写得轻松有趣。另外，文中写到李景铭参军后"还是浑身农民的天真烂漫的气味"，②完全没有写刚刚参军农民身上残留的落后意识与不良习气，与《抗战日报》早期副刊中莫耶等的《老猴》等作品保留有一定启蒙立场与批判视角来写农民很是不同。

滴鸣的《伏击》写的也是一个战斗故事，但与上一篇不同：不重写人而重在叙事。作品写了一队八路军在赵队长的带领下冒着严寒夜半伏击日军军车的故事，与上文以叙述为主不同，这篇却是以描写为主，有颇为细腻的环境描写和动作语言描写，对火车的行进与枪弹纷飞的战斗场景都有摹行拟声的描绘，很有画面感与动态感。与前篇相同的是感情基调同样是乐观豪迈，战斗场面同样轻松，对敌人也满是嘲讽与戏谑，比如写当小分队带着战利品撤出战场后，敌人的枪炮声才又密集地响起来，文中这样写道："枪声、炮声，愈来愈稠密地在空中独凑（奏）下去。皇军在卖弄着

①　琳：《征兵》，《新华日报》（华北版），1939年1月9日，第四版。
②　决：《七个敌人和七个窟窿》，《新华日报》（华北版），1939年2月19日，第四版。

威风！"①

《受难的土崖——一个小小的故事》是一个伏击日军军列的故事，作品写同蒲路被敌占领之后，灵石的一个离同蒲路不远处的小村子里的自卫队员找游击队长要了十来颗手榴弹，晚上独自一个人埋伏在同蒲路边的土崖上伏击了日军的军车，"第二天，灵石站上停着一行莫名其妙地没了头、手……炸烂的尸首。"②至此，由于害怕，敌军军列每次经过这一土崖都要用"从国内千百万人民血汗铸成的机关枪向着土崖扫射着"，于是作者用嘲讽的口吻写道："受难的土崖呵！受难的日本人民呵！"③尽管题目中有"故事"字样，但这篇作品不是采用中国传统故事的叙事方式，作品中有大量的场景描写、对话描写，也有环境描写，而且有大量的抒情语句，在叙述中也设置了悬念，结构形式上很欧化。

与《受难的土崖——一个小小的故事》同时刊在第四号晨熙的《割电线》，写的也是一个战斗的片段。作品写八路军的一个支队深夜出击破坏日军的通信设备，挖倒汽路边上的日军的电线杆，割下上面的铜线，运回后方，把"皇军的电杆电线变成了我们的电杆电线"，把"'皇军'也变成了'惶军'"④的故事。作品很简短，故事情节单纯，语言通俗风趣，对日军也是满含轻蔑与嘲讽，其中的场景及对话描写生动形象。

《新地》刊发的叙事性作品基本不反映抗敌斗争的艰难与战争的残酷性，没有对英勇抗敌的悲壮性书写。除《两棵柿子树》之外，都以一种非常乐观的视角来看待对敌战斗，以嘲讽与戏谑的姿态来观察敌人。在这些作品中，日伪军都表现得愚蠢而怯懦，而抗日军民的英勇机智都带着略显

---

① 滴鸣：《伏击》，《新华日报》（华北版），1939年3月7日，第四版。文中的"独凑"根据上下文意似应为"独奏"，疑为印刷错误所致。

② 牧□（原字无法辨认）：《受难的土崖——一个小小的故事》，《新华日报》（华北版），1939年3月19日，第四版。

③ 牧□（原字无法辨认）：《受难的土崖——一个小小的故事》，《新华日报》（华北版），1939年3月19日，第四版。

④ 牧□（原字无法辨认）：《受难的土崖——一个小小的故事》，《新华日报》（华北版），1939年3月19日，第四版。

夸张的传奇色彩，每次战斗抗日军民都能顺利克敌制胜，自己却完好无损，把战斗场面写得非常轻松。因而就内容而言，似应有不少虚构性成分。从文体特点看，《新地》上的叙事性作品没有明显的通讯报告类作品，除了卞之琳的《两棵柿子树》，其他篇目都更像是简短的小说。因为没有亲历性的通讯报告，《新地》中的叙事作品与同期《抗敌报》的《海燕》副刊相比，对战争的残酷性与艰难性更少反映。这样的书写有利于消除对日本侵略者的恐惧心理，鼓舞根据地军民反抗侵略取得民族解放的信心，但是很明显，对这场战争的复杂性与取得胜利的艰巨性反映不足，也可能导致一些轻敌的心理。其中原因可能是根据地文学始终被要求更多地承担起对抗日救亡宣传鼓动的作用，但同时也可能与抗战初期群情昂扬的社会情绪下产生的对抗战胜利过于乐观的社会心理有关。这些作品故事情节都很简单，语言简洁，通俗易懂，节奏明快，但在结构布局上仍有着明显的欧化色彩。当然与《海燕》《文艺之页》等早期副刊相比，民族化、民间化的色彩要多一些。

二、诗歌

《新地》刊载的诗歌共有9首，基本都是极简短的诗。

《放哨》是一首第一人称代言式抒情诗，诗歌以一位抗日战士"从白天到黑夜。从黑夜又到天明"不知疲倦地"不觉得冷静、害怕""守望在山岗上""严防汉奸、敌伪"，[1]表现了抗日战士忠于职守，保卫自己的村庄，保卫"无敌的煤矿"、保卫祖国河山，"保卫我们一家子的平安，庄上人的平安，全中国人的平安"的壮志豪情。[2]

《我站在山岗》通过书写"我"站在山岗上望见（在此不能完全理解为真实的看见，而应是以真实的现实为依据的想象性图景）的两幅图景："太阳旗曾撕碎了的，山沟里的死尸，山坡上的兽头，滚着血丝，粘着尘

---

① 叶拉：《放哨》，《新华日报》（华北版），1939年2月19日，第四版。
② 叶拉：《放哨》，《新华日报》（华北版），1939年2月19日，第四版。

土。滚：——一直到山岗底"与"浓重的黑云，隆隆的铁机。砰——轰：——在轰炸，在爆裂！"①表达了对日本侵略者轰炸中国国土残杀中国人民的无比愤慨以及对其一边杀人一边大谈人道主义的虚伪面目的讽刺。本诗也是第一人称抒情，但这首诗与前一首不同，不是拟代抒情，而是作者表达自我情感的直接抒情，不过在这类诗中，这样的抒情自我又带有一定的超越性，不能简单地理解为作者个人的小我，而是代表某一群体的"大我"，抒发的是一种集体性的情感。

1938年，在田间、柯仲平等诗人的倡导和推动下，延安的"战歌社""战地社"发起了声势浩大的群众性的"街头诗"运动，之后逐渐传到其他根据地。1939年3月7日，《新地》第三号刊出了林火的街头诗《老乡你过来》，3月19日，在第五号出版了《街头诗运动专页》，其中刊载街头诗六首：《假使我们不去打仗》《香姑娘》《天上的星》《少年先锋队》《儿歌》《小脚婆姨》。

《老乡你过来》共三节，"老乡，你过来。咱们欢迎你！"反复吟咏，召唤"炎黄子弟""不要给鬼子当奴隶"，在祖宗留下的这块土地上，"拉起手来"团结奋斗争取民族的解放，争取"自由的呼吸"。②

田间的《假使我们不去打仗》是街头诗的代表作，也为大家所熟知，这里就不再作介绍。

《少年先锋队》《儿歌》两首都是借用民间歌谣的形式，赋予其抗战的内容与主题。《少年先锋队》写的是根据地的儿童虽然年纪小，也要组织起来参与抗战，"莫说我们是娃娃，拿着枪，骑着马，我们也要救国家"，和他们"吹着小喇叭，踢踢踢，踏踏踏，人人踏着好步法"苦练杀敌本领，放哨杀敌及演戏讲话搞宣传的图景。③其中开头"月季花，月季花，你也插来我也插。叫声爹，叫声娘，莫说我们是娃娃"④使用的是中国民

① 萧里：《我站在山岗》，《新华日报》(华北版)，1939年3月19日，第四版。
② 林火：《老乡你过来》，《新华日报》(华北版)，1939年3月7日，第四版。
③《少年先锋队》，《新华日报》(华北版)，1939年3月29日，第四版。
④《少年先锋队》，《新华日报》(华北版)，1939年3月29日，第四版。

间歌谣中常用的比兴手法。

《儿歌》以小孩子的视角写妈妈期望"我""快快长大",给"我"买"一杆枪""一把刀",①期望"我"与"大哥""二哥"一样抗日杀敌。

《香姑娘》《小脚婆姨》写的都是根据地的女性,其中都有简单的故事,有叙事诗的色彩。《香姑娘》写聪明美丽的香姑娘是许多青年男子爱慕的对象,"多少男儿想把香姑娘娶家中",但香姑娘的择偶标准却是"不嫁商,不嫁农,单单只嫁救国军",②在国家民族危亡的时刻,把婚姻爱情同民族大义联系起来。

《小脚婆姨》中张三的婆姨同样美丽,"眼睛黑,身材巧",但却是"一双小脚像辣椒",所以,"地不会种,水不会挑,走路风摆腰,怕过独木桥",参加不了生产劳动,而且更为可怕的是生逢战乱,"鬼子打来更是逃不了"。③在这首短诗中写到了日军侵略对普通民众的残害,同时也写到了封建文化对旧式女性的伤害,其中妇女解放与民族解放皆有。这首短诗,很明显受到民间文学的影响,比如诗的开头"宝山塔,高又高,张三娶得个女娇娇",④使用的是比兴手法。同时在形式上借鉴民间歌谣时,其实也在一定程度上有意无意吸收了民间文化精神。在几千年的历史中,中国下层劳动人民经受了太多的苦难,面对自己无力改变的苦难,他们除了隐忍之外往往以民间式的幽默与风趣应对,以苦中作乐的生活姿态冲淡苦难感受,缓解苦难带来的痛感。无论是从妇女解放与民族解放的维度,小脚女人都是悲剧性的,但在诗中却是以一种风趣幽默的语调写来,这可能就是这样一种与民间文学形式融为一体的民间文化精神所致。

《天上的星》通过把抗日战士比作刺敌人脚剜敌人心的"钢钉"表达了对抗日战士英勇杀敌的赞颂以及对"烧我们的房,杀我们的人"⑤的侵

---

① 史轮:《儿歌》,《新华日报》(华北版),1939年3月29日,第四版。
② 巩廓如:《香姑娘》,《新华日报》(华北版),1939年3月29日,第四版。
③ 刘御:《小脚婆姨》,《新华日报》(华北版),1939年3月29日,第四版。
④ 刘御:《小脚婆姨》,《新华日报》(华北版),1939年3月29日,第四版。
⑤ 巩廓如:《天上的星》,《新华日报》(华北版),1939年3月29日,第四版。

略者的无比痛恨。诗歌采用比喻与象征的手法,把"天上的星星"比作"银灯",把"地上的战士"比作"坚硬的钢钉",诗中又言"银灯引导战士走",①从这个意义上,"银灯""星星"又是领导抗战的中国共产党与抗日政权的象征。

《新地》中的诗歌大都是街头诗,大都为紧密配合当时斗争所作,主题鲜明集中,直接发挥着宣传鼓动作用,表现出极强的战斗性。诗歌都是短小精悍之作,语言通俗,朗朗上口,易懂易记,语言、诗体以及情调上都对民间歌谣有不少借鉴吸收。尽管是写战争,但节奏明快轻松,少有沉郁悲壮色彩。有些诗中有较多叙事性因素(如《香姑娘》《小脚婆姨》),但故事极简,尚难称之为叙事诗。但也应看到,仍然有《放哨》《我站在山岗》这样的欧化色彩明显的文人诗。

三、文艺理论及评论性作品

《新地》副刊刊载的文艺理论及评论文章共有7篇,主要探讨报告文学与街头诗的写作两个问题。

在《新地》第二号至第四号中,接连刊发陈启刚、宁世《论报告文学》的同名文章三篇。

陈启刚的《论报告文学(一)——怎样写报告文学》开宗明义,首先提出"什么是报告文学"与"什么人才能写报告文学"两个问题,文章围绕这两个问题展开。对于第一个问题,作者从这样几个方面展开论述:第一,是时代需要报告文学迅疾而真实的反映,作者指出当时是一个"中华民族正遭遇着空前的危难,同时又正在民族解放战争中表现了历史上未有的伟大进步"的"伟大时代","这个时代里,充满了我们文学上的最宝贵和最丰富的内容",而这些内容是"真实的",是"由空想中捏造出的内容"不能相比的,②如何迅速地反映这些"片段的形象"与"真实的内

---

① 巩廓如:《天上的星》,《新华日报》(华北版),1939年3月29日,第四版。
② 陈启刚:《论报告文学(一)——怎样写报告文学》,《新华日报》(华北版),1939年2月19日,第四版。

容"，作者认为小说、戏剧是综合的，只能反映"一个普通的时代"与"典型人物"，也就是说，小说、戏剧的"真实"不是纪实的，有虚构性，而这种"综合化"典型性的提炼也需要一定时间的沉淀，会影响其迅疾性，而能"更尖锐地反映此时此刻的东西，能配合这疾变的事物，用具体的形象真实报道的"是报告文学这种文体。①第二，是报告文学的形式，作者提出报告文学的表现形式是多样的，包括"报告戏、报告诗"，"最普通的是散文和小说"，②从中可以看出，在作者的理解中（也可能是当时普遍的看法），报告文学并没有自己的文体特征，所谓的报告文学即是用"文学的方式写报告"，文学方式可以是诗歌戏剧，也可以是小说散文，报告文学实际是否由其内容所决定，只要是"反映此时此刻的东西，能配合疾速变化的事物"，无论用诗歌戏剧的形式，还是小说散文的形式，都是报告文学，与我们现在把报告文学理解为一种特殊的散文，理解为与小说诗歌戏剧并列的一种文学体裁有很大不同。第三，写什么与功用问题，作者认为，报告文学的材料"每一个抗战的角落中都存在着""如果，我们能够把那些斗争中的情形，怎样给日本帝国主义以打击的一面，迅速地富于新闻性地写出来，这份报道就可以提供我们以宝贵的经验，提高我们的民族自尊心和自信心，坚强我们抗战的意志，客观上给侵略者和汉奸们一个最有力的回答"。③对于"什么人才能写"报告文学的问题，尽管作者最后归结说："每一个人都可以写报告文学的"，④但实际强调的是大众化的写作，强调的是工人、农民、战士的参与写作，作者认为工农群众尽管学问少，艺术修养低，但他们每天都参与斗争生活，生活资源丰富，更熟悉

---

① 陈启刚：《论报告文学（一）——怎样写报告文学》，《新华日报》（华北版），1939年2月19日，第四版。

② 陈启刚：《论报告文学（一）——怎样写报告文学》，《新华日报》（华北版），1939年2月19日，第四版。

③ 陈启刚：《论报告文学（一）——怎样写报告文学》，《新华日报》（华北版），1939年2月19日，第四版。

④ 陈启刚：《论报告文学（一）——怎样写报告文学》，《新华日报》（华北版），1939年2月19日，第四版。

斗争生活，"多看、多想、多做的人所写成功的文章，比一天到晚全关在书房不出门的人一定要好得多""体验现实战斗生活，正是提高艺术修养的好方法"，①而且文化水平低，只要多练习、多请教，写完后与同道一起看、一起读，共同探讨修改，时间久了就会写好。

陈启刚发表于第四号的第二篇《论报告文学（三）——怎样写报告文学》探讨的是怎样写报告文学的问题。作者认为正确的价值观是写报告文学者所要具有的基本条件，因为"正确的价值观是先进的，为一个正在向上阶级所有的，最科学的""它可以帮助了解现实，而且可以指示出改造现实的道路"。②另外就是写作的技巧问题，作者认为"先要有普通文艺工作者的修养，要学会使用语言，善于应用经济，简略的文字，把复杂的形象表现出来"。③其次是要应用各种写法，作者在文中举了"叙述、叙写、描写"三种写法的例子，指出多种写法要配合得当。其三，"应当利用速写、通讯的长处，注意直接的方法，使作品结构鲜明、清晰，注重各种活泼的技法的应用，如引喻、对照，引用古旧的故事、诗歌，这些都可以帮助加强主题的目的性与新闻性的"。④作者最后强调，能否写出有血有肉的报告文学作品，最重要的首先是"平时作者是否忠于现实的观察"，然后才是应用多种技巧的问题。⑤

宁世的《论报告文学（二）——报告文学的特性》概括出报告文学的三个特征：第一，"迅速报道现实生活中大众所最关心的事情"，报告文学要写"活生生的现实中的主题"，要写"关系着大众的斗争，为大众迫切

---

① 陈启刚:《论报告文学(一)——怎样写报告文学》,《新华日报》(华北版),1939年2月19日,第四版。

② 陈启刚:《论报告文学(三)——怎样写报告文学》,《新华日报》(华北版),1939年3月19日,第四版。

③ 陈启刚:《论报告文学(三)——怎样写报告文学》,《新华日报》(华北版),1939年3月19日,第四版。

④ 陈启刚:《论报告文学(三)——怎样写报告文学》,《新华日报》(华北版),1939年3月19日,第四版。

⑤ 陈启刚:《论报告文学(三)——怎样写报告文学》,《新华日报》(华北版),1939年3月19日,第四版。

地要求了解的事情"，①同时因为现实是迅速变化的，所以报告文学也要迅速地反映现实中的问题。第二，"报道的典型化和具体化"，②写人时，要深入了解这个人的个性、习惯、思想才能创造出活的典型，写事时要对所写事实有具体的了解。第三，"新闻性和目的性"，报告文学是新闻之一种，但它比新闻详细，"不但叙述事实，而且更深入地去描写了事实""不是说了事实就完了，它还要分别善与恶、美与丑，分别正义和野蛮，人道和残酷、无耻"③。报告文学还要有目的性（其实也即我们现在所说的"功利性"），在当时特定的历史境遇中作者认为报告文学的目的"就是要发扬抗战中年（无）数④英勇斗争的故事，暴露敌人的兽行和欺骗，忠事（实）⑤地创造出可歌可泣的伟大民族典型，作为我们的模范，提高我们胜利的信心，为民族独立解放而斗争到底"！⑥

高敏夫的《展开晋冀豫抗日根据地的街头诗运动》与史群的《今日的诗歌》刊载在第五号"街头诗运动专页"上。《展开晋冀豫抗日根据地的街头诗运动》中，高敏夫首先指出，当前文艺作家的中心任务是"运用文艺的武器，鼓舞振奋浴血将士的抗战热情，提高并发扬广大民众的抗战意识，粉碎敌人一切欺骗宣传"，而街头诗这种最新产生的文艺形式，"是一种最新的武器"。⑦接着作者概括了街头诗的三个特点：第一，"采用一般民众日常所说的口头语言""达到语文的统一""通俗化，大众化，使文盲和文化落后的民众，说得出，听到（得）懂，便于传诵，便于记忆""一

---

① 宁世:《论报告文学（二）——报告文学的特性》,《新华日报》(华北版),1939年3月7日,第四版。

② 宁世:《论报告文学（二）——报告文学的特性》,《新华日报》(华北版),1939年3月7日,第四版。

③ 宁世:《论报告文学（二）——报告文学的特性》,《新华日报》(华北版),1939年3月7日,第四版。

④ 原文中为"年数",根据上下文当为"无数"之误。

⑤ 原文如此,似有错误,根据上下文推测,"忠事"当为"忠实"。

⑥ 宁世:《论报告文学（二）——报告文学的特性》,《新华日报》(华北版),1939年3月7日,第四版。

⑦ 高敏夫:《展开晋冀豫抗日根据地的街头诗运动》,《新华日报》(华北版),1939年3月29日,第四版。

反从民国的文艺运动以来那种欧化的造句和章法"。①第二，"巧妙地运用批判地接受一切民国文学形式与内容的事实。——简短、明丽、含着浓重的音乐性，有时近于小调，有时又近于大鼓词，有时又会成为民国各种文学诗风的综合"。②第三，"是现实主义的气氛浓重"，它的主题、取材，与大众生活密切联系。另外，街头诗是"用自己的手，用自己的口，把自己写出来的诗歌，随意地、直接地写在街头，写在庙宇的墙壁上，写在多数人通行的大道旁边，在大会上朗诵，在娱乐晚会中朗诵，在部队中朗诵"③，诗人有了最快发表诗歌的方法。最后，作者简单地回顾了街头诗在根据地产生、发展、壮大的历程，发出"展开晋冀豫抗日根据地的街头诗歌运动！用街头诗歌的武器去参加保卫大西北的斗争"的倡议。④

《今日的诗歌》是一篇非常简短的文艺杂谈。文章认为，新出现的诗歌朗诵、诗传单、街头诗等等运动，把诗歌变成"十字街头的作品"的这种大众化的方向"恰恰符合中国诗歌发展的道路"⑤，中国的诗歌必须变成口头的，这样诗人才会追求民族的语言，"才能锻炼出新的形式新的风格"；⑥中国的诗歌必须成为"歌唱的""十字街头的"，这样才能使诗人追求民族的、大众化的语言。

《我们需要文艺通信员》与《革命作家与革命组织家》是史群的另外两篇文艺短评。《我们需要文艺通信员》认为要把文艺作品送到群众中去，使文艺运动成为群众运动，要把大众的生活与斗争反映到作品中，两者都需要文艺通信员承担。本来作家应该担负起这样的文艺通信员的职责，但

---

① 高敏夫：《展开晋冀豫抗日根据地的街头诗运动》，《新华日报》（华北版），1939年3月29日，第四版。

② 高敏夫：《展开晋冀豫抗日根据地的街头诗运动》，《新华日报》（华北版），1939年3月29日，第四版。

③ 高敏夫：《展开晋冀豫抗日根据地的街头诗运动》，《新华日报》（华北版），1939年3月29日，第四版。

④ 高敏夫：《展开晋冀豫抗日根据地的街头诗运动》，《新华日报》（华北版），1939年3月29日，第四版。

⑤ 史群：《今日的诗歌》，《新华日报》（华北版），1939年3月29日，第四版。

⑥ 史群：《今日的诗歌》，《新华日报》（华北版），1939年3月29日，第四版。

因为根据地作家太少，不能满足众多读者的需求，所以就需要培养新的干部，就需要文艺通信员的运动。只有这样，在"作家周围围绕着无数文艺通信员，才能更普遍地在大众中发现文艺，在文艺中发现大众"①实现文艺作品的大众化。

《革命作家与革命组织家》则提出作家与组织家本来应有不同的气质，但是革命的作家必须具备组织家的气质，"要能够那样分析问题，辨别利害，洞达人情世故，要能够那样以理智控制感情，要能够那样善于接近群众"；②"要有着那样强烈的组织观念""这样才能够从生活中汲取题材，熔铸出革命的作品"③。同时革命的组织家也要具备作家的气质，能够"细密地观察人生""了解人类的精神生活，以革命的同志之爱去爱同志，以广泛的人类之爱去爱人类"，这样"才能更有力地了解群众，团结群众"④。

《新地》中的理论性文章主要集中于报告文学与街头诗写作的探讨，倡导的是迅捷地反映时代反映抗战现实的文体。无论是报告文学还是街头诗都是迅捷地反映生活的文艺形式，而对文艺通讯员的大量培养与对作家具有组织家素养的要求，其实也是从文学作品传播与接受的角度提高文学作品抵达大众读者的迅疾性。这种迅疾性其实是在这样一个民族危亡的时刻，利用文艺形式的宣传鼓动，动员民众参与到救亡中来所要求的。另外则是对文艺大众化的强调，这种大众化是全方位的，作者方面是工人、农民、战士的参与写作；内容上是"大众所最关心的事情""关系着大众的斗争，为大众迫切地要求了解的事情"，写大众有深切体验的熟悉的"每天都参与"的斗争生活；语言结构上，精短简洁，清晰明白，使用群众习惯的通俗化大众化的语言表达；传播接受上，通过扩大通讯员队伍，使得文艺作品能迅疾地传送到群众中间，并"在大众中发现文艺，在文艺中发

---

① 史群：《我们需要文艺通信员》，《新华日报》（华北版），1939年1月9日，第四版。
② 史群：《革命作家与革命组织家》，《新华日报》（华北版），1939年3月7日，第四版。
③ 史群：《革命作家与革命组织家》，《新华日报》（华北版），1939年3月7日，第四版。
④ 史群：《革命作家与革命组织家》，《新华日报》（华北版），1939年3月7日，第四版。

现大众"，实现文艺作品的大众化，培养作家的组织家气质，使其更善于接近群众，写出大众化的作品；另外这些文章也强调了深入体验生活的重要性。而所有这一切都服务于鼓动教育群众参与抗战救亡的目的，所以也少有立足于文艺自身价值的探讨（即使是立足于宣传鼓动效果的对于作品艺术性的探讨，在《新地》中也几乎没有提及）。

除以上文章外，在《新地》的第二号摘录了高尔基的一组语录，第五号中刊载了一组关于晋东南根据地街头诗运动的报道。

严格地讲，《新地》副刊已经属于抗战文学的第二个阶段，但仍有着明显早期抗战文学的"战歌"特征。团结抗敌是各种文体作品的共同主题，很少有对战争残酷性与取得胜利的艰难性的书写，也很少写抗日英雄誓死不屈英勇抗敌的悲壮。无论是叙事性文学，还是诗歌都充满昂扬乐观的气息，几乎没有冷静沉思色彩。在以对敌斗争为题材的作品中，往往凸显日伪的愚蠢与怯懦，而对其狡猾与狠毒表现较少。另外，也没有反映国共两党冲突的内容。主题单纯明了，表达简洁直白，没有繁复的思想情感与含蓄蕴藉的表达。

有较明显的民族化、大众化色彩。文艺理论评论性文章对此探讨较多，对大众化尤为强调。诗歌与叙事性作品体现出小型化、轻型化特征，大都简洁明快，语言通俗易懂，对当地民间语言与民间形式多有借用，比如对当地方言的借用和对民间歌谣、民间故事的借鉴。

报告文学受到重视，刊载了多篇关于报告文学的理论文章，但是一方面创作上缺少如《抗敌报》的《海燕》副刊中的《怎样遇到毒瓦斯——战地手记之一》《在游击中——敌人围攻中本报生活片段》这样的纪实色彩明显的通讯报告类作品；另一方面，小说、故事等与报告文学很难区分。其中原因可能与当时对报告文学的理解有关，比如，陈启刚在谈到报告文学的形式时，说包括"报告戏、报告诗""最普通的是散文和小说"，实际并没有从文学体裁的层面理解报告文学，没有把报告文学当做与小说、诗歌、戏剧等不同的有自己形式特征的一种文类，而只是由内容的新闻性与纪实性来界定，这样就很难把报告文学从小说、诗歌、戏剧等作品中区分出来，尤其是没有把小说与报告文学区别开来。在叙事性作品中，用小说的形式写出来的作品，很难界定其是小说还是报告文学，当然对纪实与虚构的模糊化处理，可能会产生更强的宣传鼓动性，对根据地普通民众有着更强的战争动员效果。

附录：

《新地》目录

1. 叙事性作品

第一号（1939年1月9日） 卞之琳：《两棵柿子树》；琳：《征兵》

第二号（1939年2月19日） 泱：《七个敌人和七个窟窿》

第三号（1939年3月7日） 滴鸣：《伏击》

第四号（1939年3月19日） 牧□（原字无法辨认）：《受难的土崖——一个小小的故事》；晨熙：《割电线》

2. 诗歌

第二号（1939年2月19日） 叶拉：《放哨》

第三号（1939年3月7日） 林火：《老乡你过来》

第四号（1939年3月19日） 萧里：《我站在山岗》

第五号（1939年3月29日） 田间：《假使我们不去打仗》；巩廓如：《香姑娘》《天上的星》；《少年先锋队》；史轮：《儿歌》；刘御：《小脚婆姨》

3. 文艺理论及评论性作品

第一号（1939年1月9日） 史群：《我们需要文艺通信员》

第二号（1939年2月19日） 陈启刚：《论报告文学（一）——怎样写报告文学》

第三号（1939年3月7日） 宁世：《论报告文学（二）——报告文学的特性》；史群《革命作家与革命组织家》

第四号（1939年3月19日） 陈启刚：《论报告文学（三）——怎样写报告文学》

第五号（1939年3月29日） 高敏夫：《展开晋冀豫抗日根据地的街头诗运动》；史群：《今日的诗歌》

第二节 《戏剧》

《戏剧》副刊由戏剧社编，创刊于1939年2月27日，共2期，共刊7篇文章，都是戏剧理论与评论性文章。

创刊号刊载4篇文章。

史群的《我们戏剧的运动方向》可以看作是《戏剧》的创刊词，其中提出"戏剧运动的方向""是新中国的新戏剧"[①]。什么是"新戏剧"呢？文章对其作了这样的界定，从"从客观的条件"来看，"新戏剧""要凭借

---

① 史群：《我们戏剧的运动方向》,《新华日报》(华北版),1939年2月27日,第四版。

民族的遗产""要接受外来的影响""要经过战争的锤炼"①。而比这些外部的"客观的条件"更重要的是，推动新剧运时要努力做到三点："第一，要把戏剧运动和全民族的实际生活集合起来"②；"第二，要在戏剧运动中接受一切历史的文化成果，力求进步，克服困难"③；"第三，要使戏剧运动成为大众的战斗的进步的运动"④。

唐恺的《火星剧团的工作经验》分两部分在创刊号与第2期中连载。文章从五个方面总结了火星剧团在演出活动中的经验与存在的问题。一、观众问题，文章指出，火星剧团曾经搬演过一些从后方来的剧本，但在根据地效果不佳。所以根据地的戏剧首先要群众看得懂，也就是剧本中的事件与人物须是群众所熟悉的，与群众生活相接近的；不能只重视提高群众的欣赏水准，而更应重视剧本的宣传鼓动作用；剧本的编写应更重自编，而非从外部引进搬演剧本，结构上应以短小精悍的"独幕剧"为优。二、技术人才问题，技术人才的缺乏对演出效果有决定性的影响，因此需建立"坚强的导演制度"，还需重视演员及其他专门人才的培养（舞美化装等）⑤。三、政治修养问题，因为重视演职人员的政治修养，火星剧团在演出技术较差的情况下，演出仍然获得群众的热烈欢迎，因而政治修养对于剧团工作者很是重要。四、艺术观点问题，艺术味浓的戏反不受群众欢迎，真正的艺术"必须是大众化的，必须是群众自己的，而不是少数人的"⑥。五、工作范围问题，不仅演戏，而且也做其他的政治工作，艺术方面也不局限于戏剧，利用多种艺术形式教育群众（如旧形式的利用，其中举了一个民众剧团利用旧形式效果好的例子）。

李伯钊的《抗战中的剧团工作》首先指出戏剧是宣传动员群众的利器，戏剧在抗战中作用明显。接着从三个方面论述了抗战时期戏剧工作的

---

① 史群：《我们戏剧的运动方向》，《新华日报》（华北版），1939年2月27日，第四版。
② 史群：《我们戏剧的运动方向》，《新华日报》（华北版），1939年2月27日，第四版。
③ 史群：《我们戏剧的运动方向》，《新华日报》（华北版），1939年2月27日，第四版。
④ 史群：《我们戏剧的运动方向》，《新华日报》（华北版），1939年2月27日，第四版。
⑤ 唐恺：《火星剧团的工作经验》（上），《新华日报》（华北版），1939年2月27日，第四版。
⑥ 唐恺：《火星剧团的工作经验》（下），《新华日报》（华北版），1939年3月27日，第四版。

特点：一、戏剧演出活动要与战争环境相适应，剧团应该是轻便的。二、剧团不仅演戏，而且要与当地政权、军队政治机关及群众团体相配合，参加社会活动，展开群众工作。三、反对艺术至上倾向，但也应把握戏剧艺术的特点，艺术方面的提高能更好地"发挥戏剧强烈的煽动作用"①。

伊林的《典型的故事和典型的人物》针对当时根据地戏剧运动中存在的剧本荒以及剧团和宣传队"就地取材"创作剧本时存在的问题，如"一个政治口号，一套政治理论装在一个公式化的故事里去，剧本标语口号式"，②探讨了剧本创作时故事叙写与人物塑造的问题，提出剧本中故事的现实性不可缺少，应该写剧作者与群众熟悉的故事，写"现实生活中普遍存在的典型的故事"③，人物的个性不能单纯化，同一类型的人物不能千篇一律，"人物个性的发展与整个剧情的发展要自然合理"④。

《戏剧》副刊第2期（1939年3月27日），除了连载《火星剧团的工作经验》后半部分外，还刊载了3篇文章：

《戏剧的训练与教育》提出，剧团的演员及其他工作人员须获得三个方面的训练与教育：第一，是政治的训练，剧团工作的展开需要政治工作来保障，演员与戏剧工作者都需要加强政治教育；对于政治与艺术的关系，认为政治教育也是艺术进步的保障，作者特别强调政治教育的重要性，以至提出"初成立的剧团，戏演得不好，不是什么严重的问题，只要政治教育能进步，剧团在艺术上也会不断地进步的"⑤。第二，艺术上的修养，李伯钊在强调戏剧工作者政治修养的同时，也提出"编戏、导演、演出，都是专门的学问，因此，艺术工作者与演员也要提高自己的艺术修养"⑥。第三，也要注重戏剧工作者与演员的道德和纪律的教育。

《明朗的主题》中，伊林提出剧本创作中，不能"把现实生活中的事

---

① 李伯钊：《抗战中的剧团工作》，《新华日报》(华北版)，1939年2月27日，第四版。
② 伊林：《典型的故事和典型的人物》，《新华日报》(华北版)，1939年2月27日，第四版。
③ 伊林：《典型的故事和典型的人物》，《新华日报》(华北版)，1939年2月27日，第四版。
④ 伊林：《典型的故事和典型的人物》，《新华日报》(华北版)，1939年2月27日，第四版。
⑤ 李伯钊：《戏剧的训练与教育》，《新华日报》(华北版)，1939年3月27日，第四版。
⑥ 李伯钊：《戏剧的训练与教育》，《新华日报》(华北版)，1939年3月27日，第四版。

件不加洗练地全部搬上舞台，或是无原则地将很多需要解决的政治问题都写进一个剧本里去"①，造成剧本头绪太多，起不到教育群众的作用，剧本写作需要有明朗的主题（其实也即明确的主题），另外，作者也强调了戏剧艺术方面的提高（演剧的积极意义与剧本创作技巧的提高），当然，作者对戏剧艺术性的强调是立足于增强对群众政治教育的功利性目标的。

《关于戏剧工作》对抗战初期根据地的戏剧工作从五个方面提出了具体的建议：一、关于戏剧工作，通过"吸收旧有民众材料集体制作""培养和吸收专门素材编剧""各剧团相互交换剧本"，解决好"剧本荒"问题，②建立导演制度，演员培养和救亡工作相联系，提高艺术修养的同时，更须高度的政治教育。二、城市沦陷戏剧工作转入农村后，"戏剧必须大众化，剧本内容必须农村化，更须民族化"，③极力避免西洋味。三、批判地实行"旧形式新内容"。④四、深入群众，采用民间故事编剧。五、适应战争环境，剧团组织简化，人才合理使用。

《剧本》中探讨的是话剧这种近代以来从西方舶来的艺术形式而非传统戏曲，但重视与根据地的现实与文化的结合，与战争的语境相适应，创演本土化、民族化、大众化的新戏剧。这种本土化是两个方面的，内容方面自编反映根据地军民熟悉的现实生活的剧本，形式上吸收民间形式以至一切历史文化成果，采用群众听得懂的语言。提出减少剧本的洋味，倡导创作短小的及时快捷反映生活的短剧，提出戏剧的演出要适应战争环境。对政治性特别强调，提出政治修养可以弥补演出技术的不足，甚至于"只要政治教育能进步，剧团在艺术上也会不断地进步的"。当然对于戏剧的艺术性也有所注意，并且提出提高参与编演人员的艺术素养与建立正规的编导演出体系等。当然所有这一切都立足于教育群众、鼓动群众这一目标。

---

① 伊林：《明朗的主题》，《新华日报》（华北版），1939年3月27日，第四版。

② 戈丽：《关于戏剧工作》，《新华日报》（华北版），1939年3月27日，第四版。

③ 戈丽：《关于戏剧工作》，《新华日报》（华北版），1939年3月27日，第四版。

④ 戈丽：《关于戏剧工作》，《新华日报》（华北版），1939年3月27日，第四版。

附录:

《戏剧》目录

创刊号(1939年2月27日) 史群:《我们戏剧的运动方向》;唐恺:《火星剧团的工作经验》(上);李伯钊:《抗战中的剧团工作》;伊林:《典型的故事和典型的人物》

第二期(1939年3月27日) 李伯钊:《戏剧的训练与教育》;唐恺:《火星剧团的工作经验》(下);伊林:《明朗的主题》;戈丽:《关于戏剧工作》

第三节 《新华文艺》

在《新地》终刊三个月之后,1939年7月1日,《新华文艺》创刊。在创刊词《写在前面》中写道:"为了继续《新地》的使命,扩大《新地》的田园,更新《新地》的面目,我们又创刊了这《新华文艺》"。[①]由此看来,《新华文艺》与《新地》是两个有承续关系的文艺副刊。创刊词从文艺之于抗战的功用的角度来论述创办《新华文艺》副刊的缘由。文章认为之所以在"抗战更艰苦的搏斗中,尤其在一切都苦难得使人难以想象的敌人后方",还要"花如许篇幅"办文艺副刊,做文艺工作,原因即在于"艺术对于人们心灵的重要,将超过粮食对于口胃",它通过对人的"情绪的激励和慰安""可以使一个懦夫变为勇士而奔赴前线,可以坚定战士和人民争取胜利的信心""文艺家的利刃,可以毫无情面地剥露和刺击民族叛徒,奸邪宵小,让无数千万军民唾弃",[②]所以在"全国上下,都一致践

①《写在前面》,《新华日报》(华北版),1939年7月1日,增刊第二版。
②《写在前面》,《新华日报》(华北版),1939年7月1日,增刊第二版。

行国民精神总动员以坚定抗战意志，而抗战正走入最艰苦阶段的时期中，培养和强化无数千万对抗战坚决而英勇无比的'心灵'，文艺将是最好的武器之一"，①在敌后方战斗的中心地带，无论是在火线上还是杀敌归来，无论是受伤的战士还是作战的英雄，都需要文艺的安慰与激励；创刊词也从作者与作品两个方面对根据地文艺提出了大众化的要求：扩大作者范围，"各样的战士和工作者，以及广泛的大众，不但能够赏析文艺，而且来从事学习创作，让军民大众自己写出反映战斗、激励战斗的可歌可泣的史诗"；②塑造大众化的典型形象，"从千万民族英雄中，概括出一个民族英雄的典型，作为千万军民的模范"③。对于作品的主题内容方面的问题，创刊词中没有专门论及，当然在前两个方面的论述中，也可看出副刊在主题内容方面的取向。

《新华文艺》由新华文艺社编，月刊，为四版正刊之外的增刊，占增刊第二版一整个版面，共出四期，1939年9月15日终刊，共刊载15篇作品。

一、叙事性作品

《新华文艺》中的叙事性作品共有9篇。其中《童话》《十三块弹片》篇首标为"报告"（也即报告文学），其他的都不好断定是纪实性的还是虚构性的作品。大致可分三类：第一类，嘲讽日伪外强中干、怯懦愚蠢的讽刺性作品，包括《一把刺刀——日本官兵间的矛盾》《皇军最后的通牒》《小秃子的故事》《菜田里》；第二类，歌颂根据地涌现出来的抗日英雄的作品，包括《我替勇敢辩护——痛悼丁思林团长》《十三块弹片》《黑马》；第三类，写日本侵略者的残酷压迫激起中国人民反抗的作品，包括《童话》《二十棵树》。

郭毅的《一把刺刀——日本官兵间的矛盾》是一篇非常简短的作品，

①《写在前面》，《新华日报》（华北版），1939年7月1日，增刊第二版。
②《写在前面》，《新华日报》（华北版），1939年7月1日，增刊第二版。
③《写在前面》，《新华日报》（华北版），1939年7月1日，增刊第二版。

叙述了一个很简单的故事：王和镇驻扎的二百多个日军中，官兵矛盾日益加深，士兵们思乡厌战，而官长却只知为军阀效忠。中队长成田凶狠暴虐，经常酒后随意暴打士兵，终于，一次成田侮辱打骂思乡的士兵之后，在一个深黑的夜晚，三个忍无可忍的士兵，潜进成田的寝室，把明亮的刺刀刺入成田的胸膛。作品以日军内部的矛盾为题材，整篇作品中都没有写到抗日军民，这在抗战叙事文学中很少见。作品中有确切地点与人物的交代，似乎应有新闻纪实性，似应归属于报告文学。尽管是叙事性作品，但整篇作品分段很多，每一段都很简短，从形式上又有散文诗的观感，但就内容来看，其中又很少有抒情性内容。《新地》副刊中陈启刚《论报告文学》一文中在论及报告文学的形式时，曾提到一类"报告诗"，可能就是指这类作品。作品内容上较为大众化，但语言上仍有较明显的欧化色彩。

《皇军最后的通牒》是一篇与《一把刺刀——日本官兵间的矛盾》相类似的讽刺性作品。作品写一支日军被游击队追得无法脱身，其头目上官三郎无计可施，只好让一个抓来的老百姓（其实是游击队的便衣侦探）挑着装有"前门香烟五十筒，牛肉罐头六十筒"的铁皮箱子，带着上官三郎的信去找游击队，恳求游击队不要再"夜夜追逐他们"。[1]文中有一个细节描写，上官三郎让老百姓去送信时两次叫住他，第一次叫住让他带回游击队的回条，第二次让他挑上装香烟牛肉的箱子，体现了他内心的惶恐。另外在他写给八路军的信中，本是被游击队追逐得无计可施，但却写道："夜夜追逐，真不太好玩也""请以后勿追逐玩可也"，[2]一个不断失败，但还要强装面子的可笑形象跃然纸上。

《小秃子的故事》也是一篇对敌人的讽刺性作品。作品写儿童小秃子在日军进村时来不及逃跑，只好藏起来，因而看见了其他小孩没见过的鬼子，而且做了一件出色的事。因为保存下来的报纸印刷过于模糊，这篇作品辨别不出全貌，比较清晰的是小秃子藏起来偷窥到的鬼子抓鸡的故事：

---

① 野葆：《皇军最后的通牒》，《新华日报》（华北版），1939年8月1日，增刊第二版。
② 野葆：《皇军最后的通牒》，《新华日报》（华北版），1939年8月1日，增刊第二版。

"刚一探头，就进来了一个日本兵，他奶奶的，那么大热天，他还穿着个厚呢子大衣，肩膀头还背着这么一杆大枪。——一进院子他瞅见我们家那个老母鸡了，嘿！他一伸手就要抓，你们知道，我们家那老母鸡多灵巧呀！那日本兵笨手笨脚的，还想抓得住？扑哧一下，鸡就上了房屋头那个坡啦。那日本兵差点要摔个狗吃屎——我藏在屋子里头差点要喷出来——他气得大骂，然后又爬到坡上捉鸡去了。"①活脱脱一个愚笨可笑的日军形象，这个形象与多年之后潘长江、郭达主演的电影《举起手来》中的日军形象颇为相似。

刘白羽的《菜田里》写由于根据地坚壁清野，再加上道路被雨水冲坏，日军的给养供不上，四个日本兵士下乡抢东西，看到一片菜田，进去抢菜，被隐藏在村子里的游击队员发现，一枪打死一个，另外三个一哄而逃。藏在村背后山坡上的农民们看到后，也追了上去，把逃跑的三个日军堵住，其中一个被愤怒的农民用木棒、砖头打死，俘虏了一个，跑掉了一个。傍晚的时候，大队的日军赶来，农民们立即躲到青纱帐中，尽管日军枪炮猛烈，但"高粱叶底下躲藏的农民们知道——天会很快地黑下来。日本军队是怕这天黑的"。②作品中仍对日军满是轻蔑与嘲讽，比如"所谓皇军，他们常常是最神气最骄傲的，可是乡村里树林边，只要一下，游击队的枪声，便得落荒逃走"，再比如把日军出动时边走边打枪放炮戏称"拖着烟花"。③凸显的是日军的怯懦与狼狈。作品没有复杂曲折的故事情节，也不好确定是否纪实，但从写法上来看，采用的基本是散文的笔法，描写多于叙述，以几个场景的组接结构作品，也基本没有对单个的人物形象的塑造，写的都是群体的形象，如日军、游击队、农民等。

1939年7月8日，八路军三八六旅新一团团长丁思林在战斗中牺牲，8月1日《新华文艺》刊载了梅行的《我替勇敢辩护——痛悼丁思林团长》，尽管报纸中没有标示，但本篇明显应属于报告文学。尽管这是一篇歌颂抗

---

① 爱沙：《小秃子的故事》，《新华日报》（华北版），1939年9月1日，增刊第二版。

② 刘白羽：《菜田里》，《新华日报》（华北版），1939年9月1日，增刊第二版。

③ 刘白羽：《菜田里》，《新华日报》（华北版），1939年9月1日，增刊第二版。

日英雄的作品，但却没有直接描述丁思林团长的英雄事迹，而是采用了侧面描写的方式。作家首先回忆了自己与丁团长唯一的一次短暂见面，在陈旅长布置袭击敌人的作战会议上"我"见到了刚打胜仗归来的丁思林团长，这个总是身先士卒，带领士兵们勇猛冲锋的人。在人们的传言中"过于勇敢"的战斗英雄在讲述他们战斗经过时还带着一些忸怩。但是三天之后就听到了丁团长牺牲的噩耗，文章接着写"我"无比崇敬地去看丁团长的遗体，一个老兵告诉"我"，战士们非常尊敬与爱戴丁思林团长，在他牺牲后，大家忍着饥饿争着抢着将团长从山上抬下来，为了不引起三天没吃饭又累又饿的战士再次流泪，他要求"我"等他们走后再来看丁团长。最后写我听到的丁团长壮烈牺牲的经过。尽管这是一篇歌颂抗日英雄的作品，但却没有直接描述丁思林团长的英雄事迹，丁思林团长的英雄形象都是通过侧面叙述呈现出来的。

《十三块弹片》是一篇对在战斗中受伤的青年干事杨永忠的采访报道。写杨永忠在战斗中受重伤，身中十三块弹片，"我们"去到干部养伤所采访杨永忠，杨永忠忍着伤痛讲述了其战斗的故事：知识分子出身的杨永忠作为青年干事本不需要亲上火线，但因为"一部分新战士胆小"①，需给他们带头，因此杨永忠参加了消灭和顺西顺村胡芦山上的敌军军士哨的夜袭，第一晚偷袭没有成功，退回来；第二晚因有了防备，敌人的大批援军反攻过来，为了让战士们安全撤回，杨永忠落在后面掩护，受重伤，身中十三块弹片。在休养中，杨永忠牵挂的仍是与他一起战斗的战士们，着急着早日归队。全篇都以杨永忠的口吻讲述，尽管满身是伤消瘦虚弱，杨永忠的讲述仍诙谐幽默，生动鲜活地塑造出一个坚强、乐观、英勇的抗敌战士形象。

林皂的《黑马》是根据地报纸早期文艺副刊中篇幅较长的作品，占了《新华文艺》第四期的绝大部分版面，除此篇之外，本版只刊登了短论《由苦心到严肃》与诗歌《海底播音》，而且这篇作品在本期并未载完。这

① 张潮：《十三块弹片》，《新华日报》（华北版），1939年8月1日，增刊第二版。

是一篇写法上非常接近现代小说的作品，即使内容有新闻纪实性，也应该是如陈启刚所说的小说式的报告文学。作品写来自敌占区大同的小战士王福孩，在自己要求下，从大队部里当通讯员调到骑兵大队里当了一名骑兵战士，因为他特别爱护分配给他的那匹黑色的蒙古种战马，被同伴们戏称为"黑马"。他第一次随骑兵队出击去打谷棚的日伪军时，就没有任何畏惧，骑着战马冲进敌群，"抡起刀，追上去就剁"[1]，砍死了许多敌人。在追击敌人的溃兵时，王福孩的马快，冲在最前边，而且因为他是新战士，听不懂停止追击的号声，以致脱离大部队，"在成群的苍蝇似的溃兵尾巴上追赶的只剩下一匹黑马了"，[2]溃逃的敌人发现他落单后，反扑过来，王福孩虽奋勇杀敌，但终是寡不敌众被俘。此期刊载内容到此结束，后面的情节不得而知。作品对故事的叙述以描述为主，其中有大量较为细腻的场景、人物及对话描写，现场感较强，写法上更具欧美现代小说色彩，但人物语言上，使用了大量符合人物个性特征的方言土语。

荒煤的《童话》是根据地文学副刊中少有的明确标出文类性质的作品，此篇作品被标为"报告"，所以应属报告文学。如果说《一把刺刀——日本官兵间的矛盾》是"报告诗"，那么《童话》则是"报告散文"。作者从晋东南根据地偏僻农村一个普遍性现象写起，即每个村口都有三四个"七八岁到十四岁之间"的小孩子在路旁放哨，他们"衣衫褴褛，肮脏，拖着鼻涕""大半在玩耍，玩石子，推土，打架，练操，弄得满身灰尘，嘻嘻哈哈的"，但只要有人经过，就警觉起来，"用孩子们的天真和细心"，严密盘查。[3]紧接着作者写到一个故事：一个儿童团员盘查时抓到一个汉奸，而这个汉奸是他的舅父，孩子们不顾汉奸的威逼利诱，把他送到自卫队，最后被枪毙掉。本篇作品的深刻之处是没有止步于对这些儿童团员的赞誉，而是发现一个与儿童应有的天性不相符的问题，当孩子的舅父被枪杀后"孩子的母亲和外祖父在哭泣，孩子却和他的同伴在血尸

---

① 林皂：《黑马》，《新华日报》（华北版），1939年9月15日，增刊第二版。
② 林皂：《黑马》，《新华日报》（华北版），1939年9月15日，增刊第二版。
③ 荒煤：《童话》，《新华日报》（华北版），1939年7月1日，增刊第二版。

边欢呼他们胜利的功绩"①,体现出一些儿童不该有的残暴与无情,但是作者认为这是因为敌人的残暴所致。接着作者讲述了小汉奸白春生以及辽县的一个女孩被敌人残害的故事:白春生被日军抓捕后,敌人为了控制他,从身心两方面残害他,一方面,通过上"有关国民党罪恶及反共学说之类"的课程给他洗脑,另一方面又给他喝春药"迫逼着他与橡皮淫具作性的行为",并让他吸毒,以便身体上控制他,以至于白春生被派到根据地搞破坏活动被八路军抓住后,"每天吸那平常的香烟数十支还不能满足,每天流精,连路都走不动,脸色发青,瘦得可怕,简直就是一皮包骨……"②而在辽县"敌人用刺刀割破一个十二岁女孩的下部,用水洗去了血迹,而后再去强奸",③而正是敌人的这些令人发指的暴行,使得中国军民只能血债血还,对于在这场侵略战争中受难的孩子们,没有理由要求他们不拿起武器斗争,"不为了敌人的流血和死亡而欢跃"。④尽管作者认为对孩子们这样的表现不应指责,但作者把这种孩子们有悖于人性的表现仅仅看做在民族救亡的特殊历史境遇下有其合理性,而非超越时空的正常存在,作者最后写到:"今天的孩子们的故事,在若干年以后都会被变成了童话,被那一代幸福的孩子们惊奇、恐怖地去读着的——因为这种事件只能在世界上发生一次,而后也将永远不再发生。谁也不容许的,连孩子们都是。"⑤显然,在这里,这些故事让抗战胜利后的"那一代幸福的孩子"感到"惊奇、恐怖"的不仅仅是日本侵略者对中国人的残害,而且也有战争背景下孩子们的"天性的扭曲",当然从更深一步思考,这种"天性的扭曲"追根溯源的话也是拜日本侵略者所赐,这种精神上的创伤的揭示是对侵略者罪行的更深层次的揭露。这篇作品可以说是早期抗战文学中思考较为深刻,意蕴相对复杂的一篇。

---

① 荒煤:《童话》,《新华日报》(华北版),1939年7月1日,增刊第二版。
② 荒煤:《童话》,《新华日报》(华北版),1939年7月1日,增刊第二版。
③ 荒煤:《童话》,《新华日报》(华北版),1939年7月1日,增刊第二版。
④ 荒煤:《童话》,《新华日报》(华北版),1939年7月1日,增刊第二版。
⑤ 荒煤:《童话》,《新华日报》(华北版),1939年7月1日,增刊第二版。

刘白羽的《二十棵树》从形式上小说的特征明显，但无法判断故事是否具有新闻纪实性，所以仍然无法确认其是小说还是报告文学。作品写了伙夫班的王老头讲述的他与儿子一起参军抗敌的故事：日军占领他的家乡后，先是抢占了他的赖以为生的十来亩麦地，后来又砍光他家祖坟里的二十棵"一人抱不拢的松柏树"①，并且毒打了他的儿子。在这里，二十棵树既是王老头父子维持生存的最后希望，又有某种象征意义，二十棵树被连根砍掉，与挖掉祖坟类同，这在家族观念极重的中国人的意识中，是非常严重的事，所以对于王家父子，这是从物质到精神都被逼得无处可退避，只能奋起反抗。在退无可退的情况下，王老头父子烧掉了自家的房子，跑出来参军抗敌。作品故事情节简洁单纯，主题也明确：侵略者的残酷压迫使得农民奋起反抗。但是作品叙述上有较强的欧化色彩，小说不是采用传统文学讲故事的方式以时间的自然顺序讲述，而是采用了倒叙的方式，让参军后的王老头自己边做饭边讲述自己的故事。另外作品使用了第一人称叙述，但文中的"我"尽管也有少量与王老头的对话，但起的都是引起王老头讲述的作用，完全没有对"我"的形象的书写，是一个完全的叙事接受者。还有，作品的开头设置悬念来引起叙述：王老头询问三连有无战斗行动，大伙以为他是担心在三连当兵的儿子二铁的安危，但出人意料的是王老头也想要一支枪，上前线打敌人，由王老头对敌人这样的极度痛恨，引出他参军抗敌的故事。

如创刊词中所言，《新华文艺》副刊是为了给予边区军民精神上的"激励与慰安"，因而《新华文艺》中叙事作品的主基调仍然是昂扬乐观的。但是与《新地》相比，在一些作品中一定程度呈现出在侵略战争中人民生活的悲惨与战争的残酷，有助于边区读者对这场民族救亡战争有更为客观全面的认识，意识到取得胜利的艰难性与长期性。就题材而言，主要写边区军民的武装斗争，有些作品不是以边区军民为表现对象，正面描写他们英勇抗敌，而是把笔触伸向日本侵略军，如《皇军最后的通牒》与

---

①刘白羽:《二十棵树》,《新华日报》(华北版),1939年7月1日,增刊第二版。

《一把刺刀——日本官兵间的矛盾》主要写日军的愚蠢与怯懦,题材有所拓宽。但是共产党领导下的根据地政治经济及文化方面的建设,在作品中仍反映较少。文体方面,除了《我替勇敢辩护——痛悼丁思林团长》明显是纪实性的通讯报告,其他作品包括明确标出是"报告"的《童话》与《十三块弹片》,文体特征仍是很模糊的,不好区分是虚构性小说,还是纪实性报告文学。

二、诗歌

《新华文艺》中刊载的诗歌仅有两首:《反对和平妥协小调》《海底播音》。

《反对和平妥协小调》是一首歌,不仅刊载了歌词,而且配有曲谱,严格地说,不能算是诗歌。词作者为烟平,总共六段,因为很简短,所以辑录于下:

> 蒋委员长早说过,这次抗战非小可;只能够哟抗战到底不能够哟和!
> 抗战到了两年多,敌人已经没奈何;死的伤的一百万困难更加多!
> 日本军阀定计策,速和速结亡中国;暗中勾下了妥协派满口要讲和。
> 鬼子讲的是什么"和",灭我的种来亡我的国;假借"防共"做烟幕破坏我团结。
> 汉奸讲的是什么"和",出卖民族与祖国;高唱"防共"和"反共"准备去妥协。
> 我们胜利在前头,光明大道莫认错;坚持抗战和团结反对卖国贼! ①

歌词借用民间小调形式,用老百姓听得懂、说得惯的语言写成,简洁明快,琅琅上口,对于普通老百姓,既易于接受,又倍显亲切。就内容而

---

① 烟平:《反对和平妥协小调》,《新华日报》(华北版),1939年9月1日,增刊第二版。

言，写到了日本与国内一些政治势力的勾结，其实已经涉及国共之间的摩擦，但没有明确点出蒋介石政权，仍然把蒋介石的话置于歌词的起首，仍然把其尊为抗战领袖，这可能与抗战初期国共之间合作多于冲突的情势有关，也反映出对蒋介石政权既斗争又团结争取的策略。

梅行的《海底播音》前边有小序，"日本罢工风潮汹涌，东京一月余百余起，兵工厂斗争尤烈"。诗歌模拟日本罢工工人身份，以罢工工人为抒情主人公，表达的是日本工人反战的主题。诗歌开头写到要把日本工人罢工消息"用电波，用印刷机，用嘴""向西方传播，向世界传播""告诉每一个人"。①诗歌的第二节写工人们反对侵略战争，罢工停产，捣毁机器拒绝生产武器去侵略中国，表达罢工工人坚决反对侵略的决心；第三节写他们希望把他们反侵略斗争的消息传播给被欺骗的在别国进行侵略战争的"出征的弟兄"，希望他们"也跟着，把屠杀人类的行动停止"；②第四节，希望把侵略者必败的"真理"快速传遍世界，"告诉世界上每一个朋友，说掠夺者，已陷进污泥……溃败"，与全世界反侵略的"弟兄们""同志们"团结起来"曳引历史的车轮转动""不许时代倒退"；③第五节写他们获得了世界反侵略的大众的广泛的热烈的慰问，支持他们"坚持下去，斗争下去……"④诗歌的前面写有"新华日报华北版东京塔斯社电"，⑤似乎表明这首诗具有新闻纪实性，如果按陈启刚关于报告文学的分类，这首诗可能应算"报告诗"，属于"报告文学"，但是诗歌又是采用以罢工工人的身份发声的拟代抒情方式，又难免有一定的虚构性，所以又不能按我们现在理解的报告文学概念去理解它。

两首诗语言形式方面很不一样，前一首通俗易懂，借用了民间文艺形式，有较明显的民族化、大众化色彩，而后一首语言仍以书面语为主，未

---

① 梅行:《海底播音》,《新华日报》(华北版),1939年9月15日,增刊第二版。
② 梅行:《海底播音》,《新华日报》(华北版),1939年9月15日,增刊第二版。
③ 梅行:《海底播音》,《新华日报》(华北版),1939年9月15日,增刊第二版。
④ 梅行:《海底播音》,《新华日报》(华北版),1939年9月15日,增刊第二版。
⑤ 梅行:《海底播音》,《新华日报》(华北版),1939年9月15日,增刊第二版。

脱欧化味道。相似的一点是与形势结合紧密，注重宣传鼓动。

三、文艺理论及评论性作品

《新华文艺》的编排有这样一个特点：每期的头条都是一篇文艺短评，余下的版面刊载的都是文艺创作作品。除了前文提及的创刊号上的《写在前面》，另有三篇短评《文艺家走上火线》《从任务谈起》《由苦心到严肃》。

《文艺家走上火线》的主题是号召根据地的文艺工作者（文中为"文艺家"）深入战斗的第一线去创作，服务于民族自卫战争。文章认为在民族自卫战争的大背景下，一个文艺家如果还是远离现实"坐在西纱窗下（就是坐在窑洞里也一样），瞭望浴着月光的青秀山河，尽管在幻想你心目中创造的伟大史诗、民族英雄，运用你的天赋的灵感"，这是一种耻辱，因为这里没有"真的生活"。[1]在民族自卫战争中，正是需要文艺家上前线去，到战壕里去接近生活的时候，因为在晋冀豫根据地"各条迎击敌人进攻的火线上，战壕里，有着成千百万钢铁样的将士，他们正在和敌人顽强地斗争，肉搏，拼命。那里交流着恨与爱，那里是正义与野蛮决战的场所，那里是生命力表现的顶点；那里的确有伟大的史诗，有英雄的典型，那里你可以了解人类的真谛……那里将赋予你更深刻的思想，白热的情感……"所以这里"才是文艺家避暑的海滨别墅，就食的大餐间"，[2]在这里才有文艺家需要的丰富的真正的生活。最后作者发出号召："文艺家的位置是在最前线，是在战壕里！我们要求文艺家上火线，上战壕去！"[3]

吕荦的《从任务谈起》探讨的是文艺家深入前线后如何完成自己的创作任务的问题。作者认为，"只有生活是写作的泉源""熟透了的生活"是"驱使文艺家"写作的力量；[4]不能把自己变成生活的旁观者，不能把自己

① 戈:《文艺家走上火线》,《新华日报》(华北版),1939年8月1日,增刊第二版。
② 戈:《文艺家走上火线》,《新华日报》(华北版),1939年8月1日,增刊第二版。
③ 戈:《文艺家走上火线》,《新华日报》(华北版),1939年8月1日,增刊第二版。
④ 吕荦:《从任务谈起》,《新华日报》(华北版),1939年9月1日,增刊第二版。

从"繁琐的，或不繁琐的事情中脱离开来"；①文艺家要改掉过去生活中形成的旧意识，不要觉得自己高人一等，而是要把自己看做与别人一样的人，才能"深入到旁的人群中间里"而不把自己"囚限在狭窄的圈子里"不能发现自己身边丰富的生活材料。②所以作者提出要"宝贵""周围的生活材料"。"战壕里""油印机旁"③、每一个部门里这样的生活资料无处不在，需要文艺家们深入发掘，要克服掉"这山望着那山高"的弱点，"虚心于自己周围事物的吸取"，"只有参加进去做一个战士，一个政工人员……才是深入生活的钥匙呢！"④

冷朝阳的《由苦心到严肃》谈的是作家的写作态度问题。作者指出创作是严肃的，一个优秀的作家创作中往往都是费尽苦心，甚至内心痛苦挣扎，把全部精力都投入写作中去，一篇创作"最痛苦、最繁重的是在执笔之前的构思、考虑、组织"，⑤所以，作家要忠实于自己的时代与艺术，以严肃的姿态投入创作，根据地的文艺工作者"首先应该检讨自己忠实你的工作是不是像对于你的生命一样"，⑥需虚心，不能草率。另外则是不能把自己作品的粗糙、浅显诿过于战争环境，因为"战争的复杂与急变性，让你的了解、认识更丰富，你绝不能说它会让你脑子长锈，更迟钝、简单"，⑦这种问题的产生只能是因为文艺工作者"对于四周的复杂与急变把握之不够"。⑧而要解决这个问题只能通过更加深入体验生活，而脱离变化万端的战争生活希望通过找一个清净的场所写作，无助于问题的解决。在抗日战争艰难推进的大时代里，文艺工作者"不是找寻清净，而是投身并深入动乱、复杂中去体验、把握"⑨复杂急变的生活，展开自己的创作。

---

① 吕骥：《从任务谈起》，《新华日报》(华北版)，1939年9月1日，增刊第二版。
② 吕骥：《从任务谈起》，《新华日报》(华北版)，1939年9月1日，增刊第二版。
③ 吕骥：《从任务谈起》，《新华日报》(华北版)，1939年9月1日，增刊第二版。
④ 吕骥：《从任务谈起》，《新华日报》(华北版)，1939年9月1日，增刊第二版。
⑤ 冷朝阳：《由苦心到严肃》，《新华日报》(华北版)，1939年9月15日，增刊第二版。
⑥ 冷朝阳：《由苦心到严肃》，《新华日报》(华北版)，1939年9月15日，增刊第二版。
⑦ 冷朝阳：《由苦心到严肃》，《新华日报》(华北版)，1939年9月15日，增刊第二版。
⑧ 冷朝阳：《由苦心到严肃》，《新华日报》(华北版)，1939年9月15日，增刊第二版。
⑨ 冷朝阳：《由苦心到严肃》，《新华日报》(华北版)，1939年9月15日，增刊第二版。

《新华文艺》刊载的作品以创作为主，仅有四篇文艺短论，文艺短论在整个副刊中所占篇幅较少，这在早期的根据地文艺副刊中并不多见。主要从战争与文艺关系的视角对抗战背景下的文艺创作展开探讨，提出文艺家要深入战争的第一线创作服务于抗战的作品，并对在战斗的第一线如何创作做了探讨，提出作家要改变高人一等的观念，真正深入战斗一线的生活，以严肃虚心的态度创作，强调作家要投入火热的战斗生活中，书写民族自卫战争，鼓舞抗日军民，不能脱离现实与时代。

《新华文艺》所刊作品以文艺作品为主，理论探讨与文艺评论性文章较少，是根据地报纸文艺副刊中少有的文艺创作多于理论探讨的副刊，这可能从一个侧面反映了这一时期在文艺工作者的努力下，太行革命根据地文艺作品荒的问题有所改善。就题材而言，基本都是写前线的战争，对于后方根据地建设很少涉笔。更注重对根据地抗日军民的"激励与慰安"，提振抗敌的热情，树立必胜的信心，因而基本格调仍是昂扬乐观，对战争的残酷性与取得胜利的艰难性有所遮蔽。但由于刊载了《我替勇敢辩护——痛悼丁思林团长》《童话》等有明显纪实特点的作品，对战争的残酷与血腥有所呈现，对战争对于人性的戕害有所思考，与《新地》相比对战争的反映较为全面深刻。理论性文章探讨的也是战争文艺的写作，因而《新华文艺》中的作品与理论探讨基本同步。总体而言，《新华文艺》中文艺作品的篇幅较《新地》长，比《新地》成熟，但从语言形式上看，欧化色彩仍很明显，民族与民间的因素没有太多表现。

附录：

《新华文艺》目录

1. 叙事性文本

第一期（1939年7月1日） 郭毅：《一把刺刀——日本官兵间的矛盾》；荒煤：《童话》；刘白羽：《二十棵树》

第二期（1939年8月1日） 梅行：《我替勇敢辩护——痛悼丁思林团长》；野藄：《皇军最后的通牒》；张潮：《十三块弹片》

第三期（1939年9月1日） 爱沙：《小秃子的故事》；刘白羽：《菜田里》

第四期（1939年9月15日） 林皂：《黑马》

2. 文艺理论及评论性作品

第一期（1939年7月1日） 《写在前面》

第二期（1939年8月1日） 戈：《文艺家走上火线》

第三期（1939年9月1日） 吕辈：《从任务谈起》

第四期（1939年9月15日） 冷朝阳：《由苦心到严肃》

3. 诗歌

第四期（1939年9月15日） 梅行：《海底播音》

4. 歌曲

第三期（1939年9月1日） 烟平：《反对和平妥协小调》

第四节 《太行文艺》

《太行文艺》是《新华日报》（太行版）创办的文艺副刊。1949年2月5日创刊。太行文联在1946年曾创办文艺月刊《文艺杂志》，由太行根据地新华日报社出版，共出 21 期，于 1947 年 11 月 1 日停刊。1948 年末，太行文联改称太行文协，决定复刊《文艺杂志》，更名为《太行文艺》。为了"更较迅速地反应（映）本区人民的斗争生活，推进本区群众性的文艺运动，更加及时地满足我们的干部和人民在文艺方面的需要"，①1949 年 2 月 5 日原来准备复刊的《太行文艺》月刊改以《新华日报》副刊的形式先行创刊。至 1949 年 5 月 1 日《太行文艺》改出单印本月刊，作为副刊的《太行文艺》结束，共出 5 期。《太行文艺》副刊占《新华日报》（太行版）第四版一整个版面。

在《太行文艺》的《发刊词》中，首先指出随着土地改革在晋冀鲁豫解放区基本完成，"广大劳动人民获得经济的与政治的翻身之后，对于文化艺术的需求更见其重要与迫切"，但是边区文艺上"反映伟大的人民解放战争，反映解放区的土改、民主整党、生产建设运动以至较远的抗日战争，都是很不够的"②。基于此，《发刊词》指出本年度边区文艺工作的任务：要加强"群众最需要的""富有思想内容与教育意义的、生动活泼为群众喜闻乐见的、小型的或中型的剧本、歌曲、鼓词、快板、小说、诗歌"③的创作，立即着手开展旧剧的改造，从质与量两方面进一步开展文艺的普及工作；另外"还需更有计划地组织力量，大大地发扬群众的创作热情与其创造性"，专业的文艺工作者"要与这些群众文艺能手取得更密切的联系，以便从而吸取更多的新血液以丰富自己的作品，考验自己的作品"，同时要"树立正确的鼓舞性的文艺批评"。④《发刊词》也提出专业文艺工作者自我提高的要求，除了理论与政策的学习外，特别提到要深入农村、工厂、城市的实际生活中去学习。《发刊词》指出《太行文艺》的办刊目的就是要为完成这些任务"起一定的作用"⑤。限于副刊的篇幅，

①《发刊词》，《新华日报》(太行版)，1949 年 2 月 5 日，第四版。
②《发刊词》，《新华日报》(太行版)，1949 年 2 月 5 日，第四版。
③《发刊词》，《新华日报》(太行版)，1949 年 2 月 5 日，第四版。
④《发刊词》，《新华日报》(太行版)，1949 年 2 月 5 日，第四版。
⑤《发刊词》，《新华日报》(太行版)，1949 年 2 月 5 日，第四版。

《发刊词》指出《太行文艺》主要刊载一些短小的作品，"如关于以战争、支前、生产建设等等为题材的短故事、报道、鼓词、快板、墙头诗以及一些文艺消息简讯；另外则刊登一些指导性的短文，包括短评、通讯、写作经验的介绍、讨论、研究等等"，[①]而不刊载较长篇的戏剧、小说、诗歌、散文等作品。所以《太行文艺》是一个偏于普及性与群众性的刊物。共刊发各类作品31篇。

一、叙事性作品

《太行文艺》刊载的叙事性作品共6篇。

王克锦的《解放时的老张》写国民党军败退时妄图炸毁焦作矿区发电厂，电厂工人护厂的故事。老张张黑龙是一名发电厂的老工人，国民党的"四十师"集合准备逃走时，老张正在家里养病。听到消息，老张急忙赶到厂里，见到工友们正聚集在锅炉房内商议如何应对国民党军撤退前要炸毁机器的事。老张提出"完完整整地把机器保护好"，[②]得到工友们的热烈响应。大家商量后决定把厂区的大铁门锁起来，拿铁杆刀尺火枪做武器准备抵抗。在这中间老张还检查了锅炉，给它填了煤、注了水。当国民党军来炸机器时，工人们与他们隔着厂门对峙。老张挺身而出，痛斥国民党当局："你们临走了，做点好事吧，你们有两个月不给我们发工资，让我们饿着肚皮做工；你们这时又要破坏机器，机器是我们的命，你们破坏了机器，就是要了我们大家的命。我们的饭碗可是不能让你们毁坏呀。"[③]由于解放军迫近，炸厂的国民党军丢下炸药仓皇逃走。不久大铁门外又响起呼喊声，老张他们跑出来看时，是一些矿工在欢呼解放军赶走了敌人。工友们护厂成功，电厂获得解放。作品主要表现了工人们集体的力量，同时也塑造了张黑龙这样一个对工厂、对机器满含感情的勇敢又沉着冷静的老工人形象。

---

① 《发刊词》，《新华日报》(太行版)，1949年2月5日，第四版。
② 王克锦：《解放时的老张》，《新华日报》(太行版)，1949年2月5日，第四版。
③ 王克锦：《解放时的老张》，《新华日报》(太行版)，1949年2月5日，第四版。

　　明之的《炮手》写的是解放太原的战斗中山炮连班长王耀华高超的发炮技术与勇敢的作战精神。在解放太原的战斗中，王耀华手负了伤，但因为战斗任务重，坚持不下火线。在打辛营的战斗中，王耀华一炮就击中一号碉，接着连中27发，把碉堡打得稀烂，活着的敌人跪地求饶；接着打三号碉时，接连13发炮弹打得碉堡内的敌人哀求停火缴枪；打飞机场时，王耀华从敌人碉堡的枪眼里打进一颗炮弹；打集团碉时，王耀华先选指挥所所在的母碉来打，12发炮弹打得母碉浑身窟窿，敌军指挥官灰眉灰眼地爬出来逃往后面的小碉，王耀华的炮弹紧跟着就打进了小碉。作品塑造的炮手王耀华勇敢而朴实，同时又有高超的发炮技术，在战斗中有勇有谋，尽管这是一篇纪实性作品，但王耀华炮击敌人的故事有一定传奇色彩，作品用简短干净而又风趣的口语叙述，充满乐观的英雄主义色彩，感觉不到战争的血腥与残酷。

　　川于、秦玉邦的《老子英雄儿好汉》同样写的是解放太原的战斗。写解放军打到太原东山的孟家井，住在杨友老汉的家里。杨老汉感觉解放军就像家人一样亲切，于是就向解放军倒苦水，控诉了阎锡山政权对自己家的盘剥与欺压：从河北逃到山西，卖女儿置办的地被阎锡山的"兵农合一"政策给"合"没了，三天两头抓差修路修碉堡；儿子在阎锡山的工厂当工人还得贴饭；现在打起仗来，不仅抢光家里的粮食，还逼着限时缴上欠的麦子。战士们对杨老汉的遭遇很同情，坚定了打到阎锡山政权的决心。当晚，部队接受了打小窑头十三、十四号碉的任务，为了搞清情况，需要到敌人的驻地抓一个"活情报"来。杨老汉自动要求带路，战士们在杨老汉的带领下摸到枣树园村，抓到了一个敌人的游动哨，杨老汉拿过一支枪，押着俘虏，感觉"来到山西十多年，从来没有像今天这样出气顺当"。①战士们对杨老汉的夸奖刺激了他儿子喜富。攻下十三、十四号碉后，坚守的任务交给三连，喜富自告奋勇给部队进入阵地带路。进入阵地后，喜富先是帮部队挖蔽弹坑，战斗打响后，又给战士们运手榴弹、递手

---

①川于、秦玉邦：《老子英雄儿好汉》，《新华日报》(太行版)，1949年2月24日，第四版。

榴弹，后来干脆参与战斗自己投弹，一口气投了60多颗，和战士们一起打退了敌人的多次反扑。战斗结束后战士们夸杨家父子"真是老子英雄儿好汉，一个赛过一个强"，①并给他们报功。

汤骏的《礼物》写的也是解放太原的战斗。写解放军消灭了阎军亲训师的第二天上午，侦查班长白心全到曹村打扫战场。天热口渴，到村里找水喝，叫门叫得把喉咙都喊哑了，赵裕长老汉才很害怕地打开门。白心全问赵老汉为啥白天还关着门，赵老汉见他不像"勾子军"（指阎锡山的军队），才向白心全控诉了阎军对老百姓的盘剥欺压："勾子军的彩号，又要吃，又要喝""我17岁的儿子被抓走了，二十四亩七分地也被'兵农合一'分跑了。同志，我活不下去了"②。白心全安慰赵老汉说解放军为他报仇。赵老汉从家里的地里刨出一排崭新的美国子弹送给白心全，告诉他："这是勾子军逃跑时丢下的，我特别埋起来，等咱们队伍来了用，现在我送给你，多打几个勾子军，为我们受苦的人报仇。"③这是一篇新闻特写类作品，表现的是阎锡山军队对老百姓的残害和老百姓对阎锡山政权的仇恨以及对解放军的支持。

郝廷俊的《刨獾》是以解放区生产建设为主题的作品。作品写农会主席王四蛮带领的"刨獾组"冬天上山刨獾的故事。獾是一种对农作物危害很厉害的野生动物，正如"刨獾组"成员在闲聊时提到的："张俊林吐了口烟说：'我年时种了二亩玉米，眼看着再等二十来大就能收，叫个想一夜就叫狗日的给糟蹋了个干净，气得我三顿没吃饭。'招良说：'一只獾一夜就能糟蹋小亩数来地，可是狗日的一出来，总是相跟三四只。'张桂金嘴张了几张急了半天才说了一句：'我我……看咱这这回非把狗日日……刨了不行。'"④早晨天还没大亮"刨獾组"就在四蛮的带领下带着干粮工具出发，爬山拐弯，在洼地找到獾洞，轮班劳动。最后挖开獾洞，打死六

---

① 川于、秦玉邦：《老子英雄儿好汉》，《新华日报》（太行版），1949年2月24日，第四版。

② 汤骏：《礼物》，《新华日报》（太行版），1949年2月24日，第四版。

③ 汤骏：《礼物》，《新华日报》（太行版），1949年2月24日，第四版。

④ 郝廷俊：《刨獾》，《新华日报》（太行版），1949年3月15日，第四版。

只大獾。回家后,大家计算,六只獾皮和油都能卖钱,肉还能吃,此次收获颇丰。"刨獾组"又吸引了一些人参与。后来"刨獾组"不但在本村刨,还到外村刨,刨到了更多的獾。村里人夸他们:"这以后庄稼都可少受糟蹋了,这真是农会主席四蛮和他组的功劳。"①本篇作品从写法上看应属于小说,其中有较为细腻的景物、对话、行为动作的描写,艺术性相对较高。

《觉醒》是一篇华丰铁厂工人蔡毓帧的自述。作品以第一人称的视角叙述了"我"在解放前后当工人的不同经历,通过两段经历的对比,表现了"我"的思想转化。作品首先写工人们在解放前的悲惨遭遇,日本投降后,在太原的西北炼铜厂当工人的"我"本来抱着很大的希望,但实际的情形却是阎锡山回来以后"原来给日本鬼子做事的那些大汉奸们""仍旧还是大官",而"工人的生活更加痛苦起来了"。②工厂仓库失火,特务们不顾工人的危险,逼迫工人救火,把工人往火里推,烧死烧伤三十多人;随意地把工人扣到特务机关里,关到铁板地洞里受刑;工厂事故中受伤的工人不是送医院救治而是拉出去活埋。接着写"我"在解放区华丰铁厂的新生活。写"我"到了新厂以后,思想观念仍未改变,干一天吃一天熬日头,觉得工人成不了大事,一辈子都是下贱人。后来上级和同志们帮助"我","我"逐渐觉悟了,上级又派"我"来参加太行总工会职工训练班,使"我"认识到工人当了主人,知道了工人的出路,决心努力工作。

《太行文艺》基本都是纪实性作品,有着明显的通讯报道、新闻速写特征,仅《解放时的老张》《刨獾》有一些小说的特征,但纪实色彩也很明显。这些作品显然是更着眼于追踪时代,及时反映解放战争的进程及解放区的建设,而其中冷静的思考较少,思想性偏弱。就题材而言,主要以战争题材为主,而且大多篇目写的是解放太原的战斗,写解放区建设的仅《刨獾》《觉醒》两篇,但是随着解放军对城市的解放,对工厂的接管,

---

① 郝廷俊:《刨獾》,《新华日报》(太行版),1949年3月15日,第四版。
② 蔡毓帧:《觉醒》,《新华日报》(太行版),1949年4月3日,第四版。

《太行文艺》中出现了工业题材的作品，《解放时的老张》写的是工厂的解放，《觉醒》写的是新旧工厂的对比以及工人思想观念的转变。从语言形式上看，大多篇幅简短，语言简洁活泼，通俗易懂，与群众日常语言较为接近，但锤炼不够，较为粗糙。大众化、通俗化明显，专业的写作者力图用群众熟悉的语言形式写作符合群众接受习惯的作品，另外有些作品明显就是群众自己的创作。

二、诗歌

《太行文艺》刊载的诗歌共有20首。

山宇的《蒺藜不是菜》是一首以反对国民党当局假和平的民歌体诗歌。按其内容，大致可以分为三个部分。第一部分采用民歌的起兴手法引起诗歌吟咏，"蒺藜不是菜，砒霜不是糖"，①既起到引发吟诵的作用，同时又是对假和平的比喻。第二部分诗歌的主题，主要是真假和平的对比："真和平，战犯首先要严惩；假和平，喘口气儿再咬人，一提战犯不吭声。真和平：违法违宪扫除清，军队改编交民主，官僚资本没收净，土地改革废封建，卖国条约一扫空。反动分子无自由，一切权力归人民；各阶层像一个大家庭，融融洽洽商量着办事情。……"②第三部分写人民看破国民党当局假和平的把戏，坚决将革命进行到底推翻国民党统治的决心。诗歌语言通俗易懂，诗意明晰，但是形象性不足，有口号化色彩。

在《太行文艺》副刊中刊载了不少群众与战士的诗作，第一期中总题为《战士诗》的3首与第三期中总题为《准备跟你过长江》的11首慰问诗都是这样的群众性作品。

《战士诗》包括《炮弹》《米袋》《封锁汽车路》3首非常朴素的短诗：

---

① 山宇：《蒺藜不是菜》，《新华日报》(太行版)，1949年2月5日，第四版。
② 山宇：《蒺藜不是菜》，《新华日报》(太行版)，1949年2月5日，第四版。

炮弹

咱们炮弹也不大，头在上边尾在下，

保证打到敌人内，叫他个个都害怕。

米袋

我这米袋二尺布，里边有个供给处，

平时你能保存好，战时保证不饿肚。

封锁汽车路

咱们炮兵连，提高战斗力；

封锁汽车路，敌人过不去。

一千四百米，一炮中四敌；

连打十四发，敌人不出气，

这条汽车路，贴张大封皮。①

这3首短诗抒发的是战士英勇作战的豪迈与在艰苦的战争环境下的乐观情绪。

发于第三期的总题为"准备跟你过长江"的11首慰问诗是解放区群众的诗作，由多种身份的作者写作。

《慰问袋》《大核桃》《小本本》《柿饼》《过长江》5首是从解放区群众的角度写翻身之后的解放区群众对人民军队打过长江去、解放全中国的支持与慰问。

《慰问袋》写解放后的太行山区小村过新年时的幸福欢欣以及对领导

---

① 《战士诗》，《新华日报》(太行版)，1949年2月5日，第四版。

翻身的共产党的感恩与拥护，农村翻身妇女精心缝制慰问袋表达对解放军打过长江去、解放全中国的热烈支持。

《大核桃》写解放区翻身农民把一袋大核桃送给解放军。核桃林本为庄户人栽种，但却被地主霸占，经过土地改革，核桃林又回到庄户人手中，而今国民党反动派又想抢夺胜利果实，为此农民拿大核桃来慰问解放军，支持鼓励解放军消灭反动派，所以送核桃既是对解放军为庄户人夺取胜利果实的感恩，又是对他们保卫胜利果实的支持。诗歌语言朴实，易记易懂，内在逻辑很严密，有较强的宣传鼓动性。

二娃的《小本本》写的是来自边区孩子们的慰问。孩子们把自己的压岁钱省下来买成纸，切成小本本，送给前方的战士们，让他们把功劳记下来。诗中充满了对于前方战士的热爱以及相信解放军必胜的乐观情绪。

《柿饼》写解放区人民把柿子捏成饼，穿成串，送给解放军战士，激励革命战士"踏遍千山万水救人民"，[1]彻底解放全国人民。在诗中，柿子既是实写，又有象征性，"柿子像颗心"，[2]象征的是解放区人民拥护共产党支持解放军的心意。

《过长江》与《慰问袋》一样，写的也是送子弟兵慰问袋，此诗中写慰问袋既没绣花，式样也不好，但这样朴素的慰问袋"缝得结实硬邦"，[3]可以陪伴战士们打过长江。

以上几首都是以边区群众的口吻写成，而《肥皂》《核桃和柿饼》《做长工》《洋旱烟》却是从战士的角度来写。《肥皂》写革命战士洗衣服，清理卫生，把捉虱子比作消灭反动派，讽刺中充满革命的乐观主义豪情。《核桃和柿饼》把攻坚作战比作"敲核桃"，又用把敌人"压成柿饼也不饶"[4]来抒发彻底打败敌人的决心与信心。《做长工》则把目光放在革命胜利以后，希望革命胜利之后，革命战士仍要保持"谨慎谦虚"的本色，做

---

① 小华:《柿饼》,《新华日报》(太行版),1949年2月24日,第四版。
② 小华:《柿饼》,《新华日报》(太行版),1949年2月24日,第四版。
③ 玉保:《过长江》,《新华日报》(太行版),1949年2月24日,第四版。
④ 胡党:《核桃和柿饼》,《新华日报》(太行版),1949年2月24日,第四版。

人民的长工，而不能像李自成一样，很快腐化变质。玉山的《洋旱烟》写吸了解放区人民慰问的洋旱烟，解放军战士精神振奋，"解放了北京打南京"①，决心把敌人追到天涯海角，彻底消灭。在这里洋旱烟既代表着人民群众对人民军队的物质支持，又象征着精神的鼓舞，鼓舞军民团结一心，夺取全国的解放。

翰文的《望红旗》采用了旧体诗的形式，用不太严格的七言绝句形式写成："中华黑暗五千年，困苦奴辱满山川；而今人民齐欢忭，行见红旗下江南。"②前后两联形成鲜明的对比，有种抚今追昔之感。

爱娥的《吃核桃》把"闹革命"与"吃核桃"作比。"吃核桃"要"去了皮，再去壳，挑了渣"③，最终才能吃到肉，而"闹革命"同样"费力""杀人的战犯要惩办，反动的军队要交枪，政权要给人民管，真正的和平才能讲"④。写出了对革命艰巨性与彻底性的认识。

《生产线上打胜仗》《春耕谣》《劳动歌》都是以解放区的农业生产为题材的民间歌谣体的诗歌。

成桂的《生产线上打胜仗》是一首六十行的长诗。从版面编排看，全诗分两个部分：前二十行为一部分，后四十行为一部分。但从内容来看，应为三个部分：第二部分中前二十八行和后十二行为两个部分。第一部分写解放区人民在春耕季节将到的时候，积极准备春耕的情景：打柴、积肥、送粪、修理农具、准备农忙时的食物、修整土地、栽树、刨蝗卵、除害虫，力争一年的生产有个好的开头。第二部分写解放区农业生产的新变化：由于前线作战，后方劳力缺乏，所以妇女儿童积极参与解放区的农业生产，妇女成为农业生产的主要劳动力，作者没有把妇女参加劳动生产仅看做经济问题，而是与反对旧习惯、旧观念联系起来，"咱们中国旧习惯，一人动弹三人看，他爹出苦汗，他娘他儿坐吃穿；这个真不太合算，等于

①玉山：《洋旱烟》，《新华日报》（太行版），1949年2月24日，第四版。
②翰文：《望红旗》，《新华日报》（太行版），1949年2月24日，第四版。
③爱娥：《吃核桃》，《新华日报》（太行版），1949年2月24日，第四版。
④爱娥：《吃核桃》，《新华日报》（太行版），1949年2月24日，第四版。

中国人口减去一多半"①。而且赋予其妇女解放、男女平等的意义"妇女只有积极闹生产，男人才不敢小看，妇女才能真解放，达到男女真平等"②。第二个变化是生产组织方式的变化：组织起来互帮互助干活，"三人能顶四人用，六人活计四人动"，③提高了劳动效率，而且还有贷款及农资对生产的支持。第三部分把解放区人民充满希望的新生活归功于共产党领导的土地改革，号召解放区人民为了解放江南人民，支援大军南进努力开展农业生产。

洛周的《春耕谣》尽管开头写到解放区生产组织方式的变化——"互助组工变工，男男女女齐劳动，你争我抢多做活，商商量量办法精。"④在结尾也把春耕和解放区号召的生产运动相联系——"今年生产要长一寸"，⑤赋予其宏大的意义，但诗歌的主体却是写具体的农业生产，比如春耕的时机——"头惊蛰，就送粪，豌豆扁豆早下种"；⑥比如不同的土地适合种的作物——"平地种棉产量大""麦垄里，点花生"。⑦这样的歌谣当然也有很强的宣传鼓动性，但更重要的价值可能在于通过易记易懂的语言为文化水平不高的农民提供农业生产的指导。

郝蛮妮的《劳动歌》以一个丈夫参军去前线作战的解放区妇女的角度抒写参加劳动生产的欢乐。诗歌写丈夫参军参战，"地里活儿全凭我"，⑧但没有表现生活的沉重，而是体现出解放区妇女新的精神风貌，为小家也是为大家勇挑重担的豪情。全诗满怀对收获与胜利的希望，对劳动的书写充满欢欣，"小毛驴四蹄快如风"⑨，表面是写驴，实际写的是人欢快的心情；"打胜仗为的享太平，多生产为过好光景。太平年月快来到，美满日

---

① 成桂：《生产线上打胜仗》，《新华日报》(太行版)，1949年3月15日，第四版。

② 成桂：《生产线上打胜仗》，《新华日报》(太行版)，1949年3月15日，第四版。

③ 成桂：《生产线上打胜仗》，《新华日报》(太行版)，1949年3月15日，第四版。

④ 洛周：《春耕谣》，《新华日报》(太行版)，1949年3月15日，第四版。

⑤ 洛周：《春耕谣》，《新华日报》(太行版)，1949年3月15日，第四版。

⑥ 洛周：《春耕谣》，《新华日报》(太行版)，1949年3月15日，第四版。

⑦ 洛周：《春耕谣》，《新华日报》(太行版)，1949年3月15日，第四版。

⑧ 郝蛮妮：《劳动歌》，《新华日报》(太行版)，1949年3月15日，第四版。

⑨ 郝蛮妮：《劳动歌》，《新华日报》(太行版)，1949年3月15日，第四版。

子过不尽",①则把前线的战斗与后方的生产联系起来,把后方生产的意义作了提升。

　　会珍、喜珠的《一个翻砂匠》用民间文艺形式快板写成。与上面几首不同,这一首是以工业生产为题材,写了阳泉兵工厂的翻沙工人桑连青的模范事迹。桑连青在旧社会是资本家工厂的工人,解放后翻了身,阳泉解放后来到兵工厂,工作的热情被激发出来,工作积极负责,"拿起啥来啥也懂,帮助大家很耐心"②。除了积极做好自己的本职工作,"还磨弹壳"。③早晨早早上工,点着锅炉,烧好水,还帮装箱,"又检查,又筛沙,锅炉房里把水打"。④礼拜天也不休息,清洗锅炉,修理锅炉的小毛病;乐于帮助年轻工人,"团结互助数他行,师徒关系很是亲"⑤。因而大家称他是老英雄,成为大家学习的榜样。作品用通俗易懂的口语化语言,塑造了一个在当家做主后劳动热情被激发出来的具有新的精神风貌的老工人形象。

　　洛周的《蚂蚱车》用另外一种民间艺术形式鼓书写成,是一首简短的叙事诗,写老农老张与其女儿翠翠驾着蚂蚱车送粪的情景。按其内容,可以分成两个部分。老张的儿子参军,作为军属,本可安排代耕,但老张却自愿不代耕,鼓书的第一部分写老张父女推着蚂蚱车送粪经过大街时,乡亲们对他们的夸赞,这么大年纪推车"一车足有四百斤",夸翠翠能干"顶个壮年好后生",夸老张响应政府大生产的号召,自愿不代耕,老张和翠翠听了心里更兴奋,干活更起劲,"老张听了心欢喜,屁股摇得更有劲""翠翠也是心中乐,春风满面笑盈盈,脚下迈动连环步,低头拉成一张弓"。⑥第二部分写老张父女把粪送到地里后返回时的对话,其间有一点波澜,回家的路上,翠翠提出生产中的困难:"咱家没有分牲口,家具短少

① 郝蛮妮:《劳动歌》,《新华日报》(太行版),1949年3月15日,第四版。
② 会珍、喜珠:《一个翻砂匠》,《新华日报》(太行版),1949年4月29日,第四版。
③ 会珍、喜珠:《一个翻砂匠》,《新华日报》(太行版),1949年4月29日,第四版。
④ 会珍、喜珠:《一个翻砂匠》,《新华日报》(太行版),1949年4月29日,第四版。
⑤ 会珍、喜珠:《一个翻砂匠》,《新华日报》(太行版),1949年4月29日,第四版。
⑥ 洛周:《蚂蚱车》,《新华日报》(太行版),1949年4月29日,第四版。

也误工；别的活儿还好说，耕田种地可不中。"①老张提出和有牛不会使的王顺，以及有驴但年轻不太懂农活的赵通"三家把组碰，组织起来闹养种"，②用互助组这样一种新型的生产组织方式组织农业生产。翠翠说"妇女要想真解放，还得积极搞生产"③，提出也要参加互助组。父女说说笑笑，干活也轻松，一天送了十趟粪。作品情节简单，但是对于解放区的新生活有多方面的展现，除了翻身农民响应政府号召展现出的生产热情，也或多或少表现出其他方面，如优待军属的代耕制度，组织互助组发展生产，举办识字班提高农民的文化水平等。全篇基本都是七字句，句式整齐，韵律鲜明，体现出一种活泼欢快的格调。

《太行文艺》中所刊的基本都是用民间口语写成的通俗易懂、生动活泼的诗歌，诗意明晰，与时代结合紧密，积极配合当时的革命任务，注重对群众的思想教育，注重诗歌的宣传鼓动性。除此之外一些反映生产建设的诗歌还具有对生产劳动的指导性，多为简短、明快的为群众所熟悉的短诗，在诗歌形式上对民间歌谣多有借鉴，或是整体地应用鼓词、快板等民间艺术形式。从题材内容上看，比前述叙事性作品更广泛，发刊词中提到的"反映伟大的人民解放战争，反映解放区的土改、民主整党、生产建设运动以至较远的抗日战争"等内容，除了没有写"抗日战争"的诗歌，其他内容均有涉及（没有直接写"民主整党"的诗歌，但《做长工》写革命战士要永远做人民的长工，写出对革命胜利后腐化变质的警惕，实际与"民主整党"这一主题相关）。《太行文艺》所刊诗歌大众化、民间化特色明显，这种大众化、民间化不仅体现在专业的诗人深入群众，用群众喜闻乐见的语言形式写诗，更体现在对群众创作热情的激发上，其中许多诗歌的作者本身即是普通群众与普通士兵。

---

① 洛周：《蚂蚱车》，《新华日报》（太行版），1949年4月29日，第四版。

② 洛周：《蚂蚱车》，《新华日报》（太行版），1949年4月29日，第四版。

③ 洛周：《蚂蚱车》，《新华日报》（太行版），1949年4月29日，第四版。

三、戏剧

《太行文艺》副刊刊载的剧本仅有1篇：礼易的二幕剧《男女比赛闹生产》。剧本先在《太行文艺》第四期刊载出一部分，后于《新华日报》（华北版）1949年4月5日、9日的第四版连载完毕。此剧本采用的是民间小戏的形式，唱白结合。第一幕写村干部福曼领了土地证回家，妻子椒花看到上面也写着自己的名字，高兴地说："这才是男女平等哩！"[1]但是福曼却说椒花不好好劳动就体现不出男女平等，椒花争辩说自己在家里洗衣做饭、刷锅洗碗、缝缝补补、做鞋做袜这些都是劳动，福曼却认为仅干这些家务活，不像男人一样下地劳动"说到天上也不是好妇女"。[2]更兼福曼让椒花给他端饭、递烟、点火，这些大男子主义的行为惹恼了椒花，于是两人产生了激烈的争吵，说出了离婚的气话。恰好妇女小组长莲荷来叫椒花参加动员妇女参加生产的大会，问明缘由后，批评了福曼大男子主义的行为，"摆架子耍脾气终是你的不对"，[3]同时也劝椒花下地参加劳动。在福曼与椒花身上都残存着不能适应新时代的旧观念：在福曼身上即是回到家里就要妻子伺候的大男子主义，对于椒花则是保留了男主外女主内的思想，下地劳动"养家度口，是男人的本分"，[4]女人要靠男人来养活，所以不愿下地劳动。第二幕则写妇女们已被动员下地劳动，莲荷、椒花等妇女们也组织了互助组在山岗上辛勤而快活地锄地，福曼看到妻子椒花在地里劳动也是个"好受家"，在劳动完后做了米汤送上山来。福曼说妇女们锄地慢没法和男人比，椒花和莲荷不服气，提出和福曼比赛，剧本在福曼与椒花、莲荷的锄地竞赛中结束。在劳动中男女的思想观念都在转变，椒花们认识到劳动之于妇女解放的意义——"白天下地来劳动，黑夜纺花做针

---

① 礼易:《男女比赛闹生产》,《新华日报》(太行版),1949年4月3日,第四版。
② 礼易:《男女比赛闹生产》,《新华日报》(太行版),1949年4月3日,第四版。
③ 礼易:《男女比赛闹生产》,《新华日报》(太行版),1949年4月3日,第四版。
④ 礼易:《男女比赛闹生产》,《新华日报》(太行版),1949年4月3日,第四版。

线，妇女解放凭自己，多出力来多流汗。"①而福曼也在改变对妻子的态度，做饭送上山，还给妻子端饭。当然更重要的是不论男女都认识到后方努力生产之于解放全中国过上和平快乐生活的意义，正如剧末的合唱："前方打胜仗，后方大生产，想过太平年，人人出力干，大军过了江，全国快解放，消灭反动派，快乐万万年。"②剧本主题当然是从妇女解放与阶级解放的高度宣传鼓动妇女参与生产劳动，配合当时"生产长一寸"大生产运动，但是从某些局部细节中也反映出战争造成的劳动力短缺，使得妇女填补男子留下的空白，走出家庭参与到农业生产中来的客观现实，比如在剧中椒花向莲荷解释福曼为何想让自己下地劳动时说："他有他的难处哩。早先他兄弟在，咱家的地又少，用不着我去地里赶热闹。年时他兄弟参了军，一个人忙不过来。"③在这里说的不是妇女参与生产劳动之于妇女解放与阶级解放的意义，而是很切实的现实需要。

四、文艺理论及评论性作品

《太行文艺》刊载的文艺理论及评论性作品仅 2 篇。

其中一篇是类似社论的《全国文艺工作者立即为生产运动服务》。文章首先提出 1949 年全年的中心工作是"开展大生产运动，切实做到工、农业生产提高一寸"，④文艺工作者应为这个中心任务进行不懈的工作。文章提出文艺工作者"不应该丝毫轻视或放松大生产运动中的创作，更不能把它认作是一件临时性的突击工作，而应该用严肃与认真的态度来写对生产运动有推动与有教育作用的作品"，为当前斗争服务，写出反映这个时代的好作品，承担起"使今年的生产长一寸的口号，深入人心，家喻户晓"的宣传任务。⑤文章倡导文艺工作者创作短剧、歌子、鼓词、快板、绘画、

---

① 礼易：《男女比赛闹生产》，《新华日报》(太行版)，1949 年 4 月 3 日，第四版。
② 礼易：《男女比赛闹生产》，《新华日报》(太行版)，1949 年 4 月 3 日，第四版。
③ 礼易：《男女比赛闹生产》，《新华日报》(太行版)，1949 年 4 月 3 日，第四版。
④《全国文艺工作者立即为生产运动服务》，《新华日报》(太行版)，1949 年 3 月 15 日，第四版。
⑤《全国文艺工作者立即为生产运动服务》，《新华日报》(太行版)，1949 年 3 月 15 日，第四版。

街头诗等"短小精干的反映指导生产运动的作品"，也倡导各类文艺工作者"利用庙会、集市到处进行演、唱、展览及其他各种方式的宣传"。①文章除了强调文艺作品的宣传鼓动作用外，还提出利用文艺作品指导生产运动的实践功用。

《〈三对面〉和〈三疑记〉》是对涉县岭后村剧团演出的新编剧《三对面》的剧评。据文中的介绍，《三对面》的主要内容为："一个男人在外边听了一个女人的闲话，说他的妻在外面有情夫，那个男人于是就'怒发冲冠'地回去把老婆打了一顿，他的老婆有冤无处申，就去跳井自杀。幸亏有人救了回来。后来追问情由，才由村干部把三个人闹到一块来了个'三曹对面'（剧名即由此而起），这样才弄清是非真假。而结果是如何处理的呢？由村干把那个说闲话的女人和打老婆的男人批评一顿了事。"②而《三疑计》则是一个在山西、河北等地流传的地方戏曲剧目，解放区的剧团也有演出。《中国梆子戏剧目大辞典》这样叙述其主要内容："总镇唐英③请秀才王标至家中教子读书，王患病，唐子志起回家到内宅为师取被御寒，丫环误将唐妻李氏之绣鞋裹入，遗落书馆。唐英探视王标，见鞋生疑，怒欲杀妻，丫环劝阻，唐持剑逼丫环深夜至书房扣门，王标拒之，唐又逼妻李氏叫门，王以严词责之。唐英问子，方知实情，向妻赔罪。王标怒而弃馆离去。"④作者把新旧两个剧本作了对照后认为：尽管时代、化装、道具以及内容上起因、收场的方式不同，但"看了之后是很容易发生'差不多'之感的"。⑤作者认为《三对面》与《三疑记》有相似之处，《三疑计》中"妇女们要和别的男子说说话，见见面，这就叫'不守规范'，就算犯了男人们的法，于是就来个拿刀弄杖，至少是'休弃出门'，给她一条活命。但当证明是男人冤枉了女人，证明是男人的错误时，也只不过

① 《全国文艺工作者立即为生产运动服务》，《新华日报》（太行版），1949年3月15日，第四版。

② 燕云：《〈三对面〉和〈三疑记〉》，《新华日报》（太行版），1949年4月29日，第四版。

③ 在《〈三对面〉和〈三疑记〉》中写作"唐寅"。

④ 山西戏剧研究所、陕西艺术研究所、河北艺术研究所、河南戏剧研究所、山东艺术研究所合编：《中国梆子戏剧目大辞典》，太原：山西人民出版社，1991年11月版，第483—484页。

⑤ 燕云：《〈三对面〉和〈三疑记〉》，《新华日报》（太行版），1949年4月29日，第四版。

是'赔个罪'了事。而所谓赔罪，也不外是说两句开心话，把女人挑逗一番，玩弄一番罢了"，①而《三对面》中"男人可以轻易听信谣言，拷打老婆，可以逼得老婆跳井（若非有人救起，又冤死了一条人命），证明是错误之后，可以轻描淡写地受一番批评而了事（唐英错了，还知道向夫人赔罪，解放区的男人却没有这种精神，还得要村干部来批评），险些要逼下人命的事可化为乌有"，②这样的书写在以前的男权社会里"不足为怪"，但是在解放区，"很明显地是不自觉地对侵犯妇女人权的非法行为的一种鼓励"③。作者认为《三对面》作者的本意是"想描写在解放区的妇女地位是和男人一样提高了，妇女人权有了保障了，谁也不能再有侵害妇女人权的非法行动了，目的也是在为了教育男人们尊重妇女人权的"，但却写成与《三疑计》相类似，其原因在于作者"观念上有几千年来男权社会的传统习惯的因袭残余，在思想上就多多少少残留了些重男轻女的尾巴"。④基于此，作者提出解放区的专业文艺工作者与爱好写作者都要"忠实地来反映群众的斗争生活""要研究党的文艺政策，研究党的一切政策""写出对群众有教育意义的东西"，⑤老作家要培养帮助新作家，作者特别提出"各级宣传部门应该认真严肃地对各种作品进行审查，及时纠正与制止含有毒素的东西扩大宣传"⑥。

两篇文章都强调文艺工作要服务于当前中心工作，围绕当前的政策展开，反映当前的斗争生活。除此之外需要注意的是前一篇文章中除强调文艺的宣传教育功用外，提出了利用文艺指导生产实践。后一篇探讨的其实是旧剧的内容改造问题，而对于旧剧的改造，人们往往更多关注的是形式的利用，而对于内容方面的改造利用，不论是当时的文艺工作者还是后来的研究者，都比较忽视。

---

① 燕云：《〈三对面〉和〈三疑记〉》，《新华日报》（太行版），1949年4月29日，第四版。
② 燕云：《〈三对面〉和〈三疑记〉》，《新华日报》（太行版），1949年4月29日，第四版。
③ 燕云：《〈三对面〉和〈三疑记〉》，《新华日报》（太行版），1949年4月29日，第四版。
④ 燕云：《〈三对面〉和〈三疑记〉》，《新华日报》（太行版），1949年4月29日，第四版。
⑤ 燕云：《〈三对面〉和〈三疑记〉》，《新华日报》（太行版），1949年4月29日，第四版。
⑥ 燕云：《〈三对面〉和〈三疑记〉》，《新华日报》（太行版），1949年4月29日，第四版。

除以上内容外，《太行文艺》中还刊载了两首歌曲《光荣任务要完成》《欢送曲》。

《太行文艺》所刊作品以纪实性的通讯速写与口语化的民歌体诗歌为主，理论批评性文章很少，整体体现出很强的普及性、大众化色彩。就作者而言，一方面是专业作者写作的民间化、大众化，另一方面是其中很大一部分本就是非专业的工人、农民、士兵、妇女、儿童的作品，如此多的群众作者在根据地的其他文艺副刊中是少有的。从题材内容看，主要写解放战争期间解放区军民的战斗与建设生活，对"伟大的人民解放战争""解放区的土改、民主整党、生产建设运动"均有反映，另外也出现了一些在之前根据地文艺副刊中少有的工业题材的作品。由于《太行文艺》创办于解放山西的战争正激烈的时期，因而《太行文艺》有着更明显的战时文学色彩，注重宣传鼓动，情感热烈激奋，密切联系时势，更直接地服务于革命任务。注重作品的及时性，几乎是同步反映解放军的战斗与解放区人民的新生活，因而随着城市的解放、工厂的接管，很快就有工业题材的作品出现。当然这样形势变化急速、激情燃烧的战争背景下，文艺写作缺少反顾思考历史的余裕空间，因而尽管在发刊词中提出解放区对抗日战争的反映不够，但《太行文艺》对此却鲜有涉及，同时也使得《太行文艺》中的作品略显简略单纯，文学性较弱。

附录：

《太行文艺》目录

1. 叙事性作品

第一期（1949年2月5日） 王克锦：《解放时的老张》；明之：《炮手》

第二期（1949年2月24日） 川于、秦玉邦：《老子英雄儿好汉》；汤骏：《礼物》

第三期（1949年3月15日）　郝廷俊：《刨獾》

第四期（1949年4月3日）　蔡毓帧：《觉醒》

2. 诗歌

第一期（1949年2月5日）　山宇：《蒺藜不是菜》；《战士诗》（包括《炮弹》《米袋》《封锁汽车路》）

第二期（1949年2月24日）　"准备跟你过长江"——慰问诗十一首：李改英：《慰问袋》；张黑旦：《大核桃》；二娃：《小本本》；小华：《柿饼》；玉保：《过长江》；张书义：《肥皂》；胡觉：《核桃和柿饼》；山宇：《做长工》；翰文：《望红旗》；玉山：《洋旱烟》；爱娥：《吃核桃》

第三期（1949年3月15日）　成桂：《生产线上打胜仗》；洛周：《春耕谣》；郝蛮妮：《劳动歌》

第五期（1949年4月29日）　洛周：《蚂蚱车》（鼓书）；会珍、喜珠：《一个翻砂匠》（快板）；《欢送曲》（歌曲）

3. 戏剧

第四期（1949年4月3日）　礼易：《男女比赛闹生产》

4. 文艺理论及评论性作品

第三期（1949年3月15日）　《全国文艺工作者立即为生产运动服务》

第五期（1949年4月29日）　燕云：《〈三对面〉和〈三疑记〉》

5. 歌曲

第四期（1949年4月3日） 袁白词，管平曲：《光荣任务要完成》

第五期（1949年4月29日） 王松词、田霞光曲：《欢送曲》

——第三章——

《晋察冀日报》（《抗敌报》）文艺副刊（上）

  《晋察冀日报》是中共中央晋察冀分局的机关报，是抗战时期晋察冀抗日革命根据地的主要报纸。其前身为《抗敌报》，于 1937 年 12 月 11 日在河北省阜平县创刊，是抗日革命根据地创办较早的报纸，由晋察冀军区政治部主办。1938 年 4 月，《抗敌报》成为中共中央晋察冀抗日根据地党委的机关报纸，共计出刊 457 期。1940 年 11 月 7 日改为《晋察冀日报》。1948 年 6 月 14 日并入《人民日报》，终刊。《晋察冀日报》及《抗敌报》创办了《海燕》《老百姓》《剧运》《边区青年》《民众》《文化界》《边区妇女》《工人先锋》《文化思想》等多种副刊，其中《海燕》《剧运》《晋察冀艺术》《鼓》为文艺性副刊。因为《晋察冀艺术》内容过多，为平衡各章容量，本章仅探讨《海燕》《剧运》《鼓》，《晋察冀艺术》单列为一章。

第一节　《海燕》

  《海燕》是《抗敌报》创办的第一个文艺副刊，1938 年 10 月 26 日创刊，终刊于 1939 年 1 月 1 日。"海燕"刊名来源于高尔基的散文诗《海燕》，《发刊词》里说，在抗日的文艺战线上，"要把笔尖化作一支长剑，刺向敌人的胸膛"，《海燕》"不仅应该是一面反映活生生的生活现实的镜子，一支军号，一通战鼓，而且要作为胜利而呼啸的勇敢活泼的在暴风雨的海洋上面强健的翱翔着的海燕。"①从中可以看出《海燕》的办刊取向：紧密联系现实，配合现实，强调宣传鼓动性与战斗性。《发刊词》中谈到创办《海燕》的缘由时说："《海燕》的刊出，是为了开拓边区的文艺阵营……《海燕》是大家的，他现在才萌发一颗（棵）嫩芽，他的成长、发展，须（需）要大众的扶植和培养，在狂风暴雨猛烈的摧打下面，一切边区的文艺青年和文艺工作者应该赶快强健地翱翔起来，迎接时代的暴风雨，像海燕一样。"②也就是说《海燕》不仅属于文艺工作者，它是文艺工作者、文艺青年与大众共同的文艺阵地，《海燕》副刊也有大众化的取向。在内容和形式上，《发刊词》强调时代的决定作用，要求《海燕》的内容是"抗敌的"，形式上"短小而通俗，适合于大众在抗战中的行动的步调""在报告文学、行动的街头诗、墙头小说、街头剧等方面多加努力"③，并推动这些文艺形式的创作成为一个运动，在形式方面也有明显的大众化取向。《海燕》副刊占《抗敌报》第四版一整版，共出11期，除《发刊词》外，刊载作品35篇。

一、叙事性作品

叙事性作品共9篇。从文体形式看，有些具有明显的通讯报告特征，有些接近于小说，还有一些采用了散文化的写法。

《怎样遇到毒瓦斯——战地手记之一》《东战场的英雄——战地特写》《在游击中——敌人围攻中本报生活片段》明显是三篇战地通讯。奚央的《怎样遇到毒瓦斯——战地手记之一》依据作者与沙飞等几个根据地文艺工作者深入战斗前线的亲身经历写成。作者首先写"我们"冒着炮火要去首长指挥战斗的山顶，经过预备队隐蔽的狭沟时看到许多即将投入战斗的战士在炮火纷飞的环境下沉睡，见此情景，同行者沙飞说"好小说材

①《发刊词》，《抗敌报》，1938年10月26日，第四版。
②《发刊词》，《抗敌报》，1938年10月26日，第四版。
③《发刊词》，《抗敌报》，1938年10月26日，第四版。

料"，①通过这些描写表现出战士们乐观豪迈的精神风貌，在这里不论是战斗人员还是"我们"这些非战斗人员丝毫没有即将投入残酷战斗的恐惧。然后写"我们"到达前线，真正看到了炮火纷飞的战场：敌军猛烈攻击，子弹炮弹乱飞，政治委员命令我们这些没有战斗经验的人躲在下面。最后写敌人对我们的阵地施放了毒气弹，我军没有防毒面具，用尿浸了包枪布和毛巾裹住口鼻来防毒。这是一篇纪实性作品，尽管整篇凸显的仍然是革命军队乐观主义英雄主义的精神风貌，但其中对两军对垒的前线战斗的真切描述，很大程度上客观地反映出战争的残酷性，在这点上与基本属同一时期的《新华日报》（华北版）的《新地》副刊中《伏击》《七个敌人和七个窟窿》《受难的土崖》等反映战争的作品有所不同。

史塔的《东战场的英雄——战地特写》同样是一篇具有明显通讯报告特征的纪实性作品，作品以倒叙手法叙述了八路军赶走日军收复阜平的故事，与前一篇以叙事结构作品不同，这一篇却是以写人为主。作品呈现了这次战斗中涌现出来的战斗英雄与英雄集体的形象：受伤不下战场，坚持带领战士击溃敌军的冯营长；带领战士们勇猛冲锋，占领敌人阵地后却不幸中炮牺牲的颜祥发连长；冲锋在先，撤退在后，与敌人顽强作战的战士田老保；掩护部队安全撤退的轻机枪班战士崔占平与阎占山；整天没吃饭坚持作战的新战士马成林；顽强作战，山头的土块塌下来埋住身体仍不退却，挡住敌人攻击的张文德班。作者满含崇敬地描绘了他们的英雄形象，可以说是一首英雄的颂歌。后来魏巍抗美援朝题材的《谁是最可爱的人》写法与此篇颇为接近。

1938年9月至11月，日军对晋察冀根据地进行了大"扫荡"，抗敌报社在不断转移中仍克服困难坚持出刊，《在游击中——敌人围攻中本报生活片段》记录的即是报社工作者在转移中化笔为剑坚持战斗的特殊"游击"生活。文章写了这样几个片段：第一个片段写暴雨过后，因为敌人的攻击，"我们"必须离开大路，走山沟里的小路撤离，每一条路都与敌人

---

① 吴央：《怎样遇到毒瓦斯——战地手记之一》，《抗敌报》，1938年10月30日，第四版。

很近，很危险，但是又不能把"我们的武器"——印刷机件丢下，到达某一个地点后仍要出报，完成"我们"的抗战任务，在老乡们的帮助下，"我们"趁着夜色，在山沟里艰难跋涉，终于到达转移地点，之后立即装配好机件，即刻就可开始工作；第二个片段写报社的工作条件极其艰苦：空间狭小，油灯昏暗，但是大伙都认真工作，情绪高昂，就像在战场上"对准敌人发射着大炮一样愉快"。①敌人越来越近，但是为了赶着刊出关于"当前的重要问题——'坚壁清野与部队给养'"②以及其他一些亟待克服的问题的文章，报社工作者又赶着出了两期报纸才撤离；第三个片段写形势更加危急，许多村子的人都跑了，成了无人村，找老乡帮忙搬运机件更难，而"我们"离敌人也很近，能清晰地听到炮声，能望见"几十里外的狼烟"，"我们"在山顶上、山谷里不断转移和敌人捉迷藏，有时离敌人很近，非常危险，但是"我们"没有恐惧，而是愉快而兴奋，"像海燕一样，顽强地从暴风雨中飞过来了"。③

史塔的《虚惊》从形式上看，应是一篇小说。写王班长奉上级命令带两个战士到王快镇侦查敌人的动静，经验丰富的王班长依据一棵树树枝的摆动，判定那儿有敌军的岗哨，于是绕到离那棵树百来码的地方埋伏下来，然后放了两枪，把敌人引出来。敌人枪炮乱轰，没有发现王班长他们的位置，却暴露了自己的兵力与火力布置的位置。王班长他们又翻上王快背后的山头，扔了几颗手榴弹，引来敌人更猛烈的攻击，敌人施放毒气，出动了飞机。王班长他们"就这样跑到这个山头上放了枪后，又逃上了那个山头"④，敌人摸不清情况，引发了混战。王班长带领两个战士安然返回。此篇与《新地》中的作品有相似之处，读作品感觉不到战争残酷，而是在对敌人的嘲弄中显出一种轻松与欢快。

① 雪金:《在游击中——敌人围攻中本报生活片段》,《抗敌报》,1938年12月11日,第四版。
② 雪金:《在游击中——敌人围攻中本报生活片段》,《抗敌报》,1938年12月11日,第四版。
③ 雪金:《在游击中——敌人围攻中本报生活片段》,《抗敌报》,1938年12月11日,第四版。
④ 史塔:《虚惊》,《抗敌报》,1938年11月11日,第四版。

央奂的《陈家弟兄杀敌记》[1]写五台河口一战，八路军歼敌五百，其中一个日军侥幸逃脱钻入深山，却被上山打柴的陈明善哥俩发现，回村叫自卫兵时，自卫兵另有任务不在，所以弟兄两个决定自己抓日军。弟兄俩没有武器，带着镰刀、小扁担上山，日军腹内饥饿，仓皇奔逃，被陈家兄弟追上。日军打开瓦斯毒气，熏倒陈家兄弟后逃走。陈家兄弟苏醒后，继续搜寻，最后发现敌人藏在土崖下，陈家兄弟捡起石头砸死了他。本篇作品借用评书的形式，故事情节完整曲折，使用了不少评书专用语言，比如说："且说""单表""再说"等引起叙述的语言，另外叙述中也插入评书中常用的语句，如"急急如丧家之犬，忙忙如漏网之鱼""真乃万丈高楼失脚，扬子江心滚浪崩舟"等。[2]

白雪的《初试》写的是一个战斗的片段。作品写16个家乡被日军占领的农民加入抗日游击队后，第一次参加战斗，夜袭驻扎在他们村子里的日军胜利而归的故事。作品写了三件事（这篇作品同《在游击中——敌人围攻中本报生活片段》不同，尽管叙事也有详略，但是叙述有连续性，不是由几个片段组接起来，组接处是叙述的省略）：第一件写他们趁夜摸进村子后，看到自家村子里熟悉的一草一木后的感伤以及对日军破坏他们家的愤恨。第二个是战斗的场面，写16人扔手榴弹炸日军，其中写到老李不敢投掷"颤抖着将揭了保险盖的手榴弹交给了老张"，[3]这个细节描绘出老李的紧张与害怕，事实上，每个英勇的战士都是在一次次的实战中成长起来的，这样的描绘对于一个初次参加战斗的战士而言应该是很真实的，当然在文中对老李的这种行为也不是辛辣的讽刺，而是用一种善意的风趣的语调来叙述。第三是袭击之后，他们跑到对面的山头上，看到敌人在村子里乱放枪炮，不敢追来，停下来谈论当晚的收获，通过这次"初试"，他们明白了"日本鬼子原来是这样不经打"，克服了对日军的恐惧，坚定了胜

---

① 此篇作者"央奂"与《怎样遇到毒瓦斯——战地手记之一》的作者"奂央"，字相同，疑为同一人，次序不同可能是印刷错误所致。

② 央奂：《陈家弟兄杀敌记》，《抗敌报》，1938年12月6日，第四版。

③ 白雪：《初试》，《抗敌报》，1938年12月17日，第四版。

利的信心。此篇亦有较明显的小说特征。

《这一天在日本》用散文化的笔法写成，通过对一位日本老母亲对其丈夫的怀念、对儿子的思念，表达日本人民反对侵略、反对战争的主题。十五年前，这位老人的丈夫因为参加革命活动（文中写到"他曾见过她丈夫拿过一面红旗"，①据此推断，其丈夫应是一位参与日共活动的人士）而在群众集会上被抓捕，关进监狱，坚贞不屈而牺牲。牺牲之前，她丈夫依然对革命前途充满信心，对她说："看吧，被压迫的吼声已经震撼了每一个被压迫人的心，有一天，统治者是只有钻在泥土里过日子的！"②十五年后，日本发动了侵略战争，"一批批的小伙子，被迫戴上钢盔像赶羊似的，从海东边被载到海西边别人的地方去！"③他在东京上学的儿子也遭遇到同样的命运。最初，她还"怀着一些不漏出来的喜欢，猜测一些未来的美满的命运"，④但随着坏消息不断传来，越来越多的人开始觉醒，意识到普通百姓的孩子参军是"去拿血肉填壕沟"，这场战争"不是为你，不是为他，更不是为自己，而是为了侵略的军阀"，所以"要革命"。⑤当老妇人看到邻家的儿子战死后被送回家的骨灰罐，加剧了她对儿子的担心与思念，也终于使她意识到要"把枪口转过来对准侵略的日本法西斯军阀"。⑥作品写得很抒情，节奏缓慢沉重，充溢着一种忧郁哀伤的情调，写法也较为含蓄，比如前面提及的"红旗"；再比如，开头与结尾都出现的礼拜堂上的"十"字，有象征意义，应是老人丈夫革命意志的象征；另外也写到老妇人对于侵略战争看法的心理变化；开头与结尾处的景物描写既形象细腻，同时也与人物的心境结合得很好。总体而言这一篇在早期根据地抗战文学中，是文学性较强的一篇。

新绿的《复仇》从写法与内容看，也应归于小说。写平阳村被日军烧

---

① 门:《这一天在日本》,《抗敌报》,1938年11月15日,第四版。
② 门:《这一天在日本》,《抗敌报》,1938年11月15日,第四版。
③ 门:《这一天在日本》,《抗敌报》,1938年11月15日,第四版。
④ 门:《这一天在日本》,《抗敌报》,1938年11月15日,第四版。
⑤ 门:《这一天在日本》,《抗敌报》,1938年11月15日,第四版。
⑥ 门:《这一天在日本》,《抗敌报》,1938年11月15日,第四版。

杀掠夺之后，在外躲藏的老农张大年回到村里，在路上还心存侥幸"不会烧到我吧"，①但是到了村头的女儿家，看到他女儿家的羊被杀，房子被毁，外甥女被糟蹋后又被残忍杀害；回到自己家，鸡羊被杀，鸡头羊头撒了一地，秋收的粮食都被抢完，糟蹋光。愤怒的张大年烧掉了自家的房子，"向着六十里以外的八路军司令部走去"，准备"参加八路军和日本野兽拼命去"。②这篇作品表现的是日军对中国百姓的残害，把他们逼得忍无可忍，最后奋起反抗的主题。作品中虽然着墨不多，但涉笔日军的暴行促使普通民众的民族意识逐渐觉醒，张大年刚开始还心存侥幸"不会烧到我吧"，其中包含着一种农民式的自私，只要自己的利益不受损害，哪怕别人家洪水滔天，但血淋淋的事实使他终于明白"还说什么穷的富的，还说什么你的我的，鬼子来了，完全都一样啊"，③在此已开始突破各自为战的小农意识：日本的侵略损害的是一个群体，开始把个人与群体看做一个整体，这可以说是民族意识的初步觉醒。

　　而耐衣的《张妈的梦》却是以抗战中农民思想观念的转变为主要内容，写了一个农村老年妇女对于抗战与八路军看法的变化。根据题目后的标示，文体为小说。这篇小说写日军劫掠了南月村，房子烧得精光，人也杀得精光。张妈同她的二女儿幸免于难，尽管有所疑惑还是听信汉奸王二爷的话：鬼子只烧杀八路军驻过的村庄，认为南月村的这场灾难是八路军带来的。天黑的时候，张妈去找早晨就被王二爷叫走的二女儿银香，路上遇见大女婿王兴发，王兴发告诉她要去参加八路军，她害怕日本人报复就劝阻王兴发，王兴发告诉她，她的大女儿金香被日军轮奸后杀死，而且把他们村的人也杀了很多，而他们村并没驻八路军。张妈这才如梦方醒，意识到受了王二爷的哄骗。当她赶到王二爷家时，发现王二爷早已把她的女儿带走了。半个月后，八路军在一次伏击日军中，救回了银香和同村的几个女人。张妈惭愧又感激，真诚地表示："八路军才是咱们自己的队伍，

① 新绿：《复仇》，《抗敌报》，1938年11月23日，第四版。
② 新绿：《复仇》，《抗敌报》，1938年11月23日，第四版。
③ 新绿：《复仇》，《抗敌报》，1938年11月23日，第四版。

我死也不听那些遭天杀的人的话了，就是鬼子马上来杀了我，我也是赞成八路军。"①同上一篇相同，此篇中农民们对日军的反抗与对八路军的支持也是因为日军对他们的烧杀抢掠。

《海燕》中的叙事作品从其内容上看，大致可分为三类：叙写前线对敌战斗的作品，叙写日本人民觉醒反战反侵略的作品，叙写敌占区百姓在血的教训面前打破了对敌人的幻想形成坚决抗日思想观念的作品。在书写人民军队对敌战斗的作品中充满革命的乐观主义与英雄主义色彩，对敌人的蔑视与对敌人的愚蠢的嘲讽是这些作品的主基调，在抗战初期，面对装备精良的凶残敌人，这样的书写对于消除边区军民对敌人的恐惧，激发昂扬的斗志有很大助益，但也对敌我力量对比与战争的残酷性有所遮蔽，导致对抗战的艰苦性与长期性认识不够，可能会产生一些不够清醒的骄狂之气。当然如《怎样遇到毒瓦斯——战地手记之一》《在游击中——敌人围攻中本报生活片段》这些战地通讯，由于是战争亲历者的书写，真实性、纪实性较强，其中有不少客观真切的书写，从中可以感受到战争的残酷与艰难。另外如《复仇》《张妈的梦》这些书写侵略者暴行的作品中，也更为真实地呈现出敌人的残暴与敌占区人民生活的悲惨，并且在这两篇作品中都写到老一代农民思想的转变，一定程度上保留了五四文学的启蒙视角。从文体形式看，篇幅都比较短小，尤其是小说特征比较明显的几篇，因而故事情节比较简单，作品的用力之处也不在故事的讲述，而在于场景的描述与呈现，写法上更接近于西方现代小说，而对中国传统叙事的吸收借鉴不太明显。当然《陈家弟兄杀敌记》一篇采用了传统评书的体式，在民族化民间化方面做了有益的尝试。另外即是这些写法上有小说特征的作品 (也包括散文化的《这一天在日本》) 纪实与虚构之间的界限很模糊，在民族抗战的大背景下，对于这些把读者设定为根据地普通群众普通士兵，以鼓舞他们的斗志为目的的作品，即使其中有虚构的内容，对于作者而言，更希望读者把它当做真实发生过的事件来阅读。

----

①耐衣:《张妈的梦》,《抗敌报》,1938年12月6日,第四版。

二、诗歌

《海燕》共刊载14首诗歌，以白话自由诗为主，也有4首旧体格律诗；绝大部分为抒情诗，也有少量叙事诗。

塞红的《我们宣言》刊发于创刊号，也可以看做用诗歌的形式书写的另一篇发刊词，"我们宣言"其实就是《海燕》的"宣言"。先把这首短诗辑录于下：

> 我们写诗……
> 我们不是在写"诗"！
> 而是愿意——
> 在我们生命的奔流里，
> 迸流出红的鲜血，
> 我们面对着千百万的伙伴
> ——人类的解放战士，
> 我们伸出了双手：
> 　　同志们！饮一杯吧！
> 　　今宵是一个长夜的战斗。
> 我们在队伍里，和大炮机关枪站在一起，
> 我们将鲜血撒（洒）向前面：
> 　　同志！放射吧！
> 　　对准那鲜血撒（洒）向的地方！
>
> 我们写诗……
> 难道我们这是在写"诗"！

在诗中，"写诗"（可以广义地理解为"文学创作"）在革命的文艺战

线上，不是用笔在书写，而是要用自己的热血融进诗句中给战士们以精神的力量，鼓舞他们做持久的艰辛的战斗，对战士们战斗有一种正向的导引，这其实也写出了抗战大背景下对文艺工作者工作态度与文艺功用的要求。这首诗就其归属而言，可以归于政治抒情诗，情感豪迈刚劲，首句与尾句反复，构成一种情感回环往复的效果，当然"难道我们这是在写诗"一句过于直白，对整首诗的情绪与节奏也有所破坏，去掉可能更为完整。

1938年12月11日是《抗敌报》创办一周年纪念日，本日出版的《海燕》第八号刊载了鲁萍为纪念本报创办一周年而写的抒情长诗《"抗敌"之歌——为纪念本报一周年而作》（同期还刊载了另外一首纪念诗，关白的七律《为纪念本报一周年并告社中诸同志》，将在下文探讨格律诗的部分论及）。本诗共四节，六十一行。在诗中，抒情主体"我"不是诗人个人的"小我"，而是化身为《抗敌报》这一主体，代《抗敌报》这一集体抒情，从归属上看，应属政治抒情诗。诗歌的第一节书写"我"（《抗敌报》）立足晋察冀根据地，敏锐地瞭望仇敌——"野蛮的日本法西斯强盗，和无耻的汉奸，托罗斯基①的盗匪"为"英勇的弟兄们"歌唱；②第二节写"我"（《抗敌报》）坚定地站立在自己的岗位上充当"胜利的号筒，战斗的警笛"，呼唤正义，用真理戳破敌人的谎言，用"诗人们钢铁的语言"迎击敌人"淫荡的滥调"；③第三节写"我"（《抗敌报》）的成长，从出生到成长都受到敌人的"愤恨仇视"，但从未"胆怯颤抖"，始终在英勇地战斗，保卫晋察冀边区，对敌人"毫不怜惜"地给予"胜利的打击"；④第四节抒写了对抗战必胜的信心和为取得胜利奋战的决心，"我"——《抗敌报》将和"敬爱的母亲——勇敢的晋察冀"一同"用献血开拓被践踏的大地"，收复全部被占领的国土，让被占领国土上"失去

① 现在通译作"托洛茨基"。
② 鲁萍：《"抗敌"之歌——为纪念本报一周年而作》，《抗敌报》，1938年12月11日，第四版。
③ 鲁萍：《"抗敌"之歌——为纪念本报一周年而作》，《抗敌报》，1938年12月11日，第四版。
④ 鲁萍：《"抗敌"之歌——为纪念本报一周年而作》，《抗敌报》，1938年12月11日，第四版。

祖国温存的奴隶们"重新获得自由。①全诗写得气势雄浑，读来让人热血沸腾，但语言与句式有较明显的欧化色彩，不是通俗化、民族化的诗作。

与《"抗敌"之歌——为纪念本报一周年而作》化身于"大我"抒情不同，程追的《战争需要你——献给〈抗敌报〉》则是把《抗敌报》拟人化，设定为抒情的接受者，以"我"向"你"诉说的形式写成。诗歌分三节，但就内容看，可分为两个部分：第一部分对《抗敌报》过往战斗历程的回顾，在"血火底下"出生，"强壮起来""受着弹刀和死亡的威胁，呼吸着千万人民的气息""生长在山脉里"，但影响力不仅限于根据地的山区，"也生活在平野的周围"，成为文化战线上打击敌人的"轻骑射手""滹沱河畔文化之辉星"；②第二部分是对未来的期盼，在1939年到来，"你"将要勇敢地跨入新的历程的时刻提出了期盼："站在文化堡垒上，记载下军区血的史的战绩，激励千万人涌上神圣的战地"；③另外要"看清敌人的阵营"，向《华北日报》《庸报》等文化战线上的"无耻的叛徒"作"坚定""沉着""精悍"的"射击"。④这首诗与上一首同样热烈激越，但是语言方面要粗糙一些，也不够形象生动，有些标语化、口号化。

郭苏的《边区，我们的乳娘》与程追的《战争需要你——献给〈抗敌报〉》一样，也是把赞颂的对象设置为抒情的接受者。这首诗把晋察冀边区拟人化比作中华儿女的乳娘，把"我们的乳娘"——晋察冀边区设置为情感倾诉的对象，整首诗以"我们"——"中华民族的儿郎"向"你"——"我们的乳娘"倾诉的形式抒写了对"你"养育"我们"的感恩与当"你"要受到侵略者的伤害时"我们"誓死保卫你的决心。诗歌首先把"我们"——"中华民族的儿郎"在日军侵入国土，占领家乡后，被侵略者残酷压榨比作"失去了亲娘"，在这种状况下，晋察冀边区救了"我们"，好似得到了"乳娘"。接着写晋察冀边区像一位慈母一样，用自

---

① 鲁萍：《"抗敌"之歌——为纪念本报一周年而作》，《抗敌报》，1938年12月11日，第四版。
② 程追：《战争需要你——献给〈抗敌报〉》，《抗敌报》，1939年1月1日，第四版。
③ 程追：《战争需要你——献给〈抗敌报〉》，《抗敌报》，1939年1月1日，第四版。
④ 程追：《战争需要你——献给〈抗敌报〉》，《抗敌报》，1939年1月1日，第四版。

己宽阔的胸怀接纳"我们","不论胖与瘦,不分短与长"①一视同仁地养育我们;而且"你""外表有无限的端庄""才识在胸内储藏""善于团级(结)我们本能的力量"与敌人斗争,②表达了对边区的崇敬与感恩;接着写敌人时刻在准备攻打"你",伤害"你","抢走你的财富无疆,挑破你的胸膛,杀死你的儿郎",③对此,"我们"像对待亲娘一样,要誓死保卫"你","不让你死亡或创伤""服从你的指挥拼命在战场",④表达了浴血抗战,保卫根据地的决心。诗歌感情激越丰沛,有很强的感染力,读来让人热血沸腾,有很强的宣传鼓动性。另外,诗中大量使用拟人化的书写,除了上面把边区拟人化为"乳娘",书写她的品行才识等,还把恒山、五台山比作"你的乳峰",把太行山脉比作"你的脊梁",边区内的公路、大路、小路比作"血管",永定河、唐河、桑干河比作"你的十二指肠",⑤使得情感抒发形象可感。

1938年9月,河北灵寿县发生了"刘庆山事件":抗日救亡工作者、抗日自卫队基干队员刘庆山(小名拴牛),揭发区长和助理员的贪腐行为,与两人发生冲突,反被诬告,灵寿县长不深入调查,将刘庆山枪毙,激起根据地群众的极大义愤,边区政府平反了冤案,惩办了县长和贪腐分子。事件发生后,《抗敌报》对此事件投入极大的关注,派记者深入调查此事,发表多篇文章还原事件真相,对冤案的平反起了很大作用。《海燕》第六号中耐茵的《拴牛,我要拥抱你的灵魂》即是一首为刘庆山鸣冤,怀悼刘庆山的诗作(另一篇是同期关白的七律《哭拴牛》)。《拴牛,我要拥抱你的灵魂》对贪腐分子与渎职县长杀害拴牛的行径表现出极大的愤慨,把他们称为有着"恶毒、阴险、卑鄙、无耻"糅合而成的黑心的"罪恶者",⑥而拥有"圣洁灵魂"的拴牛,为了守护大众的利益,同他们的贪腐行为作

---

① 郭苏:《边区,我们的乳娘》,《抗敌报》,1939年1月1日,第四版。
② 郭苏:《边区,我们的乳娘》,《抗敌报》,1939年1月1日,第四版。
③ 郭苏:《边区,我们的乳娘》,《抗敌报》,1939年1月1日,第四版。
④ 郭苏:《边区,我们的乳娘》,《抗敌报》,1939年1月1日,第四版。
⑤ 郭苏:《边区,我们的乳娘》,《抗敌报》,1939年1月1日,第四版。
⑥ 耐茵:《拴牛,我要拥抱你的灵魂》,《抗敌报》,1938年11月30日,第四版。

了不妥协的斗争，成为他们的"罪恶的黑心上的钢钉"，因而被他们"套上这污秽得呕心的罪名"而杀害，①表达了作者无比的愤怒——"我的心要为你炸了""还要警惕那些摇晃着的黑影——黑心的疯豺呀！毒蛇呀！"②但是"罪恶者"的诬陷遮蔽不了群众的眼睛，群众把"正义的王冠"献给拴牛，把他看做"大众的亲人"，③表达了诗人对群众的信任，同时也表达了对边区政府洗雪拴牛的冤屈充满信任，"罪恶者"可以一时"压熄""闪烁在空隙里的""火星"，却不能永远占据这个空间，因为"太阳里，我们还炽燃着永恒的光明"。④尽管这首诗批评针砭根据地内部问题，但感情极度激愤，喷薄而出，较少节制，导致不少诗句缺少锤炼，显得粗糙，艺术性有所欠缺。

路遐的《挣脱了枷锁》写一支从东北沦陷区来的伪"满洲国"伪军被征发乘火车到关内为日军助战，一路上看到了被日军蹂躏的破碎山河，也饱受了关内父老对他们帮助敌人与同胞为敌的敌视。到了前线后，他们找到了"组织"，有了选择"奴隶""面粉"与"自由""小米"（诗中注：小米是反正的代号，反正参加八路军就要吃小米受苦）的机会，他们毅然选择了"自由"与"小米"，选择了反正参加抗日队伍，"拜别了遥远的家乡，来到了祖国的天地""挣断了枷锁的束缚，呼吸着自由的空气"，而且也坚信，在四百兆中华儿女的共同努力下，东北的三千万同胞也一定会"摆脱悲惨的命运"，而侵略者则难逃失败的命运，"垂死的恶魔只拿着挣断的枷锁在战栗"。⑤全诗较长，共分五个部分，十节，八十行，虽然其中也讲述了一个完整的故事，但却不是以叙事为中心，而是用抒情的笔调写成。

丹辉的《故乡活着——纪念在家乡游击的弟兄》则是写给在江南敌占

---

① 耐茵:《拴牛,我要拥抱你的灵魂》,《抗敌报》,1938年11月30日,第四版。
② 耐茵:《拴牛,我要拥抱你的灵魂》,《抗敌报》,1938年11月30日,第四版。
③ 耐茵:《拴牛,我要拥抱你的灵魂》,《抗敌报》,1938年11月30日,第四版。
④ 耐茵:《拴牛,我要拥抱你的灵魂》,《抗敌报》,1938年11月30日,第四版。
⑤ 路遐:《挣脱了枷锁》,《抗敌报》,1938年12月6日,第四版。

区坚持游击战争的抗日战士们的颂歌。全诗四节，第一节写日军占领下的江南，人们的武装反抗风起云涌，"在芽山，在长荡湖畔，到处闪亮了弟兄们的枪尖"，[1]活跃着许多游击武装；第二节，写这些游击战士不会忘记敌人对他们家乡亲人的残害，正是敌人的暴行激起了他们复仇的怒火；第三节写他们英勇杀敌消灭敌人的场面，这些场面既有形象性，同时又虚实结合，有一定的象征性；第四节写胜利后的兴奋，他们跳跃嬉笑，"狂欢着悲壮欢喜"，呼唤"故乡啊，你活着，你胜利了"[2]，这样的场面同样是虚实结合，具体形象但又有一定的虚拟想象。诗歌表达的正是这些游击战士的不屈反抗，才使得故乡"活着"，才使得国家与民族免于灭亡，才有了胜利的希望。诗歌既有具体形象的场景描写，虚实结合借景抒情，又有直抒胸臆的情感抒发，体现出一种刚劲豪迈的风格。

塞风的《不赶走鬼子不是人》借用了民间歌谣的形式，体现出民族化、民间化的风格，辑录于下：

> 谁赶走阜平的鬼子兵？
> 咱们八路军！
> 八路军是常胜军，
> 抗战以来不知打了多少仗，
> 杀的鬼子数不清，
> 只要八路军在这儿，
> 不怕日本鬼子占了我们村，
> 有钱的杀条肥猪去慰劳，
> 没有钱担架运输要认真，
> 八路军打仗为了老百姓，
> 咱们老百姓也要配合八路军，

---

① 丹辉：《故乡活着——纪念在家乡游击的弟兄》，《抗敌报》，1938 年 12 月 23 日，第四版。
② 丹辉：《故乡活着——纪念在家乡游击的弟兄》，《抗敌报》，1938 年 12 月 23 日，第四版。

拿根梭枪加入游击队，

不赶走鬼子不算人。①

在中国传统诗歌中，无论是文人诗词，还是民间歌谣，拟代诗是很丰富的一种类型，这首诗作，也可以说是一首拟代诗。作者拟代根据地老百姓的身份来抒情，表达了对八路军为老百姓打仗赶走敌人保卫家乡的崇敬与感激，同时也表达了有钱出钱有力出力配合八路军作战，军民团结赶走日本侵略者的决心。诗歌用百姓的日常口语来写诗，语言平实易懂，虽然语言直白，缺乏含蓄蕴藉，但是节奏明快，琅琅上口，宣传鼓动作用显著。

胡可的《射击》也是一首通俗易懂的短诗。诗歌从非常形象的战斗中的射击动作写起，"紧握枪／屏住气／把枪口／向敌人的头部瞄去／只要你／轻轻地／一扳机子／立刻——／在烟里／在爆炸里／在血花里／残暴的强敌／狂妄的仇敌／无力地／倒下去／于是／胜利的／拉开枪栓／顶上第二颗子弹／……"②然后从具体形象的描写逐渐超越出来，自然过渡到观念性的表达——对抗日军民战斗意志的鼓动："这样的和鬼子拼下去／直到你最后一粒／即使敌人的炮弹／向你轰击／你也要沉着气／坚持到底／直到胜利的／号声向你吹起"③，抽象的观念表达始终与具体的形象结合在一起，"坚持到底／直到胜利"既可指具体的一场战斗，又可指这场抵抗日军的民族战争的最后胜利，这样的表达显然容易为惯于形象思维的普通民众所接受。诗句简短，每行基本是三四字，最长不超八字，有点接近于郭沫若的《天狗》，但是情感不似《天狗》那样激烈，尽管写的是血腥的战斗场面，但语气却比较和缓；与田间的鼓点诗也有些相似，但节奏不似鼓点诗那样铿锵。另一个特别的地方是整首诗中只用了两个标点。从形式上看，如果说前一首有更多的民间歌谣色彩，这一首则更近于胡适等

---

① 塞风：《不赶走鬼子不是人》，《抗敌报》，1938年10月30日，第四版。

② 胡可：《射击》，《抗敌报》，1938年11月30日，第四版。

③ 胡可：《射击》，《抗敌报》，1938年11月30日，第四版。

人的早期白话诗,虽然基本使用日常口语写诗,从渊源上看,却更接近欧美的自由诗。虽然通俗化、大众化是两首诗的共同特点,但通俗化、大众化的路径却显然不同。

流笳的《捷报》是一首比较长的叙事诗,早期的根据地文学中这样的叙事诗其实不是很多。诗歌叙述了八路军在五台山附近的石盆口伏击战:洗劫了高洪口的日军往回走时,被埋伏在山上的游击队伏击击溃,"像惊散的狼/吓得发抖/连崩(蹦)带跳/趔列(趔)歪斜/跑进了石盆口",①却正好进入了八路军的埋伏圈,被四面包围,"五百多鬼子/全部消灭/一个不留",②而且缴获了大量的大炮、枪支、马匹等战利品,打了一个大胜仗。捷报传来,极大地鼓舞了抗日军民抗敌的信心与决心,"八路军/回回胜仗/会把奇功奏""我们要把边区/每一条街/作战壕/每一个村子/每一个山头/变成坚固的堡垒/和鬼子搏斗"。③诗歌没有采取第三人称的客观叙述,而是以一个石盆口的老乡给其他老乡讲故事的口吻讲述,但是语言方面口语化色彩不太明显,保留了较多的书面语,抒情主人公农民的形象特征并未被凸现出来。

《海燕》还刊载了四首旧体诗:

一年

血肉冰霜忽一年,五台烽火太行烟。战歌匝地万夫戍,旧垒连珠一击平。北岳扬旌胡马怯,边疆复土祖鞭先。阵云翻向龙江日,响彻河山唱凯旋。④

---

① 流笳:《捷报》,《抗敌报》,1938年11月11日,第四版。
② 流笳:《捷报》,《抗敌报》,1938年11月11日,第四版。
③ 流笳:《捷报》,《抗敌报》,1938年11月11日,第四版。
④《一年》,《抗敌报》,1938年11月11日,第四版。

哭拴牛

关　白

献身家国出田间，杀敌心殷起揭竿。奔走危疆嗟枉死，激昂斗志厉如山！一夫但得击长剑，片息宁教活丑豺？知你重泉犹切齿，未寒热血骨先寒。①

赠田其昌

弗　政

撇下文场走战场，国仇不灭不还乡。短兵杀敌伤何憾，病榻摩枪意不忘。志士英风同辈范，兰柏壮绩口碑长。寄言燕晋年青侣，报国今朝有武装。

为纪念本报一周年并告社中诸同志

关　白

笔阵开边塞，常年钧剪风。启蒙星在望，抗敌气如虹。发奋挥毛剑，奔腾起万雄。文旗随战鼓，明岁入关东。②

《一年》是为纪念晋察冀根据地抗战一周年而作，《为纪念本报一周年并告社中诸同志》是对《抗敌报》创刊一周年的纪念，《哭拴牛》则是对

---

① 关白（邓拓）：《哭拴牛》，《抗敌报》，1938 年 11 月 30 日，第四版。
② 关白（邓拓）：《为纪念本报一周年并告社中诸同志》，《抗敌报》，1938 年 12 月 11 日，第四版。

抗日英雄的悼怀之作，《赠田其昌》则是对战斗英雄田其昌①的赞颂，四首诗都是写得很规范的格律诗，平仄韵脚方面都很严格，也有用典，语言也很雅致，体现出作者在旧体诗词及中国传统文化方面很高的修养。尽管诗歌表现的是与现实密切相关的抗战主题，也体现出慷慨刚劲的美学风格，与时代的情绪很吻合，但是用旧体诗这样的形式言说，恐怕读者仍然只能局限在知识分子的小圈子里（比如诗中使用的典故如"祖鞭"以及一些有特定含义的语词如"龙江""重泉"等，可能是绝大多数普通百姓所难于理解的），更近于传统社会中文人间的唱酬。所以虽然诗歌慷慨激昂，但从宣传鼓动的功效来看，恐怕远不如《不赶走鬼子不是人》《射击》那样的通俗化作品。

《海燕》所刊载的诗歌尽管数量不多，但题材广泛，有对根据地报纸及其副刊在抗战中的功用及所取得的成绩的书写，也有抗日前线武装斗争的书写，在这类诗歌中既写到北方晋察冀边区的战斗，也写到南方抗日游击队的战斗，既写到根据地战士们的英勇抗敌，也写到敌伪军的转化，同时也有对根据地内部问题的批评针砭。基本都是抒发"大我"情感的政治抒情诗，感情激越豪迈，注重诗歌的感染力，但大部分作品在语言形式上欧化色彩较强，大众化不足，可能会影响普通民众的接受，影响其宣传鼓动效果，尤其是《我们宣言》及纪念《抗敌报》的几首诗和四首旧体诗，诗歌的接受者实际并未指向普通大众，而是知识分子之间的交流。借鉴民间艺术形式，民族化、民间化的作品并不太多。

三、文艺理论及评论性作品

《海燕》副刊中刊载的理论性文章共有 8 篇，属占用版面较多的一类。其中探讨街头剧的 2 篇，探讨街头诗的 3 篇，探讨报告文学的 1 篇，另有 2 篇探讨的是文艺大众化、通俗化。

---

①《抗敌日报》1938 年 11 月 19 日《一个模范的学生》中这样介绍田其昌的事迹：田其昌本为民中学生，毕业后不愿回乡做教育工作，坚决要求到军校，后被介绍至学兵营。在不久之后的战斗中，英勇杀敌，杀死一个日本兵并夺其武器，负伤。

　　新绿的《关于街头剧》认为街头剧是一种接近老百姓生活的大众化的艺术形式，能够到达别的艺术形式所不能影响的角落里，在抗战中可以更好地承担宣传鼓动和组织任务，抗战中街头剧的兴起是时代的要求。关于创作问题，文章认为，街头剧灵活性强，演出团体、时间、地域、观众、任务不同，演出内容需随之调整，因此，自创剧本非常重要；对于如何创作，文章提出"估计环境，估计观众，估计任务"①。创作对于演出，文章认为要有舞台剧的简洁深刻和江湖艺术的群众性，表演要顾及四面的看客，要顾及地域、观众以及剧情的感化性与鼓动性问题，要随时和群众打成一片，除宣传鼓动，也要担负组织工作。

　　鲁萍的《谈谈街头剧》在第3、4、5、6期分4次连载。②《谈谈街头剧》谈到为什么需要街头剧时也认为，时代需要对民众宣传鼓动，而戏剧是一种最直接、最能启发教育群众的形式，能突破观众文化水平的限制，因而，利用大众化的街头剧教育鼓动"文化水平低的素朴的广大群众"是"现实的要求"③。鲁萍认为，街头剧既具有戏剧的一般性质，又有自己的特点，街头剧是"以戏剧中最简洁灵活的形式将最充实丰富，紧张，与最生动的广大群众自身生活中的现实的斗争内容的一段在无论任何场所的露天之下向广大群众演出的一种流动的小型戏剧"④，其源头可以追溯到民间的秧歌、抬杠和社火等，新的街头剧对这些要批判地继承，要用新的内容与形式出现在群众面前。关于街头剧的创作，文章认为，基本原则是故事的真实性与教育意义以及"莎士比亚式的泼辣"⑤，另外要时刻注意演出的"街头"条件：作品所反映的是街头的观众所熟悉的人物与故事，是他们在自己的生活中能体验到的，街头剧本要适合街头演出，而且如果剧本是根据演出条件创作的（如写熟悉的农村题材），在演出中服装装置可

---

① 新绿：《关于街头剧》，《抗敌报》，1938年10月30日，第四版。
② 第5期署名"鲁平"，但在第六号另一篇署名"鲁萍"的文章《作品与通俗》中有这样一条注："标点是我加的——平"，据此看来，"鲁平"与"鲁萍"应为同一人，写法不同疑为印刷错误所致。
③ 鲁萍：《谈谈街头剧》，《抗敌报》，1938年11月11日，第四版。
④ 鲁萍：《谈谈街头剧》，《抗敌报》，1938年11月15日，第四版。
⑤ 鲁平：《谈谈街头剧》，《抗敌报》，1938年11月23日，第四版。

以方便地就地取材；关于演出问题，应该注意创作与演出中的交互关系：一方面倡导用集体创作的方式避免因受限作家个人经验而导致的无意识地对现实的歪曲和不真实；另一方面，把剧本当做底本，在演出过程中让演员与群众参与进来对其进行修正和补充，为此应号召群众参加演剧。文章认为创与演的关系是"剧本的创作决定与指导演出，而剧本的演出又以实践的活动纠正与影响其创作"①。

史塔的《关于街头诗》首先对"什么是街头诗"给出了界定："街头诗（墙头诗）就是要把诗贴在街头上，写在墙头上，给大众看，给大众读，引起大众对诗歌的爱好，使大家也来写诗。这不仅是要利用诗歌作战斗的武器，同时也是在不断的实践中来求得诗歌从学校里、课堂上、文人的会议上、少数知识分子群中解放出来，成为真正大众化、成为群众的诗歌"；②接着介绍了陕甘宁边区街头诗运动的兴起，并引用了两首田间的街头诗，使得读者对于街头诗有直观的感受；然后提出街头诗是"行动的街头诗"，即诗人要走出象牙塔，参加到"大时代斗争的行动里"，用诗歌"奏出大时代群众行动的旋律"，鼓舞群众，同时又"正确地指导群众行动"；③对于街头诗的形式，作者认为写作时要注意诗的特质，虽然从内容上"具有相同于政治口号与标语的意义"，但它"属于诗"，形式上要具有诗的艺术性。作者进一步指出，街头诗属于新诗，不排斥"旧瓶装新酒"，借用旧的民歌民谣形式，但要"批判地、选择性地带创造性地接受"其优良的部分，④由此看来，作者虽一再强调大众化，但对于民间化却显然持有极为谨慎的态度，⑤更多地延续了20世纪30年代上海左翼文学的"大众化"思路。最后作者指出，处于战斗前沿的晋察冀根据地更需要文艺工作者"用大众的语言"努力写诗，"鼓励战士""教育群众"，但根据地物质

---

① 鲁萍：《谈谈街头剧》，《抗敌报》，1938年11月30日，第四版。
② 史塔：《关于街头诗》，《抗敌报》，1938年10月26日，第四版。
③ 史塔：《关于街头诗》，《抗敌报》，1938年10月26日，第四版。
④ 史塔：《关于街头诗》，《抗敌报》，1938年10月26日，第四版。
⑤ 文中提出"旧的基础上开拓新形式，创造明朗通俗的口语"，但这句似为引文。

条件艰苦、"纸张印刷困难"对文艺的大众化造成了很大的限制，街头诗的写作可以很大程度地解决这些问题，所以，作者倡议晋察冀边区的"诗歌工作者到街头去""写街头诗，到墙头上写"，开展广泛的街头诗运动。①

鲁萍的《行动的街头诗与政治的煽动诗》是另一篇探讨街头诗的作品。作者认为，战争的形势要求文学走向大众，诗歌这种最初为劳动者创造但后来被有闲者掠夺脱离大众的艺术形式，也开始重新回到大众之中同劳动与斗争结合起来，所以要改变"过去"（根据上下文，鲁文中此处的"过去"当指五四新文学产生之后，而不延及古典文学时期）轻视诗歌、抹杀诗歌的艺术价值、社会价值的倾向。抗战中的诗歌"已经开始参加到战斗的行动之中成为斗争的大众的吹鼓手和未来光明的预言者""成为文学的前哨"。②抗战时期的诗歌以"泼辣锐利的形式与生动的战斗内容"③为特点，而小型的行动的街头诗是更能代表这个时代的一种文学表现形式。街头诗是适应当时的客观现实要求而出现与发展的，因为战争环境中，长篇的叙事诗不易写作，也没充裕时间被阅读，且劳动群众不易读懂，街头诗便应运而生。对于街头诗的写作，作者认为街头诗的内容应该是行动的战斗的，即"将抗日战斗中的各方面的斗争姿态与各种特定时期的斗争的政治任务与政治口号"予以艺术的反映，但作为诗歌必须具备"情感条件"，即"以浓厚强烈的人间感情与抗战政治热情所渲染而鼓动群众"，行动的街头诗必须强调"政治的煽动性"，成为政治煽动诗；④对于形式，要轻便灵活，长诗与长的诗句都不适宜，用语要通俗，以小型传单的形式结合强烈的感情鼓动组织群众。作者最后也强调了街头诗的艺术性：行动的街头诗与积极的政治目的密切联系，也不能脱离现实生活，但它须是"艺术"的，"须是在现实生活的表现中艺术地渗透其政治的中心

---

① 史塔：《关于街头诗》，《抗敌报》，1938年10月26日，第四版。
② 鲁萍：《行动的街头诗与政治的煽动诗》，《抗敌报》，1939年1月1日，第四版。
③ 鲁萍：《行动的街头诗与政治的煽动诗》，《抗敌报》，1939年1月1日，第四版。
④ 鲁萍：《行动的街头诗与政治的煽动诗》，《抗敌报》，1939年1月1日，第四版。

意义，即政治的中心任务与口号"，而不能仅是"单调地将某些政治口号与标语呆板机械地当作诗句"，①最后作者把它归结为"现实+政治+艺术的特定的诗歌的表现形式=行动的街头诗"。②

在《行动的街头诗与政治的煽动诗》同期还刊载了郭苏的一封信《对行动性的墙头（街头）诗的一点意见》。信中对街头诗的通俗化方面提出了更进一步的要求，"要在通俗化的基础上建筑起形式来"，③作者指出某些诗歌在知识分子读来已觉很通俗，但对于艺术素养"简单"的普通士兵与群众仍然读不懂，所以不但要用字通俗化，而且要在结构上通俗化，转弯抹角是普通群众接受不了的。这里作者提到了形式的通俗化，后来根据地诗歌中对民间歌谣等形式的借用当属这样的尝试。

东方的《读报告文学》是探讨报告文学这种文体的。题目为"读报告文学"，而且文中也有大量引文，所以此文当为阅读过一篇探讨报告文学的文章之后的读后感或评论，但是因为引文没有标出出处，文中也没有相关线索，所以针对那篇文章的读后感或评论无从查考。作者首先提出"报告文学"这种形式之所以在"今天战争情况的狂风暴雨中"成为"有力"的文学形式④，是适应了"民族解放战争这样急剧动荡的时代"，因为在这样的时代要求文艺工作者不能如和平年代一样平静从容地写作，而是"要迅速地把一个战斗，一个事件，艺术地报道出来"。⑤其次，报告文学要有事实根据，要在战斗中寻找写作的内容，并且"在战斗的行动中"迅即地把它表现出来，同时又要具备艺术性，是种艺术性的表达。第三，报告文学的作者要兼具新闻记者与作家两者的特长，要有新闻记者的"灵活的采访技术"，又要有"作家的充分的艺术表现力"，报告文学不是纯客观的报道，"必须加上自己主观的认识和感情"。最后，报告文学是一种短小精悍

---

① 鲁萍：《行动的街头诗与政治的煽动诗》，《抗敌报》，1939年1月1日，第四版。
② 鲁萍：《行动的街头诗与政治的煽动诗》，《抗敌报》，1939年1月1日，第四版。
③ 郭苏：《对行动的墙头（街头）诗的一点意见》，《抗敌报》，1939年1月1日，第四版。
④ 东方：《读报告文学》，《抗敌报》，1938年10月26日，第四版。
⑤ 东方：《读报告文学》，《抗敌报》，1938年10月26日，第四版。

新鲜活泼的文学样式，应写得短小精悍，小中见大，以速写、特写、访问记、通讯等为主。需要注意的是，作者在谈及报告文学与一般文学的区别时，虽然引用了关于报告文学作家与一般作家在这方面的区别的引文：报告文学作家"不是一般作家的凭借经验丰富的想象，与借形象的思维来创造典型，他的艺术任务是要依诉于事实渲染和分析"，[①]但在这里显然作者更强调的是报告文学中的主观性方面，强调的是主观的"渲染"与"夸张"而不是事实，作者提出报告文学"不能纯按原来的事实，应该批判地把好的写得比原来还好，坏的比原样还要坏"，这样才生动活泼，有感染力，才能"传出事实真相来"，[②]或许这正是早期根据地文艺工作者对于报告文学的主流看法，根据地早期文学中纪实与虚构难以分辨，报告文学与小说界限模糊或许与这样一种理解有很大关系。

原野的《作家与语言》与鲁萍的《作品与通俗》都是探讨文学的大众化、通俗化的。

《作家与语言》首先从语言在写作中的重要性谈起，言语[③]文字作为一种传达作者以至于一定社会的思想与情感的手段与媒介（在文中作者更强调后者，一定社会的思想与情感的传达），言语文字在完成宣传群众与组织群众的任务中有其决定性作用（显然作者更偏于在社会性的层面看待文学及文学言语）；言语文字作为作家将自己的思想情感传达给读者的桥梁，作家对其应用的熟练巧妙程度就成为作家创作成败的关键，当然作者在论述这一点时也为了避免偏颇，述及内容与形式的辩证关系——两者是彼此渗透的统一整体，都不能偏废——但就本篇而言显然重点在于后者。但是本篇文章的真正中心不在语言文字的应用，而在于从读者的层面论述文学语言的通俗性与大众化，作者指出，作家的写作不是为自己，而是为"成千万陌生的读者"，[④]作者特别强调读者在写作中的重要性，其实与后来西

---

① 东方：《读报告文学》，《抗敌报》，1938年10月26日，第四版。
② 东方：《读报告文学》，《抗敌报》，1938年10月26日，第四版。
③ 作者在文中使用较多的是"言语"而不是"语言"。
④ 原野：《作家与语言》，《抗敌报》，1938年12月17日，第四版。

方的接受美学有一定的相通之处，当然不久之后毛泽东《在延安文艺座谈会上的讲话》对读者也很重视。作者指出作家们虽然也有这样的意识，但在写作中却往往会有意无意地忽略读者，使得写作成为"为写作而写作的自我欣赏"，①造成这种倾向的主观原因是作家忽略了广大群众的需求，把自己的读者局限在少数知识分子圈子内，只迎合他们的胃口，所以作者提出作家不仅要从"象牙之塔"走向"都市的十字街头"，更要"跑到广阔的农村里去"，②要突破脱离大众局限于知识分子文化水平的表现形式，其实也就是语言文字方面有意识地向大众靠拢。同样是大众化，上海等大都市的大众与太行山区的大众的构成有很大的不同，由于早期根据地的作家以从都市进入根据地的左翼作家为主，所以提出从"十字街头"走向"广阔的农村"对于他们很有针对性，也是根据地文艺工作急需解决的问题。在谈了作家的问题之后，作者又从读者的方面论述了大众化的问题。作者指出，历史地看，世界上大多数国家(中国更甚)的广大群众长期以来是被关在"文化"之门外的，处在缺乏文化食粮而精神贫困的状态之中，所以作家们应该突破知识分子狭小的圈子关注他们的文化需求，承担起启发他们"国民思想"，医治他们"灵魂疾病"的责任③(在此作者在一定程度上仍保留了启蒙的立场)，认为群众的语言是粗俗的，为群众写作是会使"圣洁"的艺术流于"庸俗"的观念是错误的，尤其是在需要用文艺宣传鼓动，对广大群众开展抗战动员的民族革命自卫战争的时代；在抗战的形势下，须用"适合大众的形式""用大众自己所说的话"来表达抗战的内容，才能使抗战的思想为群众所接受，达到教育群众组织群众的目的，认为群众语言是"贫乏"的，"表现无力"与"丧失活泼"的观念是不正确的，"广大△④群众中间，正存在着和生长着丰富的活动语言，他们中间流

---

① 原野：《作家与语言》，《抗敌报》，1938年12月17日，第四版。

② 原野：《作家与语言》，《抗敌报》，1938年12月17日，第四版。

③ 原野：《作家与语言》，《抗敌报》，1938年12月17日，第四版。

④ 原文如此，根据上下文意，此处应为助词"的"。用"△"代替，也许是印刷时字模短缺所致，以下几处与此同。

动着美丽的诗句、活泼的描写、锐利的批评与讽刺以及巧妙的诙谐与幽默", 作家应克服蔑视与偏见, "深入群众中去研究他们的语言与应用他们的语言"①。作者在倡导向群众学习语言应用民间语言的同时, 也表现出对另一个偏颇的警惕: 对"现代流行的既成语言"②(其实即五四后形成的现代文学语言)的完全弃用在作者看来, 这种语言现在不被广大群众所理解, 是因为广大群众文化水平太低, 当他们被教育将来文化水平提高后, 是会理解这种语言的。作者承认, 中国新文学中的欧化的语言有许多独特的优美的有力的表现方法, 应该学习与发展。最后作者明确指出发展民间群众的语言一方面是"为了提高群众对抗战△政治认识发动他们自觉英勇地参加抗战, 另一方面则更可以提高他们文化政治△水平, 使他们达到现代△高度△文化政治所要求△一般水平", ③这其实讨论的是"普及"与"提高"的问题, 普及是手段, 提高是目的, 由此看来, 作者实际并未把大众化、民间化当做文学语言的目标, 而仅是群众文化水准不高时的权宜之计与提高群众文化水准的手段, 未来的方向仍然是"现代流行的既成语言"。

鲁萍的《作品与通俗》从文艺界对大众化、通俗化问题探讨的回顾谈起, 文章指出, 大众化、通俗化的问题抗战之前已经被提出过, 但在当时这不是十分迫切的问题, 因而作家们对此没有太多注意, 创作与理论批评都没有产生真正大众化、通俗化的作品, 反倒是被批判的鸳鸯蝴蝶派在这方面有所成效, "抓紧了这一被时代所抛弃的'落后的'武器打到'落后的'广大群众中去了"④。尽管文中没有明言, 但这段应是针对30年代左翼文学对于"大众化"的讨论的回顾与反思。而到了抗战时期, 时代要求作家必须把作品的大众化付诸实践, 革命的作家要担负起民族解放的事

---

① 原野:《作家与语言》,《抗敌报》,1938 年 12 月 17 日,第四版。
② 原野:《作家与语言》,《抗敌报》,1938 年 12 月 17 日,第四版。
③ 原野:《作家与语言》,《抗敌报》,1938 年 12 月 17 日,第四版。
④ 鲁萍:《作品与通俗》,《抗敌报》,1938 年 12 月 23 日,第四版。

业，承担起"启发群众、教育群众和组织群众的任务"，①大众化、通俗化成为必须的选择。接着作者指出这一时期大众化、通俗化方面存在的问题：量的问题，大多数作家仍然没有向这一方向发展，作者把其原因归之于小市民的保守性；质的方面，大多数用民间形式（如鼓词、歌谣、故事等）写成的所谓通俗作品还没做到真正的通俗，还是在重复民间章回小说等的作风，不是以广大的文化政治水平落后的群众的欣赏水平为通俗的标准，而是以能够读旧的章回体小说的读者为对象。②大部分通俗作品存在着的问题是只是机械地利用旧形式的表现方法与笔调语气这些外在形式，而不注意词汇用语的通俗化，机械地采用旧形式却把"需要搬查现代语辞典的名词用进去"，或把"古老的需要准备《词源》和《康熙字典》的文言语词和字眼填进去"，③因此，作者认为，旧形式必须配以"广大群众广泛应用的通俗口语"才能为群众接受与理解，对于旧形式不是无批判地机械地重复和使用，而是要"以广大群众真正今天所用的活泼的民间的通俗用语与之配合而创造和发展新的表现方法和形式"，④使得通俗化成为把群众文化水平普遍地提高到一定程度，进而克服边区政治文化水平不平衡的运动。最后作者提出边区通俗化工作薄弱的一个原因是作家长期脱离群众，在群众的通俗语汇方面积累不足，要解决这一问题，就需要作家承认自己对群众现实生活的无知，虚心向群众学习。文章也涉及普及与提高的问题，文章写到当广大群众文化政治水平不高的时候，"就想搬着术语辞典对他们写文章未免太早，应该等一等，就和今天打持久战一样，单顾自己性急地想速胜敌人是不行的，应该注意和认识客观事物发展的必然进程"⑤。另外也说边区的文艺通俗化是"普遍提高群众政治文化水平到一

---

① 鲁萍:《作品与通俗》,《抗敌报》,1938年12月23日,第四版。
② 在文中作者以大后方出版的老向的《新三字经》、大鼓词《跨海征东》等作品为例作了分析,认为这些作品中的许多句子是群众看不懂的;在边区的通俗化作品中,作者也认为有许多文人化的语汇与专门术语,是广大群众不熟悉和看不懂的。
③ 鲁萍:《作品与通俗》,《抗敌报》,1938年12月23日,第四版。
④ 鲁萍:《作品与通俗》,《抗敌报》,1938年12月23日,第四版。
⑤ 鲁萍:《作品与通俗》,《抗敌报》,1938年12月23日,第四版。

定高度"①的运动，在这点上本文与《作家与语言》一文很相似，立足于普及的通俗化不是文艺发展的最终目的，而仅是提高读者素养的手段，当群众的政治文化水平提高后，其阅读接受的文艺仍然应是雅化的文艺。

理论性探讨文章在《海燕》副刊中是所占篇幅比较多的一类，这从一个侧面也反映出早期晋察冀根据地文艺理论倡导为先导、创作不足的状态。这些文章中，总体而言，倡导及时快捷地接近大众的宣传鼓动性强的文学样式，探讨的最核心的问题即是文艺大众化的问题，涉及多个方面的大众化：文艺功用上的大众化（对普通群众的宣传鼓动与教育）、内容的大众化、语言形式的大众化以及传播方式的大众化等。但是这些文章的作者，绝大部分都是从20世纪30年代左翼文学甚至五四文学走入抗战文学的，所以在他们倡导大众化时依然可以看到五四文学与左翼文学观念的延续，比如文艺走入大众承担起启发他们"国民思想"医治他们"灵魂疾病"的责任，比如对民间语言民间形式批判性吸收的强调，比如仅是把大众化作为群众文化水准低下时的一种过渡性手段，比如对大众化过程中完全弃用五四后形成的现代文学语言的警惕等。

四、杂文

《海燕》刊出的杂文仅有两篇：《这样的朋友》《关于"差不多"问题》，作者都是韦塞，其中前一篇刊出时标明是"杂文"。

《这样的朋友》批评了"我们的一个朋友"——"一个有进步思想的青年"身上存在的种种缺点。"他"热情，但这种热情"烧昏"身边的朋友，也"烧晕"了自己的理智；"他"坦白，对初识的朋友也会滔滔不绝地讲述自己的历史，以至于自己过去生活里非常细微的事情；"他"对朋友的过失一点也不放过，总是"率直的、激烈的、胜利的"②不留情面地批评他人；但是不愿接受别人的批评，对于自己的错误总是掩饰搪塞，更

---

① 鲁萍：《作品与通俗》，《抗敌报》，1938年12月23日，第四版。

② 原文如此，其义大约是批评别人不是平等以对和风细雨式的，而是居高临下，盛气凌人，激烈的，带有一点自傲与自我炫耀的味道。

不愿当众承认；怕斗争，脆弱，却总是为一些琐事和别人争论不休，自己爱在背后议论别人，却总怀疑别人也在暗地里议论自己；易受刺激，"因别人家不经意的一句话，便整天地不和任何人谈话，独自到无人的郊野去，坐在树下，望空际的行云。站在溪畔，听流水的声音"①，或是大发牢骚；有工作能力，却喜欢"包办"，喜欢在群众大会上发表漂亮的慷慨激昂的演讲；喜欢戴"高帽子"，却又往往把别人对他真诚的赞誉，看成讽刺；不安心后方工作，但到了前线，对前线生活也不满意，喜欢追逐奇景，不满意于平凡的日常现实生活；想象力丰富，充满个人主义，好像生活在幻想之中。因为这样导致朋友们都和他疏远，因为"他"搅乱"我们"的生活；当然作者也指出"他在实际的工作中在别人的帮助下在逐渐克服缺点，不断成长"②。从字面意义看，文中指出的这些问题针对的是一个人，但实际这一个"我们的朋友"又不能完全理解为单个的具体的人，他身上的这些毛病在根据地为数不少的初参加革命的进步青年身上很具有普遍性，所以也可以说"他"是具有一定典型性的形象。

《关于"差不多"问题》批评的是边区报刊中对于英雄模范事迹报道的"差不多"的写法，即："以一些空泛的笼统的概括的字眼代替了事件真实的叙述和描写，客观上把生动的现实隐蔽了起来"。③作者认为抗战中的一切事情甚至人类社会中的一切现象，尽管本质一样，但各有各的表现形式，出现这种"差不多"的写法不是没有"活生生的英勇的事实"，④而是没有深入生活把握这些事实，而认为"好听、美丽、有力"⑤的字眼比真实地去写一件事简单而且作用大。作者指出，漂亮的文字必须用具体真实的事件支撑，才能给读者留下深刻的印象。

这两篇杂文都指向根据地内部，是对根据地内部存在问题(知识分子

---

① 韦塞：《这样的朋友》，《抗敌报》，1938年11月23日，第四版。
② 韦塞：《这样的朋友》，《抗敌报》，1938年11月23日，第四版。
③ 韦塞：《关于"差不多"问题》，《抗敌报》，1938年11月30日，第四版。
④ 韦塞：《关于"差不多"问题》，《抗敌报》，1938年11月30日，第四版。
⑤ 韦塞：《关于"差不多"问题》，《抗敌报》，1938年11月30日，第四版。

思想改造与文艺工作者的工作作风及文风）的批评。

《海燕》副刊是《晋察冀日报》（《抗敌报》）创办最早的专门的文艺副刊，也是华北根据地最早的文艺副刊之一。在副刊中理论性探讨的文章占有较大分量，篇幅最长的两篇《作家与语言》《作品与通俗》都是理论探讨性的文章。这些文章主要探讨的是街头诗、街头剧及报告文学这样的及时快捷的适合于战时宣传鼓动教育群众的文体。主张文艺走入群众，倡导大众化、通俗化的写作，强调文学的社会功用。理论性探讨文章多于文学作品，从一个侧面反映出早期根据地文艺创作不足的状况，体现出晋察冀根据地早期文艺仍然如五四文学一样的理论倡导先行，在理论探讨的指引之下，创作逐渐跟上来的特征。另外，尽管理论性的探讨大力倡导街头诗、街头剧等快捷简便的文艺形式，但是创作方面，却并未刊载这样的作品，诗歌方面仍然是以文人化、欧化色彩明显的白话自由诗为主，吸收借鉴民间形式与语言的诗歌较少；叙事文学方面，除了一些亲历性的战地通讯，小说特征较为明显的作品大都篇幅短小，情节简单，叙事与语言同样是与欧美现代小说更为接近，对中国传统叙事与民间语言的吸收借鉴较少。这些作品的作者基本都是在五四文学与左翼文学的语境中成长起来的，接受的文学资源以欧美现代文学与俄苏文学为主，因而尽管他们从理性上能认识到文艺走向大众之于民族救亡的必要性，也在有意识地努力尝试，但要真正在创作实践中走向大众，创作出真正大众化的作品，仍需要在创作实践中不断磨炼，不能一蹴而就。还有就是纪实性作品与虚构性作品的界限模糊，一方面强调真实及时反映现实，倡导报告通讯等纪实性文学的写作，另一方面又强调在写作中作者主观的"渲染"与"夸张"，并不要求严守"原来的事实"。就内容而言，《海燕》中的作品以抗日军民的战斗场景以及侵略者对边区人民的残害为主，对根据地内政治经济建设等内容少有涉及。作为根据地文学草创时期的文艺作品，稚嫩与粗糙在所难免。

附录：

《海燕》目录

1.叙事性作品

第二号（1938年10月30日）　奚央：《怎样遇到毒瓦斯——战地手记之一》

第三号（1938年11月11日）　史塔：《虚惊》

第四号（1938年11月15日）　史塔：《东战场的英雄——战地特写》；门：《这一天在日本》

第五号（1938年11月23日）　新绿：《复仇》

第七号（1938年12月6日）　耐衣：《张妈的梦》；央奚：《陈家弟兄杀敌记》

第八号（1938年12月11日）　雪金：《在游击中——敌人围攻中本报生活片段》

第九号（1938年12月17日）　白雪：《初试》

2.诗歌

创刊号（1938年10月26日）　塞红：《我们宣言》

第二号（1938年10月30日）　塞风：《不赶走鬼子不是人》

第三号（1938年11月11日）　《一年》；流筘：《捷报》

第五号（1938年11月23日）　弗政:《赠田其昌》

第六号（1938年11月30日）　胡可:《射击》；耐茵:《拴牛，我要拥抱你的灵魂》；关白（邓拓）:《哭拴牛》

第七号（1938年12月6日）　路遐:《挣脱了枷锁》

第八号（1938年12月11日）　鲁萍:《"抗敌"之歌——为纪念本报一周年而作》；关白（邓拓）:《为纪念本报一周年并告社中诸同志》

第十号（1938年12月23日）　丹辉:《故乡活着——纪念在家乡游击的弟兄》

第十一号（1939年1月1日）　郭苏:《边区，我们的乳娘》；程追:《战争需要你——献给〈抗敌报〉》

3. 杂文
第五号（1938年11月23日）　韦塞:《这样的朋友》

第六号（1938年11月30日）　韦塞:《关于"差不多"问题》

4. 文艺理论及评论性作品
创刊号（1938年10月26日）　东方:《读报告文学》；史塔:《关于街头诗》

第二号（1938年10月30日）　新绿:《关于街头剧》

第三号（1938年11月11日）　鲁萍:《谈谈街头剧》

第四号（1938年11月15日） 鲁萍：《谈谈街头剧》

第五号（1938年11月23日） 鲁平：《谈谈街头剧》

第六号（1938年11月30日） 鲁萍：《谈谈街头剧》

第九号（1938年12月17日） 原野：《作家与语言》

第十号（1938年12月23日） 鲁萍：《作品与通俗》

第十一号（1939年1月1日） 鲁萍：《行动的街头诗与政治的煽动诗》；郭苏：《对行动性的墙头（街头）诗的一点意见》

第二节 《剧运》

《剧运》创刊于1939年9月1日，边区剧协编。仅有创刊号一期，共5篇文章：《前言》《把千百的子弟班组织和团结起来》《建立起我们的通讯网》《边区戏剧运动的总方向》《一个号召》。

《剧运》的《前言》中指出：晋察冀边区的剧运是"配合政治任务前进的"，要从"对敌斗争的现实里"创造出一支"鼓舞战斗热情的新力量"来。①

《剧运》刊载了1939年6月27日召开的戏剧座谈会上确定的"边区戏剧运动的总方向"："以话剧为主流，并发表街头剧、活报剧、新型的歌剧，利用旧形式，号召旧戏班充分利用与尽量充实新内容，加强子弟班的

---

① 《前言》，《抗敌报》《剧运》创刊号，1939年9月1日，第四版。

领导，并训练干部。剧本创作方面，以边区实际情形，配合政治任务，在三民主义与现实主义口号之下，从事创作，并注意大众化、中国化、地方性，使新剧能够深入到群众里去！"①

《剧运》刊载了署名"东"的《建立起我们的通讯网》，提出要建立戏剧的"健全的通讯网"以增强剧协晋察冀分会与边区各剧社，各剧社通讯员与分会以及各剧社之间的联系，认为通讯网的联系是边区剧运工作的着手点。②

本版也刊载了边区剧协的《一个号召》。文中说，由于秋雨连绵与敌伪的破坏，根据地发生严重水灾，这种困难使边区一般群众产生了一些悲观情绪，也使得汪派与托派有了进行欺骗宣传的机会，因此号召戏剧界用戏剧形式并配合其他宣传形式广泛深入地宣传，"来粉碎敌人汉奸的欺骗，坚持群众抗战最后胜利的自信心"。③

《把千百的子弟班组织和团结起来》介绍了戏剧座谈会上讨论的旧形式的利用问题，决定组织和团结起来，把它作为剧协分会的一个中心工作。文章认为抗战中新剧在政治宣传教育与提高群众的艺术水准上发挥了很大的功效，但从质和量上都不能广泛地深入乡村的每一个角落里去，而在根据地的农村存在着大量的有着广泛群众基础的子弟班，④而且这种民间的戏剧自由不凝固，易于改造表达新的内容，因此要大力利用这种旧形式，团结争取这支戏剧力量，用新的内容为新的政治目的服务。

《剧运》与《新华日报》（华北版）的《戏剧》副刊创办的时间接近，探讨的也主要是根据地的话剧。从创刊号来看，刊载了多种类型的作品，似乎不是一个仅是戏剧理论探讨的副刊。就其内容看，主要是倡导配合政治任务充分发挥宣传鼓动功用的戏剧，倡导民族化、大众化，主张借鉴民

---

① 《边区剧运的总方向》，《抗敌报》，1939年9月1日，第四版。

② 其中对剧协、剧社、通讯员提了具体要求，如通讯员每旬寄剧协一份通讯报告，报告工作动态，新作品交换与互评等。

③ 《一个号召》，《抗敌报》，1939年9月1日，第四版。

④ 子弟班，农村中以村镇为单位由农民自发组织的民间业余演出团体。

间旧形式以深入宣传。不但注意戏剧内部的问题，而且也注意到戏剧演出的外围性问题，如建立通讯网与利用民间子弟班以提高宣传教育的效用，探讨的问题很广泛。可惜仅出一期，未能展示其完整的面貌。

第三节　《鼓》

《鼓》是《晋察冀日报》创办的文艺副刊。由鼓社主编，创刊于1942年12月8日，总共12期，1943年4月18日终止发刊。在《鼓》副刊的发刊词《照例的话》中，副刊的编辑对刊名"鼓"的含义作了解释："不是供人玩赏的花卉，也不是骚人雅士辈舞文弄墨的场所，而是给我们边区广大读者以精神上的激励，使之从这里能够听到急剧的暴风骤雨似的'鼓'声，而倍增冲锋陷阵向敌突进的壮气；并更知所以咬紧牙关，再'鼓'一把劲，以准备反攻，度过黎明前的黑暗，取得抗战最后的胜利。"[1]发刊词中提出《鼓》副刊以"不断为大家报道文艺的'喜讯'——配合着世界反法西斯的阵线，特别是苏德战场上苏联红军艰苦卓绝英勇无比的击溃德寇以及一切侵略者的伟大胜利——而加以发扬光大"[2]为办刊宗旨，以"实事求是，在我们的作品里生动而真实地反映边区民主建设事业的突飞猛进，反对敌人'扫荡''蚕食''清乡'的英勇斗争，敌人的残暴狠毒及其垂死时的丑态，沦陷区同胞的痛苦与希望，敌伪军的动摇、投诚与反正，等等"为主要内容，起到"在政治上、思想上教育边区群众与文艺工作者自己"与"发挥对敌思想斗争利器"的功用。[3]《鼓》为周刊，共出12期，每期占《晋察冀日报》第四版一整版。

---

① 《照例的话》，《晋察冀日报》，1942年12月8日，第四版。

② 《照例的话》，《晋察冀日报》，1942年12月8日，第四版。

③ 《照例的话》，《晋察冀日报》，1942年12月8日，第四版。

一、叙事性作品

《鼓》副刊中的叙事性作品共9篇，其中孙犁的《丈夫》虽在《鼓》中刊出时标为"小品"，但后来一直被看做孙犁的代表性小说。而《爹娘留下的琴和箫》《待不下》《为了春耕》《边界上》《平静的初春》虽没有标明文体，但有明显的小说特征，后来在收入各种作品集时，也基本归类为小说。

《丈夫》是孙犁的代表性小说作品，但在《鼓》第3期刊载时文体标注为"小品"而非小说。作品写了根据地农村一个年轻妇女对其参加抗日军队的丈夫由不理解到理解，由有些许不满意到钦佩崇敬的转变。因为本篇小说是孙犁的代表性作品，在不少作品选本中都被选入，是一篇读者较为熟悉的作品，所以对其内容就不再赘言。本篇作品虽未使用第二人称叙事，但叙述视角基本限制于这一年轻女性，写的是这一年轻女性的所见所闻、所思所感；小说中的主要人物丈夫，以及与丈夫形成对照的年轻时即品行不端，后来当了伪军的同村大姐的丈夫在小说中都没有直接出场，都是通过她记忆中的事迹来塑造完成的，体现出孙犁小说把激烈的敌我冲突置于幕后，侧重于通过对人物的心理情感描写塑造人物的特征。文笔清新而细腻，颇具诗化小说的色彩。本篇是早期根据地文艺副刊中篇幅较长，且义学价值较高的作品，后来成为这一时期根据地义学中的经典作品，也是孙犁这一时期的代表性短篇小说。

相比《丈夫》，孙犁的另一篇小说《爹娘留下的琴和箫》①读者的熟悉程度可能要小一些。小说采用第一人称限知叙事，写了"我"的朋友钱智修一家的故事。钱智修的岳父是个音乐爱好者，"钟爱他的独生女儿，和钟爱他的笙笛和胡琴一样"，希望女儿能和一个音乐能手结婚，因之把女儿嫁给了钱智修。在他们的生活中养成一种习惯，用音乐来交流，"女人与其和丈夫诉说什么，是宁可拉过箫来对丈夫吹一支曲子。丈夫也能在这

---

① 此作品后来在收入多种作品集时，题目都是"琴和箫"。

中国古老的乐器里了解到爱人的要求和心情"①。抗战爆发后，钱智修参加了游击队，他女人留在家里照顾他们的孩子大菱和二菱。后来钱智修在战斗中受伤殒命，钱智修的女人非常悲伤，和"我"商议，让"我"帮着带大菱，她自己带二菱。一天晚上，"我"把钱智修牺牲的"撕裂人的心肺的悲哀的故事"②讲给大菱听，听完后大菱要求用他父亲留下的南胡拉一曲，曲子拉得简直是泣不成声，令"我"不能自已。冬天，女人带二菱来看"我们"，"我"又让大菱给她们拉，女人很惊异，也拿出箫来，让二菱吹奏一曲，用这样的方式纪念她们的父亲。之后，女人把两个孩子都交给我照料，自己去了延安。再往后，因为"我"工作变动，把她们送回河间外祖父处。当"我"再回冀中腹地时，打听到她们姐妹俩都已参加分区剧社。5月日军"扫荡"期间，"我"夜间乘一个专门摆渡游击战士的老船夫的船去白洋淀北的一个小庄子去，途中"我"想起这里是大菱与二菱的"旧游之地"。③老船夫告诉"我"，不久之前，就在这个地方一个八路军战士带两个小女孩坐他的船，途中遇到敌人的机枪扫射，三个人都死了。听了老船夫悲愤的叙述，"我从那茫茫的一片水里像看见了大菱和二菱"。④我想到"敌人又杀死了我的同志们，朋友们的孩子们"，⑤但"我"更明白不能耽于悲伤的回忆，而是要通过现实中的斗争"扫除一切哀痛的回忆"⑥。小说的结尾采用了模糊化的处理，两个在船上被日军射杀的小女孩似乎就是大菱与二菱，但似乎又不是，这样的写法一方面没有把这样一个残酷的结局直接呈现在读者面前，使得感情的抒发变得较为节制，不至于产生撕心裂肺的痛感；另一方面，却又使两个女孩的死超越了具体的人物，有了某种象征性意义——日军杀害了我们许许多多的孩子。同《丈夫》一样，小说也没有直接呈现惨烈的战争场面，朋友的阵亡只有简单的

---

① 孙犁：《爹娘留下的琴和箫》，《晋察冀日报》，1943年4月10日，第四版。
② 孙犁：《爹娘留下的琴和箫》，《晋察冀日报》，1943年4月10日，第四版。
③ 孙犁：《爹娘留下的琴和箫》，《晋察冀日报》，1943年4月10日，第四版。
④ 孙犁：《爹娘留下的琴和箫》，《晋察冀日报》，1943年4月10日，第四版。
⑤ 孙犁：《爹娘留下的琴和箫》，《晋察冀日报》，1943年4月10日，第四版。
⑥ 孙犁：《爹娘留下的琴和箫》，《晋察冀日报》，1943年4月10日，第四版。

叙述，而两个小女孩的死则由老船夫转述。小说体现出孙犁小说特有的诗化与抒情色彩，感情抒发舒缓，没有撕心裂肺的情感宣泄，但始终漂浮着一种淡淡的哀伤。

　　林漫（李满天）的《待不下》与孙犁的小说写法上很接近，尽管也是抗战题材，但是也没有直接去写敌我冲突。作品写敌占区的小孩子栓子的爹不堪忍受日军的欺侮参加了八路军，但是家里的人似乎只有栓子支持爹，爹走时娘哭红了眼，扯着衣角不让走，爹把娘推倒在地，才挣脱。爷爷也反对爹参军，老说栓子不愿听的话，以致栓子都不想和他见面。连从小一起玩的小伙伴连生（连生的爹当了汉奸）也像成了前世冤家。一次连生拿着一块洋糖炫耀，与栓子争吵起来，连生说栓子"小八路"，"日本人把你爹抓来宰了，连你小八路一股堆儿给宰了！"栓子骂连生"小汉奸"，"八路军来了枪毙你汉奸爹，连你小汉奸也要杀死！"①栓子气愤不过打了连生，连生妈找上门来大闹，栓子娘忍气吞声，打了栓子。不久之后，被拉去给日本人修"草鸡窝"的爷爷被日本人打得奄奄一息，在爷爷临要断气的时候，栓子觉着了爷爷的可怜，栓子虽然不赞成爷爷的一再退让，忍辱偷生，但也明白了爷爷不让他唱八路军的歌、看八路军的画，是怕伤着栓子，这时栓子觉得娘也可怜，在他们这地方，大伙都可怜。爷爷死了，但连生爹还领着炮台上的汉奸逼着娘交出爹，交不出人就要钱，家里的日子更加悲惨。终于有一天，村里来了八路军。八路军在村中的大场上演戏：一个老头儿受了日军的气，回家却拿家里人出气，后来被日军抓去修"草鸡窝"，被日军打得半死，栓子觉得戏里说的就是爷爷。一个小八路正在讲八路军的故事，栓子觉得好像讲的全是爹的事情，就上前打听爹的情况，小八路让栓子回家和娘商量，栓子知道娘肯定舍不得让他走，所以坚决要求不要和娘说就带他一起走，栓子说："不——不——走！我在家里待不下……"②栓子要求参加八路军当小八路，作品没有用第一人称叙事，

----

① 林漫：《待不下》，《晋察冀日报》，1943年3月10日，第四版。
② 林漫：《待不下》，《晋察冀日报》，1943年3月10日，第四版。

但基本是以栓子的视角来写，写的是栓子的所见所闻所感，尽管写的是艰难残酷的战争年代，这样的视角却使叙述带上了一些童真童趣的色彩。小说也不是以故事情节的曲折、冲突的激烈见长，语言与结构上也有一定的诗化散文化特点，有一定的抒情小说色彩，比如小说的开头"爹是在三星挂在东半天的时候来，三星跑到西半天的时候走的。带走了隔壁的孙大叔，却没有带走栓子，只给栓子留下一张八路军的画报。栓子多了一张八路军的画报，却好像少了一件什么东西"①。

与上面几篇不同，俞林的《为了春耕》与仓夷的《边界上》对侵略者的残暴与边区军民的对敌斗争有直接的描述。

《为了春耕》围绕春耕时节日军下乡抢掠和日军走后村民们突击春耕生产而展开。主要写了两个互相联系的故事：主要的故事是村里的孤伶老头子黄三叔，坚壁清野时忘了半口袋麦子，返回去把这半口袋麦子藏好，耽误了时间，被进村的日军抓住，日军威逼他带路去寻找村里人藏的地方，抓人去修封锁沟，黄三叔忍受了日军的毒打，最终没说出村里人的藏身之处，保护了村里人，也保住了村里的村耕生产；次要的故事是由于日军在这次"扫荡"中抢走了许多生产资料，给村里的春耕生产带来了不少困难，在安排春耕时，村里的抗属、让劳动英雄栓子媳妇主动要求自己完成春耕，而让村里优待抗属，让帮助她春耕的人去帮助另外一个被日军抢走驴子的抗属李大婶。作品没有采用自然的时序来叙述，而是把黄三叔的故事用插叙的方式叙述，先从日军走后村长与村民们聚集在栓子家帮他家收拾被打砸破坏的东西开始写起，引出村民们拿黄三叔被日本人打屁股开玩笑，然后插入回述黄三叔的故事，最后写村长安排春耕。作品不是以讲故事式的概略式叙述为主，而是有许多细致的描写，如对话描写、肖像描写、神态动作描写、场景描写等；也不太注意故事的完整性，所以小说更接近欧美现代小说的叙事，而非有头有尾情节完整的中国传统小说的叙事方式。另外，作品中塑造的人物形象也较为立体化、生活化，也真实，比

---

① 林漫：《待不下》，《晋察冀日报》，1943年3月10日，第四版。

如黄三叔，他很爱面子，说大话，尽管在大伙看来，他在日军面前很勇敢，但他就是不愿承认自己被日本人打了。尽管在日本人面前有不惧痛打坚决不说出村里人的藏身之处的英雄行为，但刚开始，当他听到日军的枪声离他已很近时"腿上一软，就跌在门前的草上了。可是他的手按着地又爬起来，暗暗地嘲笑了自己一下'这样松骨头还行'，可是立刻就跑得力量没有了"。①看这段描写，有些引人发笑，但它恰恰塑造出的是一个没有被拔高的人间英雄的形象，他不是那种需要仰视的英雄，而是显得真实亲切，与人没有距离感的英雄。另外人物的语言较为通俗与生活化，与人物身份较为契合。

《边界上》写区妇救会主任陈雪在去县上开会的途中被日军抓住。为救因不指认区里的抗日干部被日军放在火坑里烧的小孩锁子以及被日军抓住拷打的乡亲们，陈雪在日军面前挺身而出，锁子和乡亲们被放了，但陈雪却被关到了离敌军堡垒不远的一处民房里。日本小队长想娶陈雪做"太太"，派翻译官去劝说陈雪，陈雪严词拒绝，并痛骂翻译官与日伪军。来自东北沦陷区的翻译官民族意识也未完全泯灭，被陈雪的大义凛然所折服，所以没有把陈雪拒嫁的真相告诉日本小队长，以此拖延时间。前一天晚上，陈雪被抓前因情况紧急，把随身带的来不及毁掉的重要文件及会费抛在了村外的路旁，她特别担心这些东西天亮后被日军发现。锁子来看陈雪，谎称陈雪是村里的闺女，他娘觉得她可怜，让他来给她送一些吃的。看守的伪军亦民族意识没有完全泯灭，放锁子进屋看陈雪。锁子告诉陈雪：她丢掉的文件与会费已被他拾到送到区里，并且带来了区里给陈雪的关于营救她的一封信。夜里，就在日军小队长要把陈雪带到自己的堡垒里时，民兵围了日军的堡垒，在锁子的引导下，救走了陈雪，看守陈雪的两个伪军也反正跟着民兵走了。陈雪的英勇行为对翻译官内心冲击很大，民族国家意识在逐渐苏醒，"他眼前不断地出现着陈雪的倔强的姿影，耳畔

---

① 俞林:《为了春耕》,《晋察冀日报》,1943年1月12日,第四版。

响着她的明晰的声音",①不住地徘徊在敌我的边界线上。小说除了对陈雪这样的抗战干部坚强不屈品格的赞颂之外,也写到群众对抗战的支持与对抗日干部的爱护,写到在这些抗日英雄的感召下,敌伪人员民族意识的觉醒,表达的是全民族团结抗日的主题。作品所叙故事有头有尾,基本完整,但不是中国式的讲故事方式,而是以场景、对话、环境的描写为主,而且各个场景之间也多为蒙太奇式的直接切换,中间几乎没有过渡性的话语连接。不像中国传统小说,对故事的结局有清晰明确的交代,而是安排了敌翻译官内心受到冲击,徘徊于敌我边界上这样一个有一定象征性的开放性结局。但艺术上相对粗糙,与孙犁的《丈夫》有不小的距离,情节也有不够严谨的地方。

康濯的《平静的初春》②尽管写的也是抗战,却是写抗战即将进入反攻阶段,日本已失去了进攻根据地的能力之后。这时根据地已巩固稳定,日军对根据地的威胁也基本解除,所以《平静的初春》写的不是对敌斗争,而是发展生产。小说中根据地农村的某老汉衷心拥护边区政府,热爱党,对战乱之后的生活充满希望,但因为多年来形成的旧观念,对边区的新变化新生活仍有一些不太适应,小说写其从不太适应到最后接受的心理变化。小说不是情节小说,不是以故事情节的起承转合来结构,因而也没有完整的因果逻辑、明晰的故事情节,而是沿着老汉的思绪漫延开来,不少地方其实有意识流小说的色彩。老汉对赶走日本人能过上安稳日子很高兴,对未来的生活也有希望,却只在意过自己家的小日子,对儿子老大与媳妇关心村里的公共事务不顾家里很不理解,产生了一些不满;对新生事物也有一些抗拒,当他用老大买来的活底粪篓送粪时因受到村民的注目感到难为情;老汉心里还残存着一些名利等级观念,因为老二"在村里嘛,

---

① 仓夷:《边界上》,《晋察冀日报》,1943年1月20日,第四版。

② 1946年修改后更名为"初春",其中最大的改动是时代背景,《平静的初春》写的是抗日战争将进入反攻阶段时根据地农村的情景。而在《初春》中时代背景却改作抗战胜利后打退了蒋介石集团对解放区的进攻之后。故事情节变化很小。

青年会当主任，地位高；前年参加了八路军，这会就当了班长"①，就觉得老二比老大好，但看到老二的来信里也是讲反攻呀加劲干呀这样的大问题，就对老二又有些不满；对村里年轻人的自由恋爱，不按旧规矩"自个找婆娘，不下聘礼"②很不适应，心里还残存着"礼教大防"的观念，当他在自己家里见到没有经过媒人说媒与下聘仪式的老二的对象翠妞时，张皇失措，"狼狈的抖擞"。③但是这些其实都够不上矛盾冲突，小说写的只能说是新生活冲击旧观念，在老汉内心激起一点微小的波澜，老汉对于新变化、新观念没有顽固对抗，对老大与儿媳忙外边的事让自己一个人干活，老汉虽然有些不乐意，"可是望着儿子媳妇们闹着笑着的背影，又觉得两口子实在也不坏，对他从来没摆出难看的面孔，总是嘻嘻哈哈地体贴自己的"，④对于老二"自个找的婆娘"翠妞也只是觉得不请人下聘就自己来往有失分寸，而不是拒绝他们的婚姻。老汉不是反对婚姻自主的封建家长，只是与年轻人相比，老汉对新变化的适应、新观念的接受有些迟缓，跟上新时代时有些步履蹒跚。对于老汉头脑里的略带保守的旧观念，作者显然不是取如鲁迅一样的国民性批判的视角，也不如赵树理对二诸葛与三仙姑那样带有嘲讽漫画的味道，甚至可以说连微讽也没有，而是带着宽容与理解，以善意温厚的微笑对待。读小说中对老汉的描绘，除了感到一种生活化的风趣，还能感觉到老汉形象的可爱。《在延安文艺座谈会上的讲话》谈到知识分子文艺工作者对待工农群众的态度时说："对人民群众，对人民的劳动和斗争……我们当然应该赞扬。人民也有缺点的。无产阶级中还有许多人保留着小资产阶级的思想，农民和小资产阶级都有落后的思想，这些就是他们在斗争中的负担。我们应该长期地耐心地教育他们，帮助他们摆脱背上的包袱，使他们能够大踏步地前进。他们在斗争中已经改造或正在改造自己，我们的文艺应该描写他们的这个改造过程。而不应该

---

① 康濯:《平静的初春》,《晋察冀日报》,1943年4月18日,第四版。

② 康濯:《平静的初春》,《晋察冀日报》,1943年4月18日,第四版。

③ 康濯:《平静的初春》,《晋察冀日报》,1943年4月18日,第四版。

④ 康濯:《平静的初春》,《晋察冀日报》,1943年4月18日,第四版。

只看到片面就去错误地讥笑他们,甚至敌视他们。"①本篇小说中,康濯对待劳动群众缺点的态度基本与此吻合。

除以上7篇小说外,《鼓》副刊还刊载了另外3篇叙事性作品。

邵子南的《死人书》写一个战士在一场战斗中被子弹击中受了重伤,从山上的岩石上滚下来,滚到乱石和草丛中,与部队失散。这个战士想努力爬出大山归队,但终因伤重牺牲在大山之中。作品中有大量的受伤战士的心理活动描写,较为细腻地描写了这个战士面对死亡时的心理变化。写他的意识恢复后立即决定自己爬回去再去参加战斗,在他的心目中"疲乏和胆怯是可耻",②当他努力往前爬因伤重失败之后,意识到很难爬出大山时,产生了放弃的想法,感觉到失去希望等待死亡的"寂寞",这时他马上又想到:"战士是不能寂寞的,死更不是需要等待的,痛苦除开让人头晕之外,再没有什么",③然后醮着自己的血在地上写"前进"来鼓励自己,又坚定了继续往前走的信心:"我还该爬上去,说不定还有活的可能""不要糟蹋了自己,哪怕只有很少活的可能",④然后重新向前爬,直至牺牲。作品采用了散文诗的写法,尽管也叙述了一个简单的故事,但写得很抒情,尤其是开头,在进入故事叙述之前,使用了大段的诗化抒情性话语:

> 夏天的天空,越看越高,因为,它太光明了……
>
> 宇宙里面,留着骄傲的火气,风儿是吹不开的,风儿只是让火气旋转着;太阳在每一个黑夜之后都要晒地球一个白昼,水力不大的溪流干了……
>
> 宇宙永远继续着自己的进行,生命生长,只看见生命生长!就是消灭了的水,也以水蒸气大量地积蓄到蓝色的天空里,好结成含着雷

---

① 毛泽东:《在延安文艺座谈会上的讲话》,《解放日报》,1943年10月19日,第四版。

② 邵子南:《死人书》,《晋察冀日报》,1942年12月8日,第四版。

③ 邵子南:《死人书》,《晋察冀日报》,1942年12月8日,第四版。

④ 邵子南:《死人书》,《晋察冀日报》,1942年12月8日,第四版。

雨的黑色大云朵。

土地在强烈地吐气。①

这段文字占全文的约四分之一，结尾又用抒情性的话语呼应开头："风拂着，他死了……夏天的天空，越看越高，因为它太光明了……"②有了一种回环往复，一唱三叹的效果，本篇作品尽管写的是一个悲壮的故事，但却也不完全是刚劲的，有些柔美的色彩。尽管作品很抒情，采用了散文诗的体式，但其中主要内容写的是他与部队失去联系之后独自的经历与心理，因为战士没有爬出大山就牺牲了，所以这些内容主要来自作者的想象而非战士自己的讲述，因而具有明显的虚构性，所以还是应该把它看做小说。

《影子》一文明确标出其文体是"童话"。作品主人公阿乐古是一个有许多缺点却不敢正视自己缺点的人，因而总是对别人疑神疑鬼，老觉得别人在嘲笑他，以至于怀疑自己的影子也在嘲笑他（当然这时的阿乐古意识不到这是他自己的影子）：他在小路上散步时发现影子在他身旁的大路上，他觉得影子瞧不起他；他在夕阳下时，发现影子比他身高长，他觉得影子"竟敢比他还高大"；③他到了河边时，看到影子"跳到小河里洗澡去了"，④他觉得影子是在嘲笑他身上有虱子。这个影子的存在使得阿乐古很不舒服，于是决定对付影子。首先阿乐古想把影子抓过来，骑到影子头上，他站在一块高石头上，对着影子讲道理以麻痹影子，突然迈起右腿跨向影子的头上，但结果是把自己摔了个跟头，影子却仍然安静地在他身旁；阿乐古又把影子逼到一堵墙上，扇了影子一个耳光，影子没有反抗，他以为影子老实了，但之后阿乐古感到影子对他的嘲笑更厉害了，看到好像影子的嘴在动，嘲笑他的声音好像能听到了。阿乐古决定在一处平坦的

---

① 邵子南：《死人书》，《晋察冀日报》，1942年12月8日，第四版。

② 邵子南：《死人书》，《晋察冀日报》，1942年12月8日，第四版。

③ 二石：《影子》，《晋察冀日报》，1942年12月30日，第四版。

④ 二石：《影子》，《晋察冀日报》，1942年12月30日，第四版。

广场上与影子进行一次战斗，阿乐古对影子拳打脚踢，想尽一切招数，就是打不着影子，最后还把自己搞得啃了满嘴泥。阿乐古按照朋友的建议，按照书上说的"该打的影子的尺寸"做了一套衣服去套影子，看他是否该打，尽管很难套出影子的尺寸，但最后还是觉得这个影子"勉强适合""该打的影子"的尺寸，[①]是个该打的影子。这次阿乐古打影子时请了一个高明的人观阵，高明的人看了阿乐古打影子后告诉他，他打的是他自己，高明的人告诉他"影子是太阳产生的"，[②]人的主观并不能左右他，阿乐古打自己影子的事成了人们的笑谈。这篇童话的着眼点不是对敌斗争，而主要是对根据地内部的工作作风及思想观念的批评，这可能与当时正在进行的整顿"三风"的大背景有关。文中写阿乐古"从小有一种娇养的习惯，爱骑的(在)别人的头颈上，那或者是他家的仆人，或者是他爸爸"，[③]据此阿乐古应该不是出身于劳动阶层，因此这应该是对根据地内非工农兵出身的工作者的批评，阿乐古打自己的影子主要批评的应是这些人自我批评精神的缺乏，而其中套影子的书写可能讽刺的是教条主义，高明人所说的"影子是太阳产生的"，人不能左右影子则是针对主观主义。可以说这篇作品与现实结合很紧密，有很强的现实针对性。

《二月通信——寄一个没有到会的参议员》是孙犁写给好友作家王林的一封描述这次参议会召开的盛况的信，可以把它称为书信体的报告文学。王林是冀中选举的参议员，1942年日军的大"扫荡"后，没有离开冀中，坚持与敌进行残酷的斗争，因此没有参加1943年召开的边区参议会大会。对于当时的情景，多年以后王林有这样的回忆："1943年2月，孙犁同志从北岳山区给我写了封信，因为当时敌后抗日根据地尚未建立民用邮电系统，而我又处在冀中平原反日寇大'扫荡'环境中，没办法传递到我的手里，只好发表在《晋察冀日报》文艺副刊《鼓》上。又考虑到我的处境，连真姓名也没有公开用，只加了个副标题'寄一个没有到会的参议

---

① 二石：《影子》，《晋察冀日报》，1942年12月30日，第四版。

② 二石：《影子》，《晋察冀日报》，1942年12月30日，第四版。

③ 二石：《影子》，《晋察冀日报》，1942年12月30日，第四版。

员'。"①文章的主要内容是介绍参议会会议召开的情况：比如讨论十大纲领，讨论统一累进税则，聂司令员代表中共中央北方局的讲话，边区政府的工作报告以及会中晚上《日出》《把眼光放远一些》等文艺演出，另外则是描绘了参加会议的边区领导人聂司令员与萧克副司令员的形象以及文艺界领导人成仿吾的形象：聂司令员作风民主，平易近人，和蔼地认真听取参议员们的意见，平等耐心地与他们讨论问题，"聂司令员和中国一些可歌诵（颂）的名将风度凝结成一个形象"；萧克副司令是一个文学的爱好者，常到展览室浏览边区的文学作品，还在写着一部长篇小说，萧克给作者的印象是"一个最漂亮的中学生的风度，而风度里的内含是一个天才的军事家"；成仿吾"虽在风沙里奔波了"多年，但"许多人说他比在上海年轻了"，用"关注②着较创造社开创时更大的热情的果敢的词句"致大会的闭幕词。③文章也写了作者对这次会议的感受与评价，大会是"正义战争和民主政治的交流所培养起来的历史上无比光荣的果实，这果实将喂养我们这一代到完全的幸福和自由的日子""大会在我的心里，感情上栽种上甜甜的，神秘的，生命力的种子，从大会以后，在我心里，就有一种急剧的激动，那就是要求一种工作上的建树，一种对人生的新的义务，我被胜利后的新中国场景的种种预见完全激动了"。④这封向"家乡和工作在家乡的同志们"汇报大会印象的信饱含着作者对家乡的思恋与对老友的关怀之情，但是正如王林在后来指出，它远远超出了这些，"是对于敌后抗日根据地晋察冀边区民主建政的颂歌，对于敌人闻之丧胆，而在人民中间平易近人、倾听群众意见的中共领导的画卷和礼赞"⑤。

叙事性作品是《鼓》副刊中分量较重的一类，虽然篇数并不算太多，

---

① 王林：《一封难忘的信——祝贺孙犁文集的出版》，《王林选集》（下），天津：百花文艺出版社，1987年5月版，第384页。

② 原文如此，疑为"灌注"之误写。

③ 孙犁：《二月通信——寄一个没有到会的参议员》，《晋察冀日报》，1943年2月21日，第四版。

④ 孙犁：《二月通信——寄一个没有到会的参议员》，《晋察冀日报》，1943年2月21日，第四版。

⑤ 王林：《一封难忘的信——祝贺孙犁文集的出版》，《王林选集》（下），天津：百花文艺出版社，1987年5月版，第384页。

但与此前《晋察冀日报》(《抗敌报》)的其他文艺副刊相比,《鼓》副刊中的叙事性作品大多篇幅较长,因而所占版面较多,少有如抗战初期的短小简洁的急就章。其中原因可能在于《鼓》副刊创办时已是抗战相持阶段的中后期,日本侵略者的败相已然明显,无力对边区形成太大威胁,边区已趋于稳定,因而在这样的环境中,作家有条件较为从容地构思写作作品。《鼓》中的叙事作品在及时反映瞬息万变的战争生活方面有所滞后,但对根据地的反映却更为全面,除了真枪实弹的前线的激烈战斗,根据地的农业生产、政治经济文化建设都有所反映,而且深入人的内心世界写边区农民的思想观念的变化,以及敌伪徘徊于敌我之间的内心斗争。《鼓》副刊中的叙事作品与此前副刊中的作品相比,不仅仅是篇幅的加长,更是艺术性的提高。

从文体来看,尽管在副刊刊出时,大部分作品没有标出文体,但在后来收入各种作品集时,大多被当做小说收入,这些作品小说的特征很明显,而有明显纪实文体特征的仅有《二月通信——寄一个没有到会的参议员》一篇。但是这些作品大多不是以完整的故事叙述、曲折的情节冲突为中心的情节小说,而是在结构上有一定散文化诗化色彩。就题材而言,仍是写敌我的战斗要多于根据地的建设,但对战争的残酷与敌人的残暴有较多呈现,昂扬乐观的情绪有所减弱,以一种更为冷静的目光看待战争,对这场战争的反映更为客观真实。同时,在大多作品中,却又并不是直接书写战争的场面,而是把其置于幕后,或是通过回忆或转述来书写。中华人民共和国成立后,以孙犁为代表形成了"荷花淀派",《鼓》副刊中的小说,其实以初具"荷花淀派"小说的特点。尽管孙犁小说对中国传统的诗歌散文资源有所吸收,体现出一定的民族化色彩,但是在其他作家的作品中仍是以吸收借鉴西方现代小说的体式与叙事为主,民族化色彩不多。总体而言,《鼓》副刊中的叙事性作品在根据地报纸文艺副刊的叙事性作品中,艺术性应是最高的。

二、诗歌

《鼓》中刊载的诗歌较少，共9首，短诗居多。

在《鼓》第一期上，刊载了总题为"合唱——反大东亚战争"的一组诗，共6首：《狼——日本□□（此二字原文无法辨识）现局吟》《"胜利的果实"》《如果敌人不投降——就消灭他》《一个事实》《鱼鸟二章——给伪官兵》《沟外》，其中前4首都特别短。

毕采的《狼——日本□□现局吟》只有两句："狼狂叫着，你看，猎人围在它四面。"①诗歌用比喻的手法写出了日本侵略者的狂妄与凶残及其行将失败的困境。

1942年下半年日美爆发了所罗门群岛之战，战争中日军死伤惨重，文豹的《"胜利的果实"》是针对此战有感而发，全诗共三行："太平洋的绿波呀！啊，所罗门的岛呀！当喋喋的鱼儿吃饱了冤沉海底的士兵的死骨，军阀们在举杯庆祝'胜利战果'呀！"②通过对比揭示出日本军阀毫不吝惜士兵的生命去换取他们的战果，日本的普通士兵也是侵略战争的受害者，揭露了侵略战争罪恶的本质。

田间的《如果敌人不投降——就消灭他》也是一首非常短的诗："中国人，记住：一切敌人的笑，都是假的，如果他不投降——就消灭他！"③诗意明晰，语言直白，节奏铿锵有力，是一首典型的田间式的"鼓点诗"。

曼晴的《一个事实》是一首简短的叙事诗，两节共八句："在一个月夜里，日本军官召集一个群众大会，嘴里吐着白沫，夸耀'皇军'的胜利。谁知一阵喧哗，把会场扰乱了，原来有五个日本兄弟，吊死在会场旁边的枣树上。"④五个日本兵吊死的事实与日本军官口中的胜利形成了绝妙的讽刺。诗歌完全用口语写成，而且基本都是叙述性语言，差不多是一个

---

① 毕采：《狼——日本□□现局吟》，《晋察冀日报》，1942年12月8日，第四版。
② 文豹：《"胜利的果实"》，《晋察冀日报》，1942年12月8日，第四版。
③ 田间：《如果敌人不投降——就消灭他》，《晋察冀日报》，1942年12月8日，第四版。
④ 曼晴：《一个事实》，《晋察冀日报》，1942年12月8日，第四版。

事件讲述的分行书写，并不具有多少诗的特质，与五四时期的白话诗有一定的相似之处。

《鱼鸟二章——给伪官兵》与《沟外》两首诗较长，且文人诗的味道较强。《鱼鸟二章——给伪官兵》，全诗分为三部分：序言部分引用陆机的《猛兽行》①起首四句，意在劝谏伪军官兵应该注重自己的气节，不要与侵略者为伍，远离恶劣的环境，不使自己的品行受污；第一节把日伪生存环境比作"浑浊的，浅浅的，臭而窒息的""行将干涸"的水，把伪军官兵比拟为生活在这样的水中的鱼，劝说伪军官兵看看根据地"清亮的，水草香甜的""广阔温暖"的世界，跳出罗网，不要给行将失败的侵略者陪葬；②第二节把日本侵略者比拟为在反侵略阵营的"狂风""暴雨""雷电"的打击下"树干折了！树叶飘零了！根要拔起了"的树，把伪军官兵比作这树上的鸟，劝说他们尽快飞离这棵树，以免遭受反法西斯阵营的打击——被"猎者的枪弹"射死。③《沟外》写的是敌占区人民生活的惨状，在侵略者的残酷压榨下，敌人的杀戮使"旷野成了无人区""繁盛的宗族被灭了"，连饿死的野狗都"只剩下皮和骨"，④可想而知，敌占区的人民生活贫困到何种地步；除了物质方面，侵略者对人民的精神也进行了严密的控制，极具讽刺意味的是，宗族被杀灭的孩子被侵略者胁迫参加所谓的"孝子会"，敌占区的人民在侵略者的严密控制下没有任何自由，只能在"孝子会"的"军乐声里""咳嗽"，在会场上"斜眼瞧""到野外吐吐气"以表达对日军的反抗。⑤这两首诗歌主题明晰单纯，不具有含蓄蕴藉的诗意，但是语言表达与表现手法上却较为文人化。

除此之外，还有两首政治抒情诗与一首叙事诗。

蔡其矫的《雁翎队》抒发的是对白洋淀人民组织雁翎队抗击侵略的颂

---

① 应为《猛虎行》，原文有误。
② 林采：《鱼鸟二章——给伪官兵》，《晋察冀日报》，1942年12月8日，第四版。
③ 林采：《鱼鸟二章——给伪官兵》，《晋察冀日报》，1942年12月8日，第四版。
④ 司马人：《沟外》，《晋察冀日报》，1942年12月8日，第四版。
⑤ 司马人：《沟外》，《晋察冀日报》，1942年12月8日，第四版。

扬之情。全诗八节，从其内容看可分为两个部分，前四节为一个部分，书写的是日军入侵之前白洋淀人民捕雁的图景：在十一月，白洋淀的天空"美丽而安详"，"肥美的""密集的"雁群"从湖面飞起，像一张罗网，牵过湖面"，白洋淀人民这时驾着平底船架着抬枪在湖里打雁，"船头激起白浪花，那萧瑟的芦叶上遗留着雁的血斑"。[①]后四节为一个部分，写日军侵入白洋淀后，白洋淀青年组织的雁翎队的反抗：日军的汽艇"骄傲地在水上行驶""异国的陌生者，张着眼，在苇叶丛里寻找什么呀"，[②]破坏了白洋淀的美丽，打破了人民的安详生活，白洋淀人民奋起反抗，不再用火药对付群雁，而是反抗日军的侵入，白洋淀的青年们"把船划出港汊"，要在"故乡的湖面上与抢掠者决一死战！""扶准抬枪"，把敌人永久埋葬在白洋淀的波浪中，迎来"光明的村庄和欢呼的白洋淀"。[③]这首诗是一首白话自由诗，语言浅显，没有用难懂的语汇，但基本是用书面语写作，不能算是通俗化的诗作。另外，情感的抒发也基本是借情景的描绘来完成，有较强的画面感。结构上也讲究，一二节与五六节都是两行，三四节与七八节都是三行，构成一种对应关系，诗句的字数也相差不大，给人一种较为齐整的观感。在根据地诗歌中，这是一首艺术性较高的作品。

欧阳君山的《为边区孩子而歌》是给1943年儿童节的献诗，主题是通过对边区儿童新风貌的描写抒发对根据地的热爱与赞美之情。诗歌从早晨在沙滩上操练的一队孩子们写起，他们健壮的面孔与积极的精神风貌引发了诗人抚今追昔的感想：在过去"古老的国家的法律从来蔑视着孩子"，他们处在社会的最底层，"灵魂是靠着地面""说话不值一文钱""自由到处遭限禁"。[④]但是时代变了，边区孩子们在战争中同样"为着祖国的自由""用生命编织着斗争"，[⑤]在边区的"阳光下"他们有了全新的生活状

---

① 蔡其矫：《雁翎队》，《晋察冀日报》，1942年12月15日，第四版。

② 蔡其矫：《雁翎队》，《晋察冀日报》，1942年12月15日，第四版。

③ 蔡其矫：《雁翎队》，《晋察冀日报》，1942年12月15日，第四版。

④ 欧阳君山：《为边区孩子而歌》，《晋察冀日报》，1943年4月18日，第四版。

⑤ 欧阳君山：《为边区孩子而歌》，《晋察冀日报》，1943年4月18日，第四版。

态和精神风貌："每个孩子的面孔／都洋溢着愉快的红润""有的天真地挥着手／遥指着山顶的太阳／赞美着它温暖的光芒""有的沿着流水歌唱／用祝福的歌声寄给聂司令""有的坐在河上／靠着杨树朗诵／'八路军是人民的救星'"。①见此情景，诗人"思潮涌动"，不能自已，要以"全部的热情"像夜莺、杜鹃"歌唱美丽的春天一样"，歌唱孩子们"黄金的生命"与"美丽的前程"。②诗歌写得热烈奔放，体现出一种雄浑壮阔之美。

　　孙犁的《大小麦粒》是一首篇幅较长的叙事诗，篇首标为"故事诗"。诗歌采用了拟人化的写法，诗中主人公是一颗老年麦粒和一颗青年麦粒，通过一个拟人化的故事表达了对日本侵略者的痛恨和对抗日子弟兵的爱护。诗歌讲了一个这样的故事：日军下乡抢掠，把抢来的一百多袋麦子放入土地庙中的"公仓"。晚上，所有的麦粒都为自己将被日军吃掉而叹息，一颗青年麦粒走出来，一颗年老但却很强壮的麦粒向他打招呼，告诉他"你是我的一个侄儿哩"，③为了消除小麦粒的怀疑，老麦粒告诉了他自己的来历："主人很年轻，十分勤俭，是一个村干部，却从不疏懒地里的生产，太阳没出来，就站在我的身边；我头上的露珠滴到他的脚上，他呼吸新鲜的空气，把臂膀舒展。他用清凉的井水，给我洗浴。""我们那女主人，年轻美丽，她不藏在家里常出去开会，也帮助丈夫收拾土地。她牵头黄牛轧场，用柔软的手，把我撒在空中，吹去糠皮。"④老麦粒与小麦粒都为离开他们那些可敬的主人（也即根据地的人民）而懊悔不已，老麦粒说他离开主人没有了希望，要腐烂掉，小麦粒也为自己"不能变成战士的口粮，成为战斗的力量"⑤痛心疾首。半夜，一只黄毛耗子吞掉了老麦粒。耗子没有把老麦粒吞下去，而是把他衔在嘴里，带回耗子的"家里"，放入耗子的"公仓"。房子的主人挖坚壁时埋藏的麦子时，耗子吓得逃走了，

---

① 欧阳君山：《为边区孩子而歌》，《晋察冀日报》，1943年4月18日，第四版。
② 欧阳君山：《为边区孩子而歌》，《晋察冀日报》，1943年4月18日，第四版。
③ 孙犁：《大小麦粒》，《晋察冀日报》，1942年12月15日，第四版。
④ 孙犁：《大小麦粒》，《晋察冀日报》，1942年12月15日，第四版。
⑤ 孙犁：《大小麦粒》，《晋察冀日报》，1942年12月15日，第四版。

老麦粒发现，耗子的"家"就在他主人的炕厢里，这样，老麦粒又回到了主人身边。女主人提出把麦子驮到集上卖掉，男主人说驮到集上等于把麦子给敌人送去，决定拿麦子去慰劳子弟兵。老麦粒听到后也十分欢喜，"他呐喊说：'快去，快去！叫子弟兵吃饱了打'公仓'去，解放那些受苦受难的子侄兄弟！'"①诗歌使用了口语化的语言，亲切易懂，用押韵的文字讲一个简单有趣的故事，读来琅琅上口。虽然是叙事诗，但仍然有抒情色彩，有些文字抒情性很强，比如老麦粒讲述其离开主人时这一段："我离开他，一切希望都没有了！再不能生根在肥沃的土地上，迎受热烈的阳光，吸收清凉的夜露，看狡猾的兔儿们竞走，听翠绿的草虫儿歌唱。"②

《鼓》副刊中的这9首诗题材广泛，有些写对侵略者的猛烈打击，有些写敌人的惨败，有的写敌占区人民的悲惨，有的写侵略战争给日本人民带来的伤害，也有对根据地充满希望的全新生活的歌颂，有的旨在鼓舞抗日军民英勇杀敌，有的在于激发对侵略者的仇恨，有的在呼吁敌伪军及早反正，迷途知返。基本都是宣传鼓动诗与政治抒情诗，当然也出现了《大小麦粒》这样的通俗叙事长诗。语言上，为了达到宣传鼓动效果，大部分诗都在有意识地追求通俗化、大众化，但是有不少诗歌在表达上仍然有较明显的文人味。整体而言，主要着眼于政治性的宣传而不太注重诗艺的锤炼，但也出现了一些艺术性较强的诗歌。

三、文艺理论及评论性作品

《鼓》中刊载的文艺理论及评论性文章共有5篇。

沙可夫的《伟大转变的一年——初步探讨过去一年边区文化工作与今后努力的方向》是对边区"一般文化工作"的宏观论述，但正如编辑在本文"编者按"中指出"其中涉及文艺工作之处颇多"，因此刊载"供边区

---

① 孙犁：《大小麦粒》，《晋察冀日报》，1942年12月15日，第四版。"那些受苦受难的子侄兄弟"在此既可广义地理解为受日本侵略的中国人民，也可联系具体的故事理解为被日军抢到"公仓"里的小麦粒等。

② 孙犁：《大小麦粒》，《晋察冀日报》，1942年12月15日，第四版。

文艺工作者参考"①。沙可夫首先对边区的文化工作作了回顾，指出1942年边区文化工作同抗战局势一样是"伟大转变的一年"，边区文化工作比以往"更能紧密地配合政治中心任务——主要是对敌政治攻势，发挥其应有的战斗力量而获得辉煌的战果"②，这种配合与转变首先体现在"边区所有的文艺团体以至每个文艺工作者或多或少地都深入到游击区与敌占区，展开对敌宣传战。在瓦解敌军、争取伪军反正以及启发广大民众的民族气节，坚定抗战彻底胜利的信心上面起着非常巨大的作用"；③创作上，"产生了大量以尖锐的对敌斗争为主题的短小精悍的作品"，以往"边区文化工作对于敌后战争迫切的要求或多或少还有些貌合神离，在实际上还不能完全做到文化文艺站在战争的最前线"的情形有了很大的改变。④其次，边区文化组织进行了新的整顿，配备了新的文化干部。作者认为边区一年来所取得的成果除了边区文化工作者"以最大的热忱与积极性，勇敢与牺牲精神参加战斗"外，也是边区文化界参加整顿"三风"学习与检查运动的结果，通过运动，主观主义、宗派主义、党八股作风得到改造，使得文化界的思想与工作作风有了很大的进步。在肯定成绩的同时，沙可夫也指出了不足：文化普及工作还有一定距离，创作上通俗的、短小的能普及到农村、连队、工厂的作品不多，"为大众所喜闻乐见的，又具有中国作风、中国气派"的作品更少；落后地区的文化突击与新文字推行工作也做得不够。最后作者指出1943年努力的方向："坚持战斗，渡过难关，一直到最后胜利之日。"⑤

_____

① 《〈伟大转变的一年——初步探讨过去一年边区文化工作与今后努力的方向〉编者按》,《晋察冀日报》,1943年1月31日,第四版。

② 沙可夫:《伟大转变的一年——初步探讨过去一年边区文化工作与今后努力的方向》,《晋察冀日报》,1943年1月31日,第四版。

③ 沙可夫:《伟大转变的一年——初步探讨过去一年边区文化工作与今后努力的方向》,《晋察冀日报》,1943年1月31日,第四版。

④ 沙可夫:《伟大转变的一年——初步探讨过去一年边区文化工作与今后努力的方向》,《晋察冀日报》,1943年1月31日,第四版。

⑤ 沙可夫:《伟大转变的一年——初步探讨过去一年边区文化工作与今后努力的方向》,《晋察冀日报》,1943年1月31日,第四版。

　　唐伶的《戏剧在政治攻势的前线上——叙述一些感想和经验》探讨的是根据地剧团在敌占区与游击区流动演出的问题。作者认为在敌占区游击区的演出，除了给群众带来快乐，更应指导群众怎样斗争，在思想与情感上给予其影响，因而剧本要反映出敌占区游击区的生活，说出敌占区游击区群众的心里话，替他们出主意想办法，也要写不久将到来的光明以鼓舞他们，题材上着重针对敌占区游击区的生活，写作内容与当地现实生活紧密联系。文章认为剧作者对当地生活的熟悉程度决定着剧本内容的深度，因而要深入了解当地的生活与观众，要根据演出地的不同情形准备多种主题的剧本灵活因应，按当地的实际情形制作安排节目。关于宣传效果与艺术性的问题，文章认为，好的宣传效果必须有艺术性，要重视对题材的艺术的裁剪与艺术想象等，作品的政治性需从情节发展的合理性上流露出来，而非通过生硬的口号、空洞的概念直露地表达出来，如果作品是从实际材料与生活中来，艺术性与宣传效果都会很好。形式方面，文章认为，要依据内容各种形式灵活应用，手法要生动通俗；对旧形式要批判利用，因为游击区敌占区演出流动性强，舞台装置简单，所以，旧戏的手法更适合；演出中要有一定量的喜剧来调剂这些地区群众悲苦的生活；适应观众的欣赏习惯，最好写作带音乐带唱的戏剧。演出方面，因演出场所因地制宜、简单灵活，演员与观众距离更接近，所以表演更需真实；演出装备需要轻便，尽可能就地取材；演出地点选择，要考虑演出需要，更需考虑转移方便（当地有适合演出的场地、景物等可利用）。

　　萨柯的《"绿芽"感——不是书评，也不是介绍，只是一点点感想而已》与卓尔的《我读了〈丈夫〉之后》则属于从微观着眼对具体文学对象的批评。

　　《"绿芽"感——不是书评，也不是介绍，只是一点点感想而已》是对云彪县文艺小组编辑的油印刊物《绿芽》的评论。作者认为《绿芽》像初生的"绿芽"，从中可以看到"富有生命的""年青的"边区文艺的"蓬蓬勃勃地生长"的面貌，"今天"虽然"稚嫩""力量薄弱"，但"因为生根在一块肥沃的土壤里，而且有热忱的、辛勤的园丁们的栽培，它便会慢慢儿地成长为硕大魁梧、丰枝茂叶的树木"；①同时也必须正视成长过程中"害虫的侵蚀"与"风暴的摧折"，为了保卫边区与边区文艺的成长，就要与"三风"——主观主义、宗派主义和党八股作斗争，与日寇汉奸作斗争，边区文艺正是在这样的斗争中壮大的；②对于边区文艺的"绿芽"的成长既不能性急，要看到它"沉着地""不断地"壮大，③又要帮助它促使它成长更快；而作者指出如何使它更快成长恰是个急待解决的问题，作者最后引用了列宁的一段话作为对这个问题的回答——文中引用的这段话中有这样几个要点：文艺是无产阶级事业的一个部分，是党的工作的组成部分；但是文艺又是个人的创造性的工作，需对个人的爱好、思想与幻想以及内容与形式的多样性留有足够的空间，帮助促进文艺的发展要注意文艺工作区别于党的其他工作的特殊性。

《我读了〈丈夫〉之后》是对孙犁的《丈夫》的评论。《丈夫》刊于第三期，《我读了〈丈夫〉之后》刊于第五期，相距二十日，这篇文章应该是对《丈夫》最早的评析文章，也应该是较早的对孙犁小说风格作探讨的文章。文章对《丈夫》及孙犁小说的理解与评析十分准确贴切。作者卓尔认为《丈夫》的"简练""朴素""有浓重的乡土气息"的特色④，在以往的边区文艺中是很少见到的。⑤作者不是用抽象的理论分析作品，而是从自己的阅读印象与感受具体感性地描绘出作品的这种风格。作者说，阅读《丈夫》"像是倾听着一个憨直的农民向我讲述着这么一个平凡的故事，这故事深深地牵引着我，使我如临其境，活动在所描写的人物的周围，认识了他们的思想和行为""从平凡的现实生活中产生，而又表现了现实的真

---

① 萨柯：《"绿芽"感——不是书评,也不是介绍,只是一点点感想而已》,《晋察冀日报》,1942年12月30日,第四版。

② 萨柯：《"绿芽"感——不是书评,也不是介绍,只是一点点感想而已》,《晋察冀日报》,1942年12月30日,第四版。

③ 萨柯：《"绿芽"感——不是书评,也不是介绍,只是一点点感想而已》,《晋察冀日报》,1942年12月30日,第四版。

④ 卓尔：《我读了〈丈夫〉之后》,《晋察冀日报》,1943年1月12日,第四版。

⑤ 卓尔：《我读了〈丈夫〉之后》,《晋察冀日报》,1943年1月12日,第四版。

实，不矫饰，不夸大，没有激烈的情感，没有美丽的言词，一如生活似的朴素单纯，一切在平静的调子下进行着，给了我真实的恳挚的感受"。①尽管小说中用笔最多直接描写的是"妻子"，但是作者认为"丈夫"是作品的主人公，作者认为作品的主题是"'丈夫'在斗争中成长着"，②而表达这一主题的方式是"妻子"的侧面渲染与另一个"丈夫"（即妻子同村大姐的丈夫，一个农村的浮浪汉，后来做了汉奸）的衬托；同时对"妻子"的描写又反映了"农村妇女进步的痕迹"与"一般群众及新的一代的抗敌意识的增长"③。作者认为孙犁"从简练的笔触下烘托了生活的细节，和潜在着浓厚的农民的感情"，④并认为作品中的对话表现得尤好。文章也指出《丈夫》的一些不足：作品中通过"妻子"的回忆插叙（文中用的是"反叙"）"丈夫"的过去，虽然技术上成功，但因为插叙部分内容过重，冲淡了对于"现在"的描写；另外是文体的限制，作品采用了小品文的形式⑤，卓尔认为小品作为一种"生动精悍""自由"的文体，便于"捕捉现实生活中的一个事件、一个人物……和在一特定的短暂的时间上来加以叙述和描写"，而不适合"表现一个悠长的过程中的事件的发展"，⑥而《丈夫》写的是好几年的故事，采用小品的形式影响到它在人物刻画上的深刻性与细致性（这种观点很有道理，尽管孙犁小说的价值毋庸置疑，但这种散文化的小说确实很难写成宏篇巨制，小说的容量必然会影响作品表现生活的宽度与厚度，过于深刻复杂的人物塑造确乎不便于展开）；还有就是作品没有反映"最尖锐的现实——对敌斗争"，⑦卓尔认为其中原因不仅仅是文体的限制，还有作家如何处理题材的问题，作家可以根据题材对小品

---

① 卓尔：《我读了〈丈夫〉之后》，《晋察冀日报》，1943年1月12日，第四版。
② 卓尔：《我读了〈丈夫〉之后》，《晋察冀日报》，1943年1月12日，第四版。
③ 卓尔：《我读了〈丈夫〉之后》，《晋察冀日报》，1943年1月12日，第四版。
④ 卓尔：《我读了〈丈夫〉之后》，《晋察冀日报》，1943年1月12日，第四版。
⑤《丈夫》在《鼓》刊出时明确标出其文体为"小品"而非"小说"。
⑥ 卓尔：《我读了〈丈夫〉之后》，《晋察冀日报》，1943年1月12日，第四版。
⑦ 卓尔：《我读了〈丈夫〉之后》，《晋察冀日报》，1943年1月12日，第四版。

文作新的创造,使得小品文也可以反映"深刻的和较丰富的生活斗争"。①
卓尔认为在抗战期间对敌斗争尖锐的情况下,作家应选取斗争最尖锐的主
题"大胆地运用和创造活泼精悍的艺术形式""及时地更便利地投向对敌
斗争",②在这里隐约地包含着对孙犁的这样一种散文化诗化小说不太适合
这样的激烈斗争环境的批评。当然也应看到卓尔对孙犁这样一种独特的小
说样式的肯定,文章说通过对《丈夫》的阅读体会到"今后的文艺创作是
可以向着这一方向继续努力",③把孙犁小说看做解放区小说发展的别一个
新方向,似乎已经看到了孙犁小说将会成为根据地小说中一种别具一格的
小说新样式的端倪。

　　《鼓》副刊中的理论性文章中探讨较多的一个问题是利用文艺在敌占
区游击区发动宣传攻势,这与抗战中后期总体态势有很大关系,在敌我力
量发生根本性的变化,抗战将要转入反攻的时期,必然要求文艺工作也要
采取一种积极进攻的态势,这从一个侧面也反映出根据地文艺与形势密切
配合积极服务于抗战的特点。对这一问题的探讨包括对这样的宣传攻势的
重要性的强调与如何进行这样的攻势的探讨,也注意到接受者在文艺活动
中的重要性。《鼓》副刊的理论性文章也一如既往地强调民族化与大众化,
强调深入群众、深入生活的普及性文学,在对孙犁的小说《丈夫》的批评
中也特别看重《丈夫》的朴素单纯,犹如"一个憨直的农民"的讲述,强
调的是其大众化普及性的一面;而所介绍评析的《绿芽》则是一本群众自
办的刊物。这一方面是与抗战紧密相连立足于宣传鼓动的根据地文艺的必
然要求,另一方面也反映出文艺之于大众的普及问题在实际创作中始终是
一个没有解决完满的问题,这个问题从《鼓》副刊所刊载小说、诗歌等作
品中可以看出。当然有的作者也注意到文艺的独特性,比如要注意文艺工
作区别于党的其他工作,应尊重其特殊性等。

---

① 卓尔:《我读了〈丈夫〉之后》,《晋察冀日报》,1943年1月12日,第四版。
② 卓尔:《我读了〈丈夫〉之后》,《晋察冀日报》,1943年1月12日,第四版。
③ 卓尔:《我读了〈丈夫〉之后》,《晋察冀日报》,1943年1月12日,第四版。

四、其他类作品

田间的《参议会随笔（三则）》与孙犁的《二月通讯》刊于同一期，且本期只有这样两篇作品，都是以1943年召开的边区临时参议会大会为题材，所以《鼓》第三期也可以说是本次临参会会议的专刊。本篇作品的结构比较特别，写法上比较自由随意，正如题目中所言，是"随笔"，属于散文之一种。全文分三部分，第一部分是一首诗歌，前边加一个"题引"："参议会召开之日，一位老人摇着铃并且高声喊'参议会开幕了'。"①后面的诗歌书写的是此情此景引发的诗人的所感所想。诗歌从这开会的铃声写起，由实入虚，把参加参议会比作"走进田园，去摘果子，也栽果子"，意指参议会是摘取经过边区军民努力所取得的胜利果实，并筹划取得更大的胜利，参议会把边区军民——"共产党人、地主士绅、农民"团结起来"共同地，紧握一把刀""去打败敌人，迎接新中国"。②诗歌最后写"今天，在田园里，美的果子要更好地结着""那金的太阳，正射在山上"，③用"美的果子"隐喻根据地及参议会所取得的成果，用金的太阳射在山上比喻根据地光明美好的生活。第二部分"某老人"，写"我们"在休会期间拜会一位老人——一位来自敌占区的参议员，在其寓所举办燕赵诗会成立会议的情形。文章写了老人的思维敏捷与健谈，写了他不受拘束的洒脱个性，写了他对边区诗歌写作的热切的关心，以及他思想的开明（比如，他关心边区的女同志是否写诗，并提出鼓励她们写诗，以他的阅历与年龄这是非常开明的），也写到老人对其用心血写成的诗稿毁于战乱的惋惜，写到老人"想写就写""不太斤斤于字句""不是过分讲求'诗'""与其说他写诗，不如说他是写心"的诗人本色，④写到老人勇敢与担当，尽管很热爱边区的生活，与诗社同仁也依依不舍，还是坚持回到敌占区从事抗

---

① 田间：《参议会随笔（三则）》，《晋察冀日报》，1943年3月24日，第四版。
② 田间：《参议会随笔（三则）》，《晋察冀日报》，1943年3月24日，第四版。
③ 田间：《参议会随笔（三则）》，《晋察冀日报》，1943年3月24日，第四版。
④ 田间：《参议会随笔（三则）》，《晋察冀日报》，1943年3月24日，第四版。

战工作。诗人赞颂这位抗日老人像一棵坚贞不屈的不老的柏树。第三部分仍然是一首诗歌，根据前面的题记，这首标题为"伟大的时刻"的诗是对参议会讨论把"双十纲领"确定为晋察冀边区施政纲领的议案的会议有感而发，书写了诗人对于这一议案通过的兴奋。诗人写如果自己的手是铁，就让把它拿去把这一议案雕刻在它之上，以此来表达诗人对这一议案的热烈支持，愿意为议案的实施奉献一切的决心，诗人把"双十纲领"比作"在战场上，曾经百战百胜的战士"，赞颂了"双十纲领"对于抗战事业的巨大价值，并且表示也要把它当自己写诗的"诗的纲领"，诗人把这一议案全票通过誉为"伟大的时刻"，为此而欢呼。①

力编（孙犁）的《慷慨悲歌》是一篇读史札记，当然也与当时的形势密切相关，是一篇借古喻今的散文。作者写的是阅读《史记·荆轲列传》的所思所感。文章从读者感受的角度把司马迁对荆轲形象的塑造分为递进的三个层次：刚开始，"轻描荆轲的性格，如一个影子，突然出现在读者面前，逐渐显真。"②之后，描写荆轲与高渐离及燕之酒徒饮酒于燕市击筑和歌的情景，"形象才具现"。再往后描写荆轲易水别燕、咸阳宫刺秦王，失败后从容就死，最终使荆轲"慷慨悲歌"的形象"跃然纸上，经百世不稍消敛了"③。孙犁从对后人的影响层面肯定了司马迁对荆轲的书写的价值："像这样好的英雄事迹的描写，会成为后人行动的号召和模范，文章使后来的英雄们更果敢机智，胜任愉快地去进行了他们的事业。……英雄读过前代英雄的故事，新的行动证明古人的血泪的代价的高贵。"④尤其是其在抗战时期的边区特定历史时空中的现实价值："在荆轲的时代，像荆轲这样的人还是很少的。英雄带有群众的性质，只有我们这个时代。但是一种志向，和必要完成这种志向，死不反顾，从容不迫，却是壮烈的千古

① 田间：《参议会随笔（三则）》，《晋察冀日报》，1943年3月24日，第四版。
②力编：《慷慨悲歌》，《晋察冀日报》，1942年12月23日，第四版。
③力编：《慷慨悲歌》，《晋察冀日报》，1942年12月23日，第四版。
④力编：《慷慨悲歌》，《晋察冀日报》，1942年12月23日，第四版。

一致的内容。"①对于荆轲的失败，作者也作了评析，作者认为把荆轲失败的原因归之于武器——刺杀行动中"匕首的效果不如长剑"②——的看法是不对的，是因为荆轲太看重自己的责任和使命，想用匕首劫持秦王，才导致其失败，这里其实隐含的是对抗战中存在的"武器决定论"的批评。作者认为尽管荆轲失败，但是荆轲的失败引起人们的怀念，而司马迁怀着对荆轲的怀念书写荆轲形象，召唤其继承者；荆轲失败的英雄事业有缺陷，司马迁对失败英雄的书写的效用在于使后人看清这种缺陷，激起后人"填补"这种"缺陷"的"热情"。③作者认为，司马迁依据简单的关于荆轲的史料通过自己的补充塑造出生动形象的荆轲形象，使得荆轲形象再生，是因为司马迁是"用自己的感情把他喂养起来的"，从而才使得荆轲形象对于"被压迫的景仰争解放的勇士们"有极强的感染力，司马迁的感情不是随文章的结束就结束，而是"灌注到各个时代"④激励人们；另外作者认为司马迁所写的这个故事，使得其"几乎成为一种集体复仇斗争"⑤的故事，对人们形成永久的激励。对于这两点，看似赞誉司马迁《荆轲列传》写作的一些特点，但实际仍然是借古喻今，着眼于这一古代英雄悲壮故事在民族解放大背景下的现实意义的发掘，与现实联系非常紧密。

除此之外，《鼓》在第四期刊载了一首带曲谱的歌词《锣鼓响了——迎接1943》，第三期上还有一则报道易县三区大队部干部牛健牺牲的消息。

与早期根据地报刊文艺副刊不同，《鼓》副刊所刊载作品中创作类明显多于文艺理论探讨类作品，文学创作类作品中，叙事性作品多于诗歌，有着显著小说特征的作品也明显多于纪实特征显著的报告通讯特写类作品，而且以篇幅较长的作品为主。如果与其他根据地的文艺副刊作一对

---

① 力编：《慷慨悲歌》，《晋察冀日报》，1942 年 12 月 23 日，第四版。
② 力编：《慷慨悲歌》，《晋察冀日报》，1942 年 12 月 23 日，第四版。
③ 力编：《慷慨悲歌》，《晋察冀日报》，1942 年 12 月 23 日，第四版。
④ 力编：《慷慨悲歌》，《晋察冀日报》，1942 年 12 月 23 日，第四版。
⑤ 力编：《慷慨悲歌》，《晋察冀日报》，1942 年 12 月 23 日，第四版。

照，会发现创办于差不多时段的晋绥边区的《抗战日报》的《吕梁文化》副刊也有类似特点。这反映出在经过根据地文艺工作者的努力之后，早期根据地文艺中的"作品荒"问题很大程度上得到解决。另外则是经过早期理论方面的探讨与论争，随着1942年《在延安文艺座谈会上的讲话》的发表，关于根据地文艺的共识基本达成，在这一根据地文艺的纲领性文献指导下根据地文艺有了明确的努力方向，大大促进了根据地文艺的创作，根据地文艺逐渐形成自己的特色，趋于成熟。当然也反映出当敌我力量发生逆转之后，根据地趋于稳定，文艺工作者有了较为安定的环境从容地从事文学创作。

《鼓》中的作品题材方面也有扩展，对敌武装斗争仍是主流，但也出现了一些描述根据地建设的作品，有的作品更是深入农民的内心世界，剖析农民思想观念的转变；也有对于参加革命的知识分子的思想观念及工作作风的批评；也有对敌伪人员的书写，写他们内心的斗争，呼吁他们回到人民中来。

《鼓》副刊中的作品也形成了一定的特色，尤其是小说，大部分都有散文化特征。

在抗战时期根据地的文艺副刊中，《鼓》副刊是艺术性较高的一种，其中有一些艺术性很突出的作品，比如孙犁的《丈夫》《爹娘留下的琴和箫》，康濯的《平静的初春》，以及蔡其矫的诗歌《雁翎队》等。

附录：

《鼓》目录

1.叙事性作品

第一期（1942年12月8日）　邵子南：《死人书》

第三期（1942年12月23日）　孙犁：《丈夫》

第四期（1942年12月30日） 二石：《影子》

第五期（1943年1月12日） 俞林：《为了春耕》

第六期（1943年1月20日） 仓夷：《边界上》

第八期（1943年2月21日） 孙犁：《二月通信——寄一个没有到会的参议员》

第九期（1943年3月10日） 林漫：《待不下》

第十一期（1943年4月10日） 孙犁：《爹娘留下的琴和箫》

第十二期（1943年4月18日） 康濯：《平静的初春》

2.诗歌
第一期（1942年12月8日） 集体创作，晋察冀诗会主持：《合唱——反"大东亚战争"》（共6首：毕采：《狼——日本□□现局吟》；司马人：《沟外》；文豹：《"胜利的果实"》；林采：《鱼鸟二章——给伪官兵》；曼晴：《一个事实》；田间：《如果敌人不投降——就消灭他》）

第二期（1942年12月15日） 蔡其矫：《雁翎队》；孙犁：《大小麦粒》

第十二期（1943年4月18日） 欧阳君山：《为边区孩子而歌》

3. 文艺理论及评论性作品
第二期（1942年12月15日） 唐令：《戏剧在政治攻势的前线上——

叙述一些感想和经验》

第四期（1942年12月30日）　萨柯：《"绿芽"感——不是书评，也不是介绍，只是一点点感想而已》

第五期（1943年1月12日）　卓尔：《我读了〈丈夫〉之后》

第七期（1943年1月31日）　沙可夫：《伟大转变的一年——初步探讨过去一年边区文化工作与今后努力的方向》

4. 其他

第三期（1942年12月23日）　力编（孙犁）：《慷慨悲歌》（札记）

第四期（1942年12月30日）　田间词，王莘曲：《钟鼓响了！——欢迎1943》（歌曲）

第十期（1943年3月24日）　田间：《参议会随笔（三则）》（随笔）

——第四章——

《晋察冀日报》(《抗敌报》) 文艺副刊 (下)

　　《晋察冀艺术》是《晋察冀日报》的又一文艺副刊，创刊于1941年1月9日。当时抗战已进入相持阶段，根据地1940年冬天的反"扫荡"取得胜利，抗战胜利的曙光已初现，正如《晋察冀艺术》创刊词所言："虽然冬天还没有过去，但太阳照着我们战斗的灵魂。麦子也从雪片里面往上长着，人民在敌人烧烂了的房屋旁边隅唱着勇敢和坚定的歌——晋察冀永远要前进呵！"[1]《晋察冀艺术》正是在这样的历史背景下创办的。创刊词说："《晋察冀艺术》第一次和大家见面，他像个婴孩，这是艺术的婴孩，他能不能成为一个艺术的大人（真正有用的艺术的大人），全靠大家以战斗的乳汁，哺育他、教养他，为了晋察冀，为了人类不断地获取新的胜利、光明与自由，而哺育他、教养他；我们代表《晋察冀艺术》向大家宣告：'这是大家自己的东西，大家不要放弃他！'"[2]尽管说得很简略，但是亦可从中窥见其办刊的取向，"以战斗的乳汁""哺育""教养"说的是战斗的内容，"为了晋察冀，为了人类不断地获取新的胜利、光明与自由"是对其功用的界定，"全靠大家""是大家自己的东西，大家不要放弃他"强调的是大众化的追求。

　　在1941年11月30日第二十三期上，编委会在《过去现在和将来》中

---

①《初面——〈晋察冀艺术〉发刊词》，《晋察冀日报》，1941年1月9日，第四版。
②《初面——〈晋察冀艺术〉发刊词》，《晋察冀日报》，1941年1月9日，第四版。

又提出刊物"应该成为群众的一位良友，特别应该成为乡村连队艺术运动的一个小小指导者"①；并提出一些调整方向，要求尽力做到"刊物内容再精粹一些""文学性重一些，多刊登创作"；②重申"艺术是大家的"③并提出《晋察冀艺术》在新的斗争时期里需要新的生活，也即其中内容需与时俱进。

《晋察冀艺术》由文协副主任田间担任主编，边区文协、音协、美协、剧协四个协会合办，因而该刊除发表文艺批评和文学作品之外，还刊登不少音乐和美术作品，所以与《海燕》《鼓》等相比，《晋察冀艺术》是更具综合性的文艺性副刊，但仍然是文学内容为主。除了第二、三、四、十三期少数几期占第四版一半至三分之二的版面，其余均占第四版整版。

《晋察冀艺术》是《晋察冀日报》文艺副刊中发行期数最多，出版时间延续最长的一种，1941年1月9日创刊至1942年7月12日终刊，最末一期为1942年7月12日出刊的"第四十二期"。笔者目前所查阅到的图书馆与档案馆以及电子资源所保存的《晋察冀日报》都缺第十八期，四川省社科院文学研究所抗战文艺研究室所编《抗战文艺报刊篇目汇编（续一）》（四川省社科院出版社，1985年版）与王长华、崔志远主编《河北新文学大系》（河北教育出版社，2013年版）所列《晋察冀艺术》的目录中都仅是列出第十八期而都没有第十八期所刊作品的目录（其他各期都有）。《晋察冀艺术》创刊号标为周刊，但并不是严格的周刊，第五、六、七期间隔已约十日，第七期起标为旬刊，之后，除几个特殊的时间段内（如第二十二至二十三期间隔近两个月），间隔基本在十日左右，最短为六日，超过十日者居多。第十七期出版时间为1941年6月25日，第十九期出版时间为7月5日，间隔10天，如果中间还有一期，不论按周刊还是旬刊，都间隔过短。笔者查阅6月25日至7月5日的《晋察冀日报》，共出报9期（6月30日与7月2日没出报），从总第646期至总654期，刊期连续，每期均为

---

① 编委会：《过去现在和将来》，《晋察冀日报》，1941年11月30日，第四版。
② 编委会：《过去现在和将来》，《晋察冀日报》，1941年11月30日，第四版。
③ 编委会：《过去现在和将来》，《晋察冀日报》，1941年11月30日，第四版。

四版，似乎没有缺漏。据此，有一种可能：第十八期实际并不存在，有可能是在战争环境下，刊期计算出现失误，把第十八期误算为第十九期，因之《晋察冀艺术》可能实际出刊总共就是四十一期。

第一节 《晋察冀艺术》叙事性作品

叙事性作品共 19 篇，明确标出文体的 4 篇，即"墙头小说"《史元》《镰刀也能反抗呵》《城》与"童话"《砍刀》。

墙头小说是根据地出现的一种新的小说样式，由于其反映现实快捷，传播简便广泛，便于开展宣传鼓动，在根据地受到大力倡导，孙犁把它与街头剧、墙头诗称做"边区三支文艺轻骑队，是年轻的文艺三姐妹"[①]。《史元》《镰刀也能反抗呵》《城》三篇都篇幅短小，段落与句子都简短，少有工笔细描，这样的形式适合于墙头、街头张贴，或直接书写于板报上，很醒目，更容易被读者记住。

《史元》写部队机要员史元，因为腿部受伤，没能随着部队从敌人的包围圈中跑出去。在感到突围无望时，史元看到受重伤的无线队长向他摇手示意，史元明白这是队长最后的命令——要他销毁文件。他挪动到小枣树后面撕碎包括电报本、收发簿在内的所有秘密文件并将之埋起来。当他完成任务，要向队长报告时，却看到"队长打了个翻身，两手分开来，死了"[②]。看到敌人在一点点逼近，史元依然坚定沉着，从口袋里找到了妈妈的信件："……好好地抗日，别念叨我，村子里都优待我……"[③]读着读着脑海里浮现出妈妈送他上前线的景象，仿佛看到了妈妈"苍老的有着微笑的皱纹的脸……"他决意要"和日本鬼子拼死了"。[④]他将最后的一颗手

---

① 孙犁:《关于墙头小说》,《晋察冀日报》,1941 年 3 月 7 日,第四版。

② 邓康:《史元》,《晋察冀日报》,1941 年 3 月 7 日,第四版。

③ 邓康:《史元》,《晋察冀日报》,1941 年 3 月 7 日,第四版。

④ 邓康:《史元》,《晋察冀日报》,1941 年 3 月 7 日,第四版。

榴弹握在手里，呼吸变得越来越急促，但在这最后的时刻史元这个"从农民的儿子爬起来的布尔什维克"看到了"民族的明天"。①他拖着受伤的腿，高举起手榴弹冲向敌人，与敌人同归于尽。小说塑造了一个英勇无畏的八路军战士形象。这样的牺牲精神和英雄形象对边区的抗日军民显然是种激励与鼓舞，发挥如孙犁所言的"文艺的政治动员"②的作用。

同期田间的《镰刀也能反抗呵》是一篇更为简短的墙头小说。小说写前半生过得很艰辛的边区农村老人王成，老婆死了，女儿嫁人，孤身一人，但他热爱边区，对边区的新生活充满希望，"希望跟边区再活他二十年呵"，想着"敌人来践踏我这半亩地，就同他拼掉吧"。③敌人真来了的时候，他却心里很害怕，但是当敌人烧了他的村子，一个敌兵逼得他没有退路时，他拿镰刀砍死了敌兵。王成老汉也可以说是一个抗日英雄的形象，但作者描写了他对敌人从畏惧退缩到奋起反抗的过程，描写了英雄的成长过程，这一形象更为真实，更接地气。尽管简略，小说对这一形象心理活动变化的过程描写很真实，当敌人刚进村时，他很害怕，"要啼哭"，当敌兵逼近他时"他怕得很。觉着自己已经是死了，他喊'死！死！死！'举起了长把镰刀。"④与《鼓》副刊《为了春耕》中黄三叔形象很相似。其最后砍死敌兵，似乎也是几乎被吓疯之后的无意识动作，而其真正变化是杀死敌人之后他"笑了，他的镰刀杀死了一个敌人"，⑤思想精神上的蝶变恰恰产生于这一时刻，怯懦与畏惧消失了，一个无畏的反抗者就此产生。另外，当敌人进村时，王成老汉非常害怕，但是支撑他活下去的是"我死了，谁埋葬我呢。没有儿子……"⑥作者没有回避他身上的旧观念，这一方面更加客观真实，另一方面，可以看出作者在看取边区老一代农民时，仍然保留着一定程度的启蒙视角。

① 邓康：《史元》，《晋察冀日报》，1941年3月7日，第四版。
② 孙犁：《关于墙头小说》，《晋察冀日报》，1941年3月7日，第四版。
③ 田间：《镰刀也能反抗呵》，《晋察冀日报》，1941年3月7日，第四版。
④ 田间：《镰刀也能反抗呵》，《晋察冀日报》，1941年3月7日，第四版。
⑤ 田间：《镰刀也能反抗呵》，《晋察冀日报》，1941年3月7日，第四版。
⑥ 田间：《镰刀也能反抗呵》，《晋察冀日报》，1941年3月7日，第四版。

《城》更简短，故事也更简单。写了驻扎在察哈尔某城的伪军抓住一个给八路军送公粮的小孩，交到队长面前，队长却微笑着解开小孩身上的绳索说："去吧，多交些"，手下的兵士不解，队长对他们说："你忘记自己是中国人呵，你忘记被占去我们的家乡呢……呵！兄弟，你忘记了吗？"[1]文中写到"他的家乡的一条江，那鸭绿江正在不安地滚滚地流着"，[2]因此这些兵士应该是来自沦陷区东北或是被日占领的朝鲜。小说句子与段落都很简洁，使得其从形式上看，有点像散文诗，而且有些内容也有散文诗的色彩，如开头与结尾：

> 月亮从察哈尔的小平地上滚上来。
>
> 它照耀着灰色的城，它的光芒是热诚的，它用它的光芒温暖着我们多难的土地。
>
> ……
>
> 夜深了。四月的夜，小草在月光下长起了淡绿的姿色。小虫子也在叫着。[3]

小童的《砍刀》在刊出时被标为"童话"，作品写儿童奇儿的爷爷当长工时被人害死，临死时嘱咐奇儿用砍刀替他报仇。大队长带领儿童团去破坏敌人的铁轨，奇儿背着大砍刀与儿童团员们一起拔钉子，天刚亮的时候，奇儿被敌人的子弹打伤，当队长抱起奇儿时，奇儿仍喊着："我要为爷爷报仇。"[4]作品不是采用传统的讲故事式的叙述，而是几个横断面式的场景组接，采用的基本是欧美现代小说的写法。语言也较为含蓄，比如作品的结尾"孩子的心向天空高高飘起"，[5]其含义就很模糊，不知是意指奇

---

① 中国人：《城》，《晋察冀日报》，1942年1月24日，第四版。
② 中国人：《城》，《晋察冀日报》，1942年1月24日，第四版。
③ 中国人：《城》，《晋察冀日报》，1942年1月24日，第四版。
④ 小童：《砍刀》，《晋察冀日报》，1941年2月16日，第四版。
⑤ 小童：《砍刀》，《晋察冀日报》，1941年2月16日，第四版。

儿受伤后去世，还是象征性地表述奇儿思想境界的提升——由爷爷的"家恨"向民族的"国仇"升华。

《雁北的一个小姑娘》与《卖烧饼的小姑娘》也是两篇以战争为题材的作品。

老鲁的《雁北的一个小姑娘》讲的可能是个真实的故事，叙述很朴素，没有太多描写，更多使用的是故事的笔法。作品写初冬时节的夜晚，在雁北的山谷里，一个受了重伤的八路军战士自感不能活下来，决定用刺刀结束自己的生命。自杀之前他想把枪先埋掉，这个时候，一个躲敌人"扫荡"的小姑娘跑到山谷里发现了他，帮他埋好枪，拒绝了他让她杀死自己的要求，而是把他扶到一个石堂里。尽管小姑娘尽心看护，但因缺乏医学常识，第二天战士还是牺牲了。小姑娘叫来了乡里的人埋葬了伤兵，挖走了他的枪。因这件事，在雁北很多人都知道了这个小姑娘。虽然作品塑造的是一个抗日小英雄的形象，但是按生活的本来面貌写来，没有对其人为拔高，比如文中这样写"第二天，天微微要亮的时候，伤兵就死了。她很害怕，等到天大亮，她跑出去，找了一些乡里的人来"，①这样的心理与小姑娘的年龄很契合。

《卖烧饼的小姑娘》是由完县 (后改为顺平县) 五高学生集体创作的，题材与《雁北的一个小姑娘》较为接近。作品写福台村是一个靠近平原的山丛中的小村，日军在这里有一个小据点，驻扎着一小队日军和特务。敌人的小队部对门住着一个卖烧饼的小姑娘，小姑娘明里与日军套近乎，很顺从，像一个"小顺民"，暗中却用卖烧饼的梆子声传递消息，"小姑娘的梆子是座小电报，她小心地把村口日军的行动用梆子报告给山头上等着的游击小组"②。因为有小姑娘传递的消息，日军下乡抢掠时往往是有去无回。一次，据点调来大量日军，准备第二天做一次大的抢掠，小姑娘得到消息已是晚上，夜里敲卖烧饼的梆子，很容易引起日军的怀疑，给自己带

---

① 老鲁：《雁北的一个小姑娘》，《晋察冀日报》，1942年1月4日，第四版。
② 臧桂琴、李秀珍、葛芸香：《卖烧饼的小姑娘》，《晋察冀日报》，1942年4月3日，第四版。

来危险，小姑娘思量再三，还是鼓起勇气，冒着危险，走到街上敲起梆子。日军盘问她时，小姑娘以白天没卖完烧饼，妈妈不让吃饭机智地搪塞过去。游击小组得到消息，立即坚壁清野，日军浩浩荡荡下乡，跑了一天，没抢到任何东西。晚上无功而返的日军都累得猪一样地抱着枪睡着了，小姑娘又敲起了梆子。半夜八路军潜进村里，抓走了全部日军。福台村从此没有了日军，而小姑娘也从未对人们夸耀此事。从叙事的语言与形式来看，好像是一个真实的故事，但故事又很富传奇色彩，不好排除其有虚构性。与同为习作的《卖身契》相比，民族化、民间化色彩明显，基本使用朴素的叙述性语言讲述一个有头有尾的故事，描述性文字较少，与中国民间文学的中的"故事"这种文体很接近。

赵鹏的《卖身契》小说特征较为明显。作品写儿童贵子要准备上手工课的线，在其母亲的包袱里翻，翻到一个小红布包，被他母亲发现，拿走红包，恶狠狠地对他说："你敢动！动了就要我命啦。"①贵子感觉到很奇怪。一天，贵子趁父母都外出，偷偷取出那个红包，才发现里边放着的是一张卖身契，原来自己是父母用九十元钱买来的，贵子感到很悲伤。这篇小说是这一时期副刊作品中非常少见的与抗战无关的作品，作品似乎也没有明显的主题，写卖身契似乎要写旧社会穷人悲惨的命运，但是贵子亲生父母的生活状况阙如，也没有他们因何要卖贵子的相关书写，甚至卖身契中的卖主是否是贵子的亲生父母也不能确定，作品中也没写到贵子现在的父母对其有虐待行为，贵子在发现卖身契之前也没怀疑他们不是自己的亲生父母，所以"反封建"或"阶级压迫"的主题在作品中也体现不出来。小说文后标明这是"联大少年队儿童文艺小组稿"，所以这可能是一篇习作，其中没有写出地域与时代的特征，看不出写的是何时何地的故事，也看不出人物的身份。小说有较为明显的"洋味"，有可能是对西方现代小说的模拟之作，虽有较为细致的心理与对话描写，但感觉不够自然娴熟。

另一篇小说特征较为明显的是《亲生之母》，也是一篇习作，作者宋

---

① 赵鹏：《卖身契》，《晋察冀日报》，1941年4月9日，第四版。

玉芬是西战团儿童团团员。邵子南在《"少年高尔基"们》一文中谈到这批西战区儿童团团员的习作时有这样的文字:"最近他们已经开始学习散文,读着小说。……在他们的第一篇散文里,便亲切地描写着《亲生之母》《祖母之死》《我打柴火的故事》……有着故事的发展,有着人物的描写。"①作品中有明显的小说笔法,但邵子南称之为散文,故有可能是纪实的。作品写"我"出生在一个重男轻女观念非常严重的家庭里,迫切期盼男孩的祖父母在"我"出生后就很失望,所以只能得到母亲一个人的爱护。"我"在母亲的呵护下长大,后来"我"教母亲识字,学文化,给她讲革命的故事,慢慢地母亲也有了一定的革命与抗日思想。母亲在做军鞋时不顾祖母叮嘱,把军鞋做得又密又实,以此来支持八路军抗战,但却遭到了自私的祖母的指责。十月的晚上,日军包围了村子,母亲在往村北的山上跑时,因小脚跑不快而落在后面,被日军子弹打中而去世。本篇作品虽为习作,但描写细腻,感情真挚,结构布局以及材料的取舍上较为稚嫩,作品似无贯穿始终的主题。或许正因为这样,作者把自己所思所见所感全部写出,使得其中的内涵反而很丰富,其中除了抗战主题外,还涉及对性别歧视以及封建道德礼教对妇女的压迫等旧观念的反对,如祖父母对"我"的漠视;当祖母为军鞋而斥责母亲时,母亲不敢做声;祖母叮嘱母亲做军鞋时"不要做得太密太实在了",②体现出乡村老一代的自私与民族国家意识的缺失。另外作品有近一半内容描写母亲去世后我所看到的母亲遗体,③我在看到母亲遗体之前的害怕与恐惧,埋葬母亲后的晚上,"我"又很恐惧。这些内容几乎是近于自然主义的描写,虽然这些内容的确使作品的主题有些涣散,但也写出了另外一种真实——真实地呈现出儿童的心理。

丁克辛、秦兆阳的《老乡们关于毛主席的故事》纪实色彩要明显一些。故事写除夕"我们"举行了一个小聚会,请房东父子参加,会中房

---

① 邵子南:《"少年高尔基"们》,《晋察冀日报》,1941年2月16日,第四版。
② 宋玉芬:《亲生之母》,《晋察冀日报》,1941年2月16日,第四版。
③《我替勇敢辩护——痛悼丁思林团长》中也有类似的对于遗体的自然主义描述。

东——一个50多岁的老农讲了一个根据地流传的毛泽东的故事。作品中的老农显然并没有真正见过毛主席，所以他讲的故事是按根据地农民自己的生活经验想象虚构出来的毛主席的事迹，比如故事中老农把毛主席对于统一战线的通俗形象的比喻"我们要团结得像哥儿兄弟一样，我们大家要在一个桌子上吃饭……"①理解为现实中在一个桌子上吃饭，也有一些如把屋外的场子当作吃饭的大桌子与用长筷子吃饭等夸张、传奇的情节。尽管如此，老农的故事生动形象地反映出毛主席在群众中睿智崇高的形象，表达出老百姓对毛主席与共产党的信任与拥护。老农朴实寡言，说话时还有点不好意思，但是说到毛主席就越说越激动，有说不完的话："今年年景跟平时不同了""叫俺们老汉的心眼儿也变得畅通起来""抗战还不全是靠毛主席"②……这样一些朴素真诚的话语反映出根据地人民在毛主席与共产党的领导下过上了新的生活以及他们对毛主席与共产党的感激之情。

《聂司令员和艺术工作者们的谈话》《"少年高尔基"们》《记劳森》《记突围》四篇明显是纪实性作品。

一田的《聂司令员和艺术工作者们的谈话》是一篇新闻特写，叙写的是1940年11月10日，聂荣臻司令员接见参加晋察冀边区首届艺术节文艺工作者的场景。文章主要描绘了两个场面：一、聂司令员接见参加《母亲》演出的演职人员与谈论《母亲》演出的场景；二、聂荣臻司令员在接见会上的演说。在第一个场景中，谈到有人批评《母亲》一剧中的父亲这个人物喝酒、打老婆、品行不好时，聂司令员却透过现象，直达本质，指出这一人物性格形成的社会与阶级原因："其实他不晓得在资本主义社会里工人的生活很痛苦，很困难，他们就要喝酒，就要打老婆出气。"③体现出聂司令员有极高的政治素养与文艺素养，同时其语言又平易通俗。在接见演职人员时，语言风趣。在第二部分中，主要记录了聂司令员的演讲，主要是这样几个方面的内容：边区三年来取得的政治与文化上的成绩；抗

①秦兆阳、丁克辛：《老乡们关于毛主席的故事》，《晋察冀日报》，1941年1月9日，第四版。

②秦兆阳、丁克辛：《老乡们关于毛主席的故事》，《晋察冀日报》，1941年1月9日，第四版。

③一田：《聂司令员和艺术工作者们的谈话》，《晋察冀日报》，1941年2月6日，第四版。

战中，武装斗争和文化工作的互相促进、协同发展的关系；通过文化上的提高来提高军队的战斗力；文化受敌人摧残的艰难处境。通过语言、行为及神态描写，文章简洁地塑造出一位政治眼光与艺术素养兼具，高瞻远瞩、勇敢坚强却又平易近人、风趣幽默的非常接地气的根据地领导人的形象。作者最后写出了自己的感想："他每一次所指挥的战役、战斗，总是百战百胜的，这一次他指挥了文化上的战斗，也一定是个胜利的文化战地"，他的演讲的精神也会给文艺工作者鼓舞与指导，被文艺工作者在边区传播发扬——"他的声音被我们带走了，我们仿佛在一切旷场上、道路上都听到那种声音！"①

董逸风的《文艺晚会——联大文艺学院艺术生活的报告》记述了联大文艺学院文学系与戏剧系发起组织的星期六文艺晚会的盛况。据文中所述，星期六文艺晚会最初由文学系的青年文艺工作者发起，后来戏剧系以及各研究团体的文艺工作者参与进来，甚至学院的军事指导、总务科会计以及伙房工作人员等都积极参加（当然文中写到，对于他们，参加这样的晚会是为了"听各地的奇特的故事和美好的留声机的唱片"，而对于青年文艺工作者则是"培养文艺气质"与"相互学习"②。文中描述了其中一次星期六晚会的热烈场景，晚会的内容有：诗人蔡其矫朗诵自己的诗作；用搜集来的各地的方言语汇朗诵从各地搜集来的民间故事与传说，这一节目既活跃了气氛，又使晚会参与者了解到故事中所描绘的根据地"新的人物的生活和意识的改造和充实"③；丁克辛朗读了自己关于"爱"与"惧"的情感同人生、革命与文艺关系的杂感，丁克辛杂感中的讽刺笔调引发了参会者对于"边区是否需要讽刺"④问题的思考与讨论；戏剧工作者崔巍

---

① 一田：《聂司令员和艺术工作者们的谈话》，《晋察冀日报》，1941年2月6日，第四版。

② 董逸风：《文艺晚会——联大文艺学院艺术生活的报告》，《晋察冀日报》，1942年5月6日，第四版。

③ 董逸风：《文艺晚会——联大文艺学院艺术生活的报告》，《晋察冀日报》，1942年5月6日，第四版。

④ 董逸风：《文艺晚会——联大文艺学院艺术生活的报告》，《晋察冀日报》，1942年5月6日，第四版。

关于古代文艺批评家金圣叹的生平、文艺活动以及对其文学批评的评价发言；朗诵了莎士比亚、契诃夫、曹禺等的中外经典名作；沙可夫讲述苏联文艺动态与文坛逸话；最后以谈论如何组织文艺晚会这样一个事务性话题作结。作者文末的强调：不同于"娱乐性质的晚会"，"它是'文艺晚会'"，①整个晚会基本是以文学为中心，其中并无歌舞等娱乐性内容，反倒有一些探讨研究的味道，呈现出与我们惯常理解的文艺晚会很不相同的风貌。

邵子南的《"少年高尔基"们》刊发于第六期，本期为儿童文艺专刊，②刊有田间《为新一代而歌——开展晋察冀边区儿童艺术运动》、邵子南《"少年高尔基"们》、宋玉芬《亲生之母》、小童《砍刀》与孙犁《儿童文艺的创作》，其中邵子南《"少年高尔基"们》为通讯报告。

《"少年高尔基"们》是介绍西战团儿童团文艺创作群的纪实性作品，文章介绍了这一群体的形成以及现状。根据文章介绍，这个群体是由西战团儿童演剧队的一些孩子组成，在西战团成立儿童演剧队的时候，并没有准备让他们从事文艺创作工作，但爱好文艺的少年甄崇德加入后创作发表了一些诗歌，后来第一期乡艺训练班的宋玉芬、顾品香、王荣祥、唐科、郝汝惠、李建庆加入进来，所以在第二期培训工作时，加大了文艺方面的学习，专门给他们讲诗，为他们组织了"少年高尔基"，出版了文艺壁报。这些人尽管文化程度不高，"但却能很好地感受诗，"③通过对古今中外著名诗人与诗作的学习，写出了一些很好的诗作。他们的创作，"坚决不用形式主义去诱惑"，④他们的诗歌有一种新鲜的表现力，写自己的生活，自己看见过的与自己有密切关系的事物，体现出快乐勇敢自由的风格。除了学习写诗，他们也开始学习散文、小说，创作范围更宽，许多人

① 董逸风：《文艺晚会——联大文艺学院艺术生活的报告》，《晋察冀日报》，1942年5月6日，第四版。

② 当时边区的儿童节为4月4日，《晋察冀艺术》1941年2月16日第六期、1941年4月9日第十一期与1942年4月3日第三十四期为儿童文艺专版。

③ 邵子南：《"少年高尔基"们》，《晋察冀日报》，1941年2月16日，第四版。

④ 邵子南：《"少年高尔基"们》，《晋察冀日报》，1941年2月16日，第四版。

写出了第一篇散文。另外出了九期《少年高尔基》，也邀请了他们爱慕的诗人田间给他们做演讲。

1942年1月30日，晋察冀边区青年诗人兼画家劳森病逝，鲁藜的《记劳森》是怀念诗友之作。作者从获知劳森病逝的消息后阅读劳森遗留下的手记引发对逝者的追忆写起，写作者与劳森的三次交往与作者对劳森画作的一次观摩：在延安的大会上的印象模糊的初识；在晋察冀的河滩上再次相逢；在神北的医院里劳森去探望生病的"我"，一起谈艺术、谈人生、谈斗争。三次交往反映了"我"与劳森友谊加深与对劳森的认识加深，逐渐产生钦佩的过程。接着写"我"病好后去神北大街观摩劳森的壁画，通过对壁画的观察对劳森的性格与艺术有了更深入的认识：画作结构宏伟，人物生动，表现的都是劳动者，从中体现出作者是"爱劳动者的，他是爱生活的，他是追求着自我的锻炼和前进的集体的教育的人"①。最后，在对往事回忆中很自然地引发出作者对劳森的怀念之情——"我在他的身上，看出了我自己，照耀了我自己，也教育了我自己的。我也在他的身上，看出了这一伟大时代里革命的智识青年的典型，他就是一个；他死了，而这一个伟大的典型要继续活着，生长着，完成着。"②这是一篇抒情与叙事相结合，饱含感情的悼怀之作。

《记突围》是一篇战斗亲历者的回忆性作品。1942年四五月间，抗敌剧社分两个队深入敌占区进行艺术宣传活动。活动中第一分队不慎被敌包围，突围中方璧牺牲，胡朋等人受伤。《记突围》是这次突围的参与者洛灏对突围过程的记录。作品写"我们"抗敌剧社一分队的十三个人（其中有不少是女同志），在完成宣传活动准备晚饭后返回定襄时，不慎被日伪军（文中几次写到包围他们的日伪军的东北口音）包围在一个村子里，"我们"冒着敌人的枪弹穿过土墙（胡朋这时受伤，但坚持跟着"我们"一起跑），跳下两丈多高的断绝地，翻上土坡，但前面被敌封锁，只能隐

---

① 鲁藜：《记劳森》，《晋察冀日报》，1942年4月10日，第四版。
② 鲁藜：《记劳森》，《晋察冀日报》，1942年4月10日，第四版。

蔽在坡的低洼处。"我们"被围在低洼地内，烧掉了文件、笔记本以及自己的日记等，都做好了牺牲的准备。敌人越来越近，"我们"向敌人的机枪阵地扑过去，有人安然通过，有人中弹滚下山坡。穿过敌人的机枪阵地后，发现又是一个无路可走的断绝地，只能从土崖跳了下去。当"我们"在崖底苏醒过来的时候，知道方璧牺牲了，胡朋、张友、杜鹏等受了伤，但是最终摆脱了敌人。文章语言平实，作为战斗的亲历者，没有过分渲染紧张与激烈的战争气氛，没有将自己亲历的战斗与战友们神圣化，但另一方面对于战争与战争中的人却有更加真切的呈现。其中既有革命战士身处绝境时视死如归的勇敢与镇定，如当大家被围洼地意识到将要牺牲的时候，没有恐惧，心里反倒安定下来，"好几个人忘了嘴上的土面而吃起梨来"；[1]也写到紧张危急的突围中，"我们"某些时候的慌乱——"一个一丈多高的断绝地，横在我们面前，我们不知是在怎样一种情况下跳下去的""人混乱地向机枪封锁的那个地方扑过去"，[2]以及本能的害怕——"发现自己的衣服被汗水浸透了，我看看大家的脸，有的白得厉害，有的红得很""当突然发现敌人离我们只有十几步的时候，我的汗毛都竖起来了"。[3]这样的书写并不会有损抗日战士的英雄形象，相反会使得他们的形象更为立体化，更具人性色彩，更显真实。

　　林江的《妇女·文学——夜，炉边，三个男同志的闲话》是一篇形式独特的作品。其主体是杨、秦、吴三位男同志夜间炉边的谈话，主要内容是关于文艺的理论性探讨，并没多少叙事性。但其中有环境、动作、表情等提示，因而从形式上与剧本又有点相似。看不出杨、秦、吴三人是实有其人还是作者虚拟的人物，因而也不能确定是谈话的实录，还是作者借用这样一种对话体的形式表达自己对于妇女解放与妇女的文学书写的思考。对话从本年三八节纪念谈起，杨说每年的三八节纪念总使他想起他的祖母——一个孤女，17岁时被他祖父纳为妾，给了童年的他爱抚，一生寂寞

---

① 洛灏：《记突围》，《晋察冀日报》，1942年7月12日，第四版。

② 洛灏：《记突围》，《晋察冀日报》，1942年7月12日，第四版。

③ 洛灏：《记突围》，《晋察冀日报》，1942年7月12日，第四版。

痛苦辛酸。秦提议杨将祖母的故事用文学的形式写出来,杨觉得自己对祖母的痛苦了解与体验得不够,认为妇女的痛苦由妇女来写会更细腻深刻动人。对于这个问题吴提出现有的妇女写妇女的作品尚不够伟大与深沉,还没有出现过如屠格涅夫写农奴、高尔基写工人阶级那样的优秀作品。杨认为即使是如他们的祖母、母亲这样的旧式妇女也是爱文学的。但是吴指出:直至目下"革命的烈火烧得这样猛烈的时代",[①]仍然没有女作家写出一部以妇女的痛苦、愤怒、反抗为主题的优秀作品。对此秦则提出《解放日报》发表的小型报告《离婚申诉》对于妇女解放是一篇非常有意义的作品。杨也认为文学是妇女解放斗争的武器,像《离婚的申诉》这样切实地一点一滴地做起就会产生伟大的作品,因而秦提出边区的女同志更应在这方面努力。由此吴又批评了根据地出身的小资产阶级女知识分子在认识上的一些偏差——讨厌做妇女工作,认为边区妇女们在思想观念上需要提高。杨则不完全认同吴对妇女们这样的批评,认为吴有些主观。文章最后以吴的话作结:"思想,[②]革命的感情,深入实际的斗争,特别是对于今日农村妇女生活以及广大妇女同胞的深入的观察与了解,只有具备了这条件,女同志们才谈得到用文学这一武器,伟大作品的产生也才有希望。"[③]对话中有互相生发深入推进,也有不同意见的辩驳。本文的主体是对理论问题的探讨,应用这样的形式使得枯燥抽象的理论一定程度上变得生动形象,更有趣了。

在《晋察冀艺术》中还刊有一些翻译的苏联作品。

《河水怎样帮助游击队》是李又然翻译的苏联卫国战争时期的民间故事,副标题为"译给保育院的小同志们",[④]其实也可以把它看做一篇童话,作品把一条河流拟人化,写了这条河怎样帮助游击队打败侵略者的故

---

① 林江:《妇女·文学——夜,炉边,三个男同志的闲话》,《晋察冀日报》,1942年3月25日,第四版。

② 原文如此,疑在"思想"之前漏掉了一些文字,以致现在看来,行文有些不通。

③ 林 江:《妇女·文学——夜,炉边,三个男同志的闲话》,《晋察冀日报》,1942年3月25日,第四版。

④ 李又然译:《河水怎样帮助游击队》,《晋察冀日报》,1941年6月18日,第四版。

事。故事写游击队撤到森林里后，没有面包，向流过森林的小河诉说，小河流到村子里，传信给村里的老人们，老人们把面包放在河的身上，流回森林里给了游击队；游击队没有武器，也向河说，河流到村子里，传信给村里的老人们，老人们又把武器放在河身上，流回森林，游击队有了武器；游击队经过激烈的战斗，打跑了敌人，回到村子，但回来的游击队员中少了一个，河只带回他的一顶帽子，他的父亲悲伤地向河说："给我带回我的儿子来！"①河再一次流回去带回了这个游击队员的遗体。作品用散文诗一样的语言翻译而成，有浓郁的抒情色彩。

徐雉翻译的《三个反法西斯的故事》包括《把希特勒拖到疯人院里去吧》《墨索里尼永远站不起来》《谁敢捕德国的鱼——苏联》三个讽刺故事。《把希特勒拖到疯人院里去吧》讲希特勒去疯人院参观，疯人院院长预先安排让疯子们见到希特勒时高呼"万岁"，当希特勒来了以后，只有一个人没喊，希特勒问院长，院长回答："那些人都是疯子，只有他一个人不是疯子。"②《墨索里尼永远站不起来》讲墨索里尼一个人去看电影，电影院里的人都没认出他，当电影演到墨索里尼出现在法西斯党举行的一次隆重的仪式上的时候，电影院里的所有人都站起来致敬，唯独墨索里尼本人没站起来。电影院老板为此大声怒斥墨索里尼，命令他立即站起来，但是立即又靠近他悄悄对他耳语："你知道的，这国的一切人都和你有一样的想法，但是你总还是站起来的好。"③《谁敢捕德国的鱼——苏联》写一个瑞士的渔夫到已经成为德国领土的波顿湖去捕鱼，德国哨兵让他立即滚开，渔夫辩解说他只捉瑞士的鱼，德国哨兵问他怎么认出瑞士的鱼，渔夫回答："德国的鱼明明有着一张比较阔大的嘴。"④故事的标题似乎和故事内容没联系，不知是只译了其中一部分，还是有别的原因。

小山翻译的《苏联作家在芬兰前线上》（译自1940年5月1日莫斯科的

---

① 李又然译：《河水怎样帮助游击队》，《晋察冀日报》，1941年6月18日，第四版。
② 徐雉译：《三个反法西斯的故事》，《晋察冀日报》，1941年12月16日，第四版。
③ 徐雉译：《三个反法西斯的故事》，《晋察冀日报》，1941年12月16日，第四版。
④ 徐雉译：《三个反法西斯的故事》，《晋察冀日报》，1941年12月16日，第四版。

《文学报》）记叙了在热烈的气氛中，作家们以自己在前线的亲身经历讲述了前线的真实情景，包括作家们在前线的主要工作（编报，写作社论、国际形势、诗歌、标语、口号及传单等）；战士们以及其他前线工作人员英勇战斗的故事；战士们爱着自己的报纸与报纸编辑们关心战士们的故事（编辑部成了伤员得到第一次救治的地方）；前线新闻工作的艰难复杂与前线环境对作家的要求（灵活吃苦，还要懂军事）；在前线艰苦环境中战士们的乐观、幽默与风趣；在前线产生的一些广受战士们欢迎的新诗体与新诗作等。作品描绘出一种作家争相发言与听众踊跃参与的热烈场面。

1942年4月3日的儿童节专刊上刊载了戈宝权节译的《伊加尔卡的孩子们》。《伊加尔卡的孩子们》是由苏联北极圈内的城市伊加尔卡的儿童们在高尔基的指导下集体创作的一本书，其中包含诗歌、日记、短文等。戈宝权选译了其中的一篇短文《在伊加尔卡的生活是更好和更愉快了》和一首短诗《再见吧，冬天》，译文前有很长的编者按介绍了《伊加尔卡的孩子们》一书的成书过程以及主要内容。《在伊加尔卡的生活是更好和更愉快了》是伊加尔卡第一小学高尔基少年先锋队对他们幸福愉快生活的描述：队里分许多小组，冬天每五天在学校大厅举行一场集会，开展讨论政治新闻、合唱、跳舞、阅读书籍活动；休息日集体滑雪、去影院看电影；七月底结束功课后，选拔优秀队员到全国各地的少年先锋营去休息，在夏天里集体去城郊旅游和研究北极大自然……最后文章的主旨落在"每年来，在伊加尔卡的生活是更好，更加愉快！……我们感谢党、政府和斯大林同志给了我们这样幸福的童年时代"①。《再见吧，冬天》是一首伊加尔卡一名十三岁的儿童写的短诗："你好吧！你好吧！美丽的五月天！我们等待你的来临。白昼是长的，黑夜到处是光明……喂，再见吧，冬天！祝你好！"②

《晋察冀艺术》的叙事性作品中大多以战争为题材，根据地建设仅在

---

① 戈宝权节译：《伊加尔卡的孩子们》，《晋察冀日报》，1942年4月3日，第四版。
② 戈宝权节译：《伊加尔卡的孩子们》，《晋察冀日报》，1942年4月3日，第四版。

《老乡们关于毛主席的故事》一文中稍有涉及，但不是主要内容。这可能与《晋察冀艺术》副刊创办时仍属于根据地创建的早期，武装斗争巩固根据地是更为紧迫的任务，根据地的政治经济建设尚未充分展开有关。当然在写民族解放主题的同时，在少数作品中也涉及妇女解放的主题，如《亲身之母》《妇女·文学——夜，炉边，三个男同志的闲话》。也出现了不少少年儿童主题的作品，《砍刀》《卖身契》《亲生之母》《"少年高尔基"们》《伊加尔卡的孩子们》《雁北的一个小姑娘》与《卖烧饼的小姑娘》都以少年儿童为主人公，而且其中几篇的主人公是小女孩，写战争对他们的伤害，写他们对侵略者的仇恨，写他们的机智英勇，当然也写到战争给他们带来的恐惧，以及苏联儿童的新生活，对战争中的儿童生活有多方面呈现。从文体看，仍然是以纪实性作品为主，其中有些作品如《雁北的一个小姑娘》《卖烧饼的小姑娘》很难辨别是纪实性作品还是小说。而明确为小说的作品都是街头小说，篇幅短小，情节简洁，不是以故事的叙述为中心，而是偏于场景的描述，有较强的画面感，阅读起来较为直观。对战争的描述与更早的《海燕》以及《新地》《新华文艺》相比，尽管主要也是书写根据地军民（包括儿童）的英勇抗敌，但对敌人凶残暴虐有较多展现，体现出对敌人的愤恨，亢奋乐观的情绪有所冷却，体现出一些悲壮的色彩。从语言形式与叙事风格看，除少数几篇外，大都欧化色彩很明显，对民族文学资源的借鉴不多。

第二节 《晋察冀艺术》诗歌

《晋察冀艺术》共刊载各类诗歌共35首，大致可分为以下几类：

一、街头诗

街头诗是《晋察冀艺术》所刊载诗歌的主要样式，共20首。这些街头诗受早期白话诗与民间歌谣影响，形式上受马雅可夫斯基诗歌影响，另外也受小诗的影响。具体到各个诗人的各首诗中，影响各有偏重。

《晋察冀艺术》刊载的第一首街头诗是《慰劳》：

> 子弟兵受了伤
>
> 痛在百姓心上
>
> 大家来慰劳
>
> 捧出核桃大红枣
>
> 要战士心里甜
>
> 要战士心里笑①

作者署名为"四十团一营"，作者应是部队中爱好文艺的战士，而非专业的诗人。诗歌用语朴实，完全用日常的口语书写，很生活化，但显然诗意的提炼不足。

1941年5月14日第十四期以"街头诗抄"为总题刊载了5首简短的街头诗。沙的《锄头和枪》以准备参加八路军的哥哥口吻来写，嘱咐弟弟接过自己的锄头努力生产，并把自己参军的消息告诉妈妈："让她心里高兴。"②作为一种宣传鼓动性的诗歌，其中内容包括战斗、生产并重和群众对参军抗敌的支持。田流的《来互相温暖呵》写的是在春天饥荒的时节，根据地群众到平粮局入股，互帮互济，以集体的力量共度时艰，虽然根据地人民在物质方面仍然很困难，但在新的制度下，根据地人民之间形成一种新型的关系，体现出新的精神风貌，诗歌实际是激励边区人民以互帮互助的集体力量共克时艰。

白水的《赶快打造农具》与田流的《检查一下》主题是号召边区人民春耕生产，针对的是具体的实际问题，明显体现出街头诗"正确的指导群众行动"的"行动"性特点。前一首把打造农具备耕同抗战大业联系起

---

① 四十团一营：《慰劳》，《晋察冀日报》，1941年1月31日，第四版。

② 沙：《锄头和枪》，《晋察冀日报》，1941年5月14日，第四版。

来——"叫日本强盗／在我们的农具下／哭泣／在我们的熟稔的土地上／哭泣"，①赋予春耕生产宏大的意义。后一首则用日常用语写得很温和亲切，没有说教味——"看看／咱们的农具／有毛病吗？种子合适吗？要不／就想法修理和解决一下"。②

《民兵老爷》是街头诗的倡导者、晋察冀边区代表诗人田间以"中国人"为笔名发表的一首街头诗。这首诗用精短的句子，铿锵有力的节奏，表达出对民兵英勇杀敌像"地雷"一样地爆破敌人的"狗铁道"与"狗据点"的敬仰以及对日本侵略军的仇恨与轻蔑。③

除《民兵老爷》之外，田间以"中国人"为笔名，还发表了两首街头诗：《斯大林为我们粉碎人类的敌人》《她代替哥哥》。

1941年6月22日，希特勒发动了侵苏战争，田间在诗后标注《斯大林为我们粉碎人类的敌人》一诗作于"希特勒强盗进攻苏联之日"，此诗是有感于这一重大的事件而作。

> 我们的意志
>
> 越过无数的山巅
>
> 去和斯大林同志
>
> 更紧地站在一起
>
> 为共同粉碎
>
> 人类的敌人而战④

诗歌以直抒胸臆的方式，激愤之情喷薄而出，表达出对希特勒侵略苏联的极度愤慨以及对苏联人民抗击侵略者的坚决支持。诗歌诗意直白，节奏有力，感情激越，有着标语口号式的冲击力与鼓动性，但语言又有一定

---

① 白水：《赶快打造农具》，《晋察冀日报》，1941年5月14日，第四版。
② 田流：《检查一下》，《晋察冀日报》，1941年5月14日，第四版。
③ 中国人：《民兵老爷》，《晋察冀日报》，1941年5月14日，第四版。
④ 中国人：《斯大林为我们粉碎人类的敌人》，《晋察冀日报》，1941年7月16日，第四版

的艺术性。

田间的另外一首街头诗《她代替哥哥》则截取一个场景,叙述了一个简单的故事,借形象抒情,表达了对边区人民不惧牺牲、前仆后继支持抗战反抗侵略的赞颂与对这种精神的激励:

> 哥哥,
> 牺牲了。
>
> 小姑娘说:
> "我代替哥哥……"
>
> 她张开两手
> 拉着毛驴
>
> 送子弹
> 到前线去![1]

全诗仅三十字,却分成了四节八行,语言干脆,节奏铿锵。总体而言,田间的街头诗尽管也是大众化、通俗化的,但其诗更多地体现出马雅可夫斯基诗歌的特点,也更接近五四早期白话诗,而较少民间歌谣的色彩。

与《她代替哥哥》同期同栏发表的还有席水林(张克夫)的《孩子,谁杀死了妈妈?》[2]。诗歌描写了一位妈妈被杀离世的瞬间,发出了"孩子

---

[1] 中国人:《她代替哥哥》,《晋察冀日报》,1942年1月16日,第四版。

[2] 此篇在《晋察冀艺术》刊出时标题为:"孩子,谁死了妈妈?"后于第三十二期声明更正为"谁杀死了妈妈?"另:此时刊出时,也没明确标注为"街头诗",但与其同期同栏的《我代替哥哥》却明确标为"街头诗",从诗歌的特点来看,本诗也符合街头诗的特征,所以这也可能是编排印刷之误。后来收入魏巍编的《晋察冀诗抄》时也把它归入"街头诗"。

／谁杀死了妈妈"的质问，揭露了侵略者的暴行，借以激发对侵略者的仇恨及斗争的决心。

在1941年8月14日第二十二期又刊载了《街头诗七首》。其中羊谷的两首诗《这里是共和国的领土》《集体农场》以苏联人民的反法西斯战争为题材，《这里是共和国的领土》写的是在被德国法西斯占领的苏联领土上，苏联人民组织了敌后游击队——"在草原的边境上，消灭着法西斯的队伍。夏伯阳在新的日子里复活了，弟兄们披上了新的武装。"①——英勇抗击侵略者，保卫祖国的疆土。《集体农场》则用宣言式的语言表达了苏联的"红色的战士"保卫苏维埃草原上的集体农场，赶跑"法西斯的坦克，希特勒的走狗们"的"集体意志"。②

《边区公安局长》截取边区公安局长骑马从村子里飞奔而过的一个横断面，表现了边区政府公务人员为了老百姓不停奔忙与老百姓对"盼了多少代"才有的"我们的"公安局长的衷心爱戴。③

史轮的《奸细》则有着马雅可夫斯基楼梯诗的特点，其实就是两句话的分行排列：

奸细

像火灾的引媒

你要不管他

就会把我们的

成绩

光荣

希望

什么都烧成一片黑！④

---

① 羊谷：《这里是共和国的领土》，《晋察冀日报》，1941年8月14日，第四版。

② 羊谷：《集体农场》，《晋察冀日报》，1941年8月14日，第四版。

③ □□：《边区公安局长》，《晋察冀日报》，1941年8月14日，第四版。

④ 史轮：《奸细》，《晋察冀日报》，1941年8月14日，第四版。

　　但是通过这样的处理，从听觉上更显干脆利落，铿锵有力；从视角上，如果贴到墙头街头，显然更为醒目。另外，通过普通老百姓熟悉的事物作比，把奸细对于边区的危害性表达得形象生动，更容易被边区群众理解。

　　田丁的两首《反对假报》《形式主义》则是批评边区内部存在的不良现象的诗歌。《反对假报》表达了对假报的人不顾革命的利益满足自己私利的可耻行为的愤慨与反对。《形式主义》则借引用党的领导人毛主席和洛甫的话，表达了对形式主义的深恶痛绝——"把脚抬起来／让一切空洞的／没有内容的／'形式主义'滚开吧！"①就内容而言，这是《晋察冀艺术》副刊中少有的指向边区内部的现实批评性作品，语言通俗，但却有些概念化、口号化，诗意不足。

　　石坚的《你这家伙》是对张岐云逃离革命队伍的斥责，表达了对张岐云吃人民的饭穿人民的衣而忘本叛离革命的愤慨。诗歌感情激愤真切，但艺术上较为幼稚，散文化色彩明显，基本就是一段简单文字的分行书写，语言也基本是原生态的口语，缺乏诗性的提炼，比如"你丢了咱们定襄营的脸呀""无数的战士们，骂着这坏蛋"。②有可能这是初学写作的战士的作品。

　　徐朔的《我们相信你——给伪军兄弟》是一首劝降伪军的街头诗。诗歌语气温婉，对即使是在战场上打伤过我方战士的伪军，也给予了设身处地的理解，"我们知道，你受骗了"，③相信在夜晚他们曾为此"流着泪悔过"，相信他们对祖国仍有良心，所以仍然把他们视为"兄弟"，呼唤他们回头。因为诗歌有着特殊的接受者，有着特殊的现实目的，感情基调较为柔和。

　　1942年4月10日第三十五期以《孩子们的街头诗》发表了两首边区少

----

① 田丁：《形式主义》，《晋察冀日报》，1941年8月14日，第四版。

② 石坚：《你这家伙》，《晋察冀日报》，1941年8月14日，第四版。

③ 徐朔：《我们相信你——给伪军兄弟》，《晋察冀日报》，1942年2月28日，第四版。

年所写的街头诗。张青芝的《报名去》以轻快的笔调描述了一个边区青年
报名参军的场面：

> 在会场上，
> 一个青年，
> 笑嘻嘻地报名了。
>
> 他的眼，斜视着模范队
> 热情地说：
> ——你们谁敢
> 和我比一比①

　　尽管这首诗也是宣传鼓动诗，有着明确直接的功利性目的，但诗歌形
象性较强，节奏和缓，场面富有生活情趣，似乎与20世纪50年代闻捷的
边疆诗歌有着相似的味道，这应该是边区街头诗中诗味较浓，艺术性较好
的诗篇。
　　张风芝的《青年人》与上一首表达的是相似的主题，描述的是相似的
场面：

> 一个青年人，
> 叫李文彦，
> 在会场上报了名。
>
> 他跳起来，
> 脸红红地说：
> 谁敢应我的战！

---

① 张青芝：《报名去》，《晋察冀日报》，1942年4月10日，第四版。

他是那么结实①

两相对照，这首诗艺术性远不及上一首。

另外，《晋察冀艺术》刊载的第一首诗邓康的《爱护晋察冀——纪念边区政府成立三周年》虽然并未标出是街头诗，但从其内容与形式及语言风格来看，其实也是一首街头诗，附录于此：

太行山是无言的
像一个老妈妈在沉默着
也许她是在想
——用什么来接受
晋察冀边区
给予我的荣誉?!②

二、田间的诗

田间是抗战时期街头诗的倡导者与实践者，也是活跃于晋察冀根据地的代表诗人，田间刊于《晋察冀艺术》上的诗歌共有8首，其中7首是以"中国人"为笔名发表，只有《纪念〈母亲〉》一诗用了"田间"。除了上文述及的刊出时明确标为"街头诗"《民兵老爷》《斯大林为我们粉碎人类的敌人》《她代替哥哥》三首，还有《纪念〈母亲〉》《别抛弃正义》《中国在哭泣在愤怒》等五首。

《纪念〈母亲〉》是田间刊载于《晋察冀艺术》的第一首诗。1940年末到1941年初，高尔基的名剧《母亲》两次在边区公演，《晋察冀艺术》

---

① 张凤芝：《青年人》，《晋察冀日报》，1942年4月10日，第四版。
② 邓康：《爱护晋察冀——纪念边区政府成立三周年》，《晋察冀日报》，1941年1月15日，第四版。

第三期刊出了一组与《母亲》演出相关的作品，田间的《纪念〈母亲〉》
即是其中之一（另两篇是评论性文章：沙可夫的《向高尔基学习——祝
〈母亲〉二次公演》、崔嵬的《迎接困难和克服困难》），辑录于下：

> 母亲的手，
>
> 举起来，
>
> 举起工人的呼喊，
>
> 向全世界。
>
> 呼喊高大了，
>
> 警钟响了，
>
> 工人们抱着母亲伟大的胸怀。
>
> 1940①

　　这首诗明显具有田间式的"鼓点诗"特点。尽管本首诗没有明确标为
"街头诗"，但无论内容与形式都与街头诗相差无几。
　　1941年1月，"皖南事变"爆发，《晋察冀艺术》第4期、第5期刊载了
田间为此事件而作的三首诗：

别抛弃正义

我用国民的资格
向你敬告：
　——别抛弃正义！

你要知道：
即使新四军被你无耻地损害了

---

① 田间：《纪念〈母亲〉》，《晋察冀日报》，1941年1月22日，第四版。

正义还要猛烈地燃烧

永远地活着

1941.1①

中国在哭泣在愤怒

中国在哭泣，在愤怒……

中国，他可以忍受一切的痛苦

中国，他不忍看到

他的败类

　　用卑污的手段

　　打碎他的光荣的保卫者的头颅②

同志，握着新四军的血前进！

最后的一滴血

也从我们战友身上滴下了

为了争取国民的战斗权

他们的枪

绝不会缴到阴谋家手里③

　　第一首诗以国民党当局为拟想读者，表达了作者对于国民党当局袭击新四军、破坏抗战的无比愤怒；第二首，则把国家民族拟人化，代国家民族抒情，表达了全民族对于此事件的悲哀与愤怒；第三首则以根据地军民为拟想读者，赞颂了新四军战士的英勇不屈，激励根据地军民化悲痛为力量，继续与国民党当局作斗争。三首诗的情感表达都很激越刚劲，尽管情

---

① 中国人:《别抛弃正义》,《晋察冀日报》,1941年1月31日,第四版。

② 中国人:《中国在哭泣在愤怒》,《晋察冀日报》,1941年2月6日,第四版。

③ 中国人:《同志,握着新四军的血前进》,《晋察冀日报》,1941年2月6日,第四版。

感基调很悲愤，却富有战斗激情。

除了以上诗作，1941年6月25日《晋察冀艺术》第十七期，还刊载了田间为庆祝中国共产党成立二十周年而作的《"加到火里"——纪念中国共产党诞生二十周年》，这是一首相对较长的政治抒情诗，全诗共14节，50行，但是每行诗字数都较少，句子简短，大都为三到五字，体现出田间"鼓点诗"的特点。在诗中，诗人把滹沱河作为晋察冀边区人民的象征意象，以人格化的滹沱河为倾诉对象来抒发情感。根据诗歌情感的发展逻辑可以分作四段：滹沱河的过去，"活了多少年""病得可怜""站不起来"；①在历史上饱受折磨压迫的情况下，日军又"跑来抢夺"，使得"你"——滹沱河的处境更是雪上加霜，"你／也快死了"；②在这危急的关头，是共产党拯救了滹沱河，保卫着滹沱河，"他像一把火／照着你""顾着你／他烧着"；③最后号召滹沱河边的人民，加入共产党领导的民族与阶级解放运动中来，"把血""加到火里／让它更烧得大些"，把"压迫"与"贫穷""烧掉"，迎来"不再哭泣"的时代。④在诗中，诗人既写到滹沱河苦难的历史，也写到当下外敌对它的摧残，因而共产党对滹沱河的拯救与滹沱河人民跟随共产党的抗争兼有阶级解放与民族解放的含义。

三、其他诗人的诗篇

鲁藜是七月诗派在根据地的代表诗人，有两首诗刊载于《晋察冀艺术》上。

《五月一日在这里》是为纪念五一劳动节而作。诗中写在边区的五一

---

① 中国人：《"加到火里"——纪念中国共产党诞生二十周年》，《晋察冀日报》，1941年6月25日，第四版。

② 中国人：《"加到火里"——纪念中国共产党诞生二十周年》，《晋察冀日报》，1941年6月25日，第四版。

③ 中国人：《"加到火里"——纪念中国共产党诞生二十周年》，《晋察冀日报》，1941年6月25日，第四版。

④ 中国人：《"加到火里"——纪念中国共产党诞生二十周年》，《晋察冀日报》，1941年6月25日，第四版。

劳动日里诗人与他的战友们冒雨收割麦子，尽管"满脸的雨滴"，但"我们"为"劳动"为"收获"而欢喜，由此诗人想到在这一日里都市里的工人兄弟们的斗争："结队的去游行示威／在黑暗里的／他们烧起了火"，①至此诗人从具体的劳动与斗争中超越出来，推出自己带有哲理色彩的思考："没有风雨／不会有丰富的收获／没有斗争／不会有胜利。"②最后一节"这一日啊／我很欢喜／站在风雨里的／战斗的行列／也有我自己；而且在风雨里／我和兄弟们一起／唱着《国际歌》"，③把诗人自己置于全世界革命者联合起来的战斗之中，抒发了诗人个体的小我融合于集体大我的抗争的欢欣与战斗的激情。

《夜葬——追悼殉难的战友》是一首带有叙事性的抒情诗，写的是埋葬在战斗中牺牲战友的场景。诗歌写战友牺牲了，"我们"抬着他，"我们"趁夜要把他埋葬在一个地方，"记不清什么村子／也记不清什么时刻"，④而且"我们"还要立即追上队伍。战争的紧张带来的夜葬的仓促，并未影响"我们"对战友的深情，"掘得深一些／把他深深地埋住""好好地动手／不要把石头也掉下／敲得棺盖乱响／不要叫我们的兄弟／睡得不舒服"。⑤战友的牺牲，留给世界的是勇敢的精神，连他墓旁的树也不会被狂风吹到，因为它受到旁边勇敢战士的感染，"我们"悲伤，但更激发"我们"继续前进勇敢地战斗。鲁藜的诗质朴平实，却充满战斗的激情。

邵子南是晋察冀诗群的代表诗人，其《故乡的诗章》从诗人与故乡的关系入手，把个人的人生经历与时代相联系，可以说是用诗意的方式表达对个人走向革命历程的回顾。诗歌开首就写出"我"对故乡的总体感觉——"奇异"与"我"与故乡的关系——"我是它奇异的旅客"，⑥实际也即写"我"与故乡的疏远。紧接着写故乡自然风光的优美，与生存环境

---

① 鲁藜:《五月一日在这里》,《晋察冀日报》,1941年5月14日,第四版。
② 鲁藜:《五月一日在这里》,《晋察冀日报》,1941年5月14日,第四版。
③ 鲁藜:《五月一日在这里》,《晋察冀日报》,1941年5月14日,第四版。
④ 鲁藜:《夜葬——追悼殉难的战友》,《晋察冀日报》,1941年11月30日,第四版。
⑤ 鲁藜:《夜葬——追悼殉难的战友》,《晋察冀日报》,1941年11月30日,第四版。
⑥ 邵子南:《故乡的诗章》,《晋察冀日报》,1941年5月14日,第四版。

的恶劣，正因为"高利贷债户塞满故乡""故乡是厌倦的狭隘，养活不了我"，所以"我"才"半眼也没望望我的故乡"，决绝地离开它①。离开故乡的并不仅仅是我，还有到都市当看门人的大哥，当强盗当车夫的三哥，当流氓的叔叔，但唯有"我"走得遥远，找到了正确的道路，隔断了与故乡的一切联系。诗中写到"我的母亲以为我死了，替我立了碑，招我的魂"，②这既是现实的书写，又有象征意义，象征着"我"与故乡的现实与精神的维系都已隔断，从这一角度上，故乡又可以理解为旧世界的象征。从此以后"我"彻底告别了过去，参加了革命的武装斗争，"爱上了异乡的人民"，革命的历程中，"从异乡到异乡"，而"我"的伙伴也是来自各地，"一面走着，一面还有了家"，③革命者工作的地方即是革命者的家。而当"我"再次想起故乡，则是因为它被侵略者占领，"故乡建立了同我信仰不同的王国，杀我的伙伴的人们在那里强占了"。④尽管与故乡更加隔膜，但是最后诗人还是对故乡提出了期盼，期待着故乡获得新生："我的故乡，要我们互相了解，除非你变成我的伙伴们的王国。"⑤尽管全诗中"我"与故乡始终是隔膜与疏远的，但诗歌还是从故乡写起，最终又回到故乡，结构上很有艺术性。

辛勇的《生产的热潮在澎湃着》以边区响应上级的号召开展开荒生产的热潮为题材。全诗分三节：第一节，写春耕生产的场景："炊事员在撒播蔬菜的种子，饲养员在准备大量肥料"，⑥全体战士以冲锋的精神投入生产热潮；第二节写战士们在山腰开荒劳动的热潮，"奋勇而沉着，准备了战胜敌人的资料"；⑦第三节，写发起生产热潮的意义，"更积极地准备我们的资料，充实起边区的实力，巩固这民族解放运动的堡垒""生产一粒

---

① 邵子南:《故乡的诗章》,《晋察冀日报》,1941年5月14日,第四版。

② 邵子南:《故乡的诗章》,《晋察冀日报》,1941年5月14日,第四版。

③ 邵子南:《故乡的诗章》,《晋察冀日报》,1941年5月14日,第四版。

④ 邵子南:《故乡的诗章》,《晋察冀日报》,1941年5月14日,第四版。

⑤ 邵子南:《故乡的诗章》,《晋察冀日报》,1941年5月14日,第四版。

⑥ 辛勇:《生产的热潮在澎湃着》,《晋察冀日报》,1941年4月23日,第四版。

⑦ 辛勇:《生产的热潮在澎湃着》,《晋察冀日报》,1941年4月23日,第四版。

米如同增加一粒子弹"。①诗歌与当时的现实紧密联系，是一首注重宣传鼓动性的诗歌，语言虽通俗易懂，但形象性、情感性不足，有些标语化、口号化。

倪尼的《眼泪掉在麦地里》是一首简短的叙事诗，讲述了张大妈在她的二亩地里种了麦子，春天麦苗长势喜人，张大妈也满心欢喜，满怀希望，过了芒种，就可收割麦子，用一些麦子"打饥荒"，"剩下的冷了换个新棉衣"。②但没想到来了敌伪军，要挖大沟保护日军的汽车路，毁掉了张大妈的麦子，把麦田挖成深沟，张大妈的"一切希望变成了青烟""哭泣在深沟里"。③这首诗采用的是口语化的语言，有着民间歌谣化的特征。

《春风》是联大文艺学院少年队儿童文艺小组学员栗茂章的习作：

> 春风，
> 掠过了面，
> 轻又暖，
> 你——
> 给予人们
> 　舒适，
> 　快感。
>
> 一年四季，
> 你来得最早，
> 从——
> 　海边
> 　天际
> 轻轻吹起。

---

① 辛勇：《生产的热潮在澎湃着》，《晋察冀日报》，1941 年 4 月 23 日，第四版。

② 倪尼：《眼泪掉在麦地里》，《晋察冀日报》，1941 年 7 月 5 日，第四版。

③ 倪尼：《眼泪掉在麦地里》，《晋察冀日报》，1941 年 7 月 5 日，第四版。

你告诉劳动的人们，

说着：

"可爱的春天

　　开荒呵，

　　生产！"

于是他们——扛起锄头，

把汗珠往土里丢。

你唤醒着大地，

　　　　万物

　　　　人们。

都抖擞着精神，

向着春天伸展，

都希望着你，

永远停留人间。①

　　在晋察冀边区诗歌整体呈现出刚劲风格的氛围中，这首初学者的试笔之作，反倒呈现出一种别样的风格。尽管其主题是号召春耕生产，从内容上看仍属政治抒情诗，但节奏却相对和缓，情感轻柔温婉，一定程度上体现出柔美的格调，尤其是前半部分。

　　苗青旺的《火——献给边区的孩子们》由两部分组成，其实是两首独立的诗，尽管两首诗都与火有关，但其内容基本没什么关联。第一首写边区的孩子们晚上偷偷到山坡上放野火玩，反映的是边区的孩子们快乐自由的生活。其中也可以说是表现战争对于孩子们的塑造：战争环境中的勇

---

① 栗茂章：《春风》，《晋察冀日报》，1941 年 4 月 9 日，第四版。

敢——"跑上山坡／放野火／我们并不害怕狼";①战争背景下边区特定的语境对孩子们思想意识的影响——在边区孩子们的眼中,烧起来的野火是"咱们红色的马队／闪着金色的光芒／奔腾着过来了",②这可能是边区特定语境中成长起来的孩子才会有的观感。第二首写雪花纷飞的寒冷的冬天,一个边区的孩子邀请一位过路的"眉毛上结着小冰球"③的年轻子弟兵到家里烤火取暖,表现了边区军民亲密无间的鱼水之情,诗中也写到烤火时孩子要求士兵"教我唱好的歌",④表现了边区儿童对人民军队的崇敬以及对革命的渴望。

四、译诗

《晋察冀艺术》还刊载了3首译诗。

《向明天进军——锻炼行军之一日》是田间翻译的一首日语诗,发表时署名"中国人"。诗的作者是参加了抗日队伍的日本战士信田猛,这是一首认清了日本帝国主义侵略面目的日军战士写的反战诗。诗歌由觉醒的反战日本战士组成的抗日队伍训练写起,写这些反法西斯的战士"从沉默里挺起胸膛"开始反抗,"带着革命的原则,铁的纪律""拥着反战旗"把自己锻炼成革命的抗日队伍,⑤为着自由幸福的明天不断进军,表达了他们英勇战斗不断前进的决心,对胜利一定属于他们这些"和平爱好者"⑥的坚信。诗歌为非专业的作者所写,在艺术上难免有些粗糙之处,但正如译者在诗后的附言中说,这是"日本的人民一些坦白的心声"。⑦

《斯大林》⑧《歌颂斯大林》⑨2首是缪穆翻译的歌颂斯大林的苏联诗

---

① 苗青旺:《火——献给边区的孩子们》,《晋察冀日报》,1942年5月13日,第四版。
② 苗青旺:《火——献给边区的孩子们》,《晋察冀日报》,1942年5月13日,第四版。
③ 苗青旺:《火——献给边区的孩子们》,《晋察冀日报》,1942年5月13日,第四版。
④ 苗青旺:《火——献给边区的孩子们》,《晋察冀日报》,1942年5月13日,第四版。
⑤ 中国人:《向明天进军》,《晋察冀日报》,1942年6月24日,第四版。
⑥ 中国人:《向明天进军》,《晋察冀日报》,1942年6月24日,第四版。
⑦ 中国人:《向明天进军》"附言",《晋察冀日报》,1942年6月24日,第四版。
⑧ 缪穆译:《斯大林》,《晋察冀日报》,1941年5月14日,第四版。
⑨ 缪穆译:《歌颂斯大林》,《晋察冀日报》,1941年6月18日,第四版。

歌。

诗歌在《晋察冀艺术》中并不是占比很多的文学样式，但因为《晋察冀艺术》办刊时间较长，刊期较多，所以诗歌总量不少。诗歌所涉题材与之前的《海燕》《新地》《新华文艺》相比更为广泛，有写日军暴行的，有写根据地人民对抗战支持的，有写根据地人民前赴后继参军抗战的。不仅写中国根据地军民的英勇抗战，有些诗歌也写到了苏联人民的反法西斯斗争，不仅写到敌我双方前线两军对垒的战斗，也有诗歌写到根据地内部的反内奸斗争。对敌斗争仍是主要题材，但也有大量的反映根据地后方生产建设的诗歌，也有一些揭露根据地内部不良风气的批评性诗歌。大多为注重宣传鼓动功用的政治抒情诗，豪迈激越、刚健劲拔是其情感主基调，但也有一些诗中的局部有一些轻柔温婉的色彩。诗体上以诗句简洁、节奏铿锵的街头诗与鼓点诗为主，仅有少数抒情长诗。诗歌语言大都通俗化、口语化，对民间语言与民间歌谣有较多借鉴，与《海燕》《新地》《新华文艺》中的诗歌相比，在民族化、民间化与大众化方面推进不少。

第三节　《晋察冀艺术》散文

本节所述散文是除叙事性作品及文艺理论及批评性作品之外的抒情散文及议论性散文。

邓康的《由茂林事变想起》[1]表达的是对国民党当局发动"皖南事变"的愤慨。全文共四小节，文章简短，语言铿锵有力，情感激愤，较多地使用了讽刺反语的手法，有杂文的味道。

见的《的呢？矢呢？》是一篇探讨边区文艺工作者自我批评的杂感。文章把边区的作家艺术家比作射手，提出在射手的箭射出之前，首先应反思一下自己——自我的灵魂和集体的灵魂是否一致：是否"看个人比集体

---

① 邓康：《由茂林事变想起》，《晋察冀日报》，1941年2月6日，第四版。

大"，在某些时候是否还有"用自己的手拆毁公共原则"的想法，因而"整顿自己的灵魂"是必要的；①文艺是由人创造的，什么样的人创造出什么样的文学，所以作家、艺术家要跟上时代，就要把自己思想上的文艺上的污秽清洗掉。作者指出清洗这些污秽就要克服文艺上的宗派主义（表现为"偏见""一切决定于个人的口味"②）；克服文艺上的教条主义（表现为"乱搬名词和名言""用圈子去套人"③）；克服文艺上的党八股（表现为"形式主义""公式化"④）。作者认为边区整顿文艺阵地其实就是整顿文艺家的阵地，作者指出虽然边区的文艺家大都是进步的，是经过炮火锻炼的，但即使身上仅有一点污秽，也要把它扫光。文章是在根据地整顿"三风"的背景下写成的，其中有些观点比如过分强调作家的人格对作品的决定作用，"进步的文艺都出自进步的作家之手"，⑤如果从学术探讨的角度看，过于绝对，但结合具体的语境，并且本文并不是严格的文艺理论探讨文章，而是一篇"杂感"，这样的提法有其时代的合理性。

《矢呵！向偏见射吧！》是与《的呢？矢呢？》有连续性的杂感，在前一篇中作者把偏见看做宗派主义的一种，这一篇专门谈生活与工作中（主要是文艺批评中）的偏见问题。文章开篇即指出偏见的危害性：有时偏见甚至可以把真理淹没。文章说，偏见表现在生活中，即不听别人说什么，很主观地下结论，否定别人；表现在文艺上，就是看到与自己的爱好不同的作品，看不到其中的好的地方，急着下否定的结论。接着文章分析了偏见形成的原因：由于"人认识真理把握真理的程度不同"，而且由于"我们的灵魂还未锻炼成大众的灵魂"，所以"我们的胸怀、眼光常常只注视着片面，只注视着我们所接近的事物"，而接受不了"我们"所"习性不惯的东西"。⑥文章也提出克服偏见，就要把"个人的主观溶化为社会的主

---

① 见：《的呢？矢呢？》，《晋察冀日报》，1942年6月17日，第四版。
② 见：《的呢？矢呢？》，《晋察冀日报》，1942年6月17日，第四版。
③ 见：《的呢？矢呢？》，《晋察冀日报》，1942年6月17日，第四版。
④ 见：《的呢？矢呢？》，《晋察冀日报》，1942年6月17日，第四版。
⑤ 见：《的呢？矢呢？》，《晋察冀日报》，1942年6月17日，第四版。
⑥ 见：《矢呵！向偏见射吧！》，《晋察冀日报》，1942年6月24日，第四版。

观——使个人的主观跟客观事物发展的规律调和起来，而且要前者服从后者"。①文章最后呼吁"年轻的射手们"要用新的"矢"——共产党人指示给他们的新的武器而不是偏见去"射击"。

1941年7月初，晋察冀根据地举办了第二届艺术节，其间邵子南写了一篇《艺术节与我们》的短论。文章发表时艺术节虽已经闭幕，但文章开头这样写："第二届艺术节，轰轰烈烈，整然有序地开了"②，据此，此文的写作时间可能是在艺术节举办期间。作者认为,艺术节展现出边区文艺工作成绩，是根据地艺术工作者的光荣，但根据地艺术更应着眼于未来的发展，"今天伟大，明天将比今天更伟大"，而不应只"在旧地方唏嘘感叹，赞美过去伟业"，③第二届艺术节应成为"到第三届艺术节去的出发点"，④而"我们"——根据地艺术工作者应该成为一群根据地艺术创业道路上的远征者，"一次创业之后，再来一次大创业"⑤。作者认为这样的文艺远征，需要文艺协会的计划、组织、动员，因而协会应该加强自身建设，使自己"像钢铸成似的严密巩固，像海似的庞大，像火焰似的燃烧着，英勇地应付这个远征"；⑥而每一个文艺工作者则要提高自己的艺术创作，创作出更多更好的体现着"更深刻的现实精神"的"典型"的作品来，⑦同时也要积极参与文协组织的群众艺术运动中，完成好协会分配给自己的任务，大家一起分工协作，开展群众艺术运动，承担起"把艺术交给大众"的责任。⑧

而罗东的《艺术节》同样是以根据地艺术节为题材的短论，写于根据地"三风"整顿背景之下。文章从根据地举办的艺术节写起，作者认为根

---

① 见:《矢呵! 向偏见射吧!》,《晋察冀日报》,1942年6月24日,第四版。

② 邵子南:《艺术节与我们》,《晋察冀日报》,1941年7月16日,第四版。

③ 邵子南:《艺术节与我们》,《晋察冀日报》,1941年7月16日,第四版。

④ 邵子南:《艺术节与我们》,《晋察冀日报》,1941年7月16日,第四版。

⑤ 邵子南:《艺术节与我们》,《晋察冀日报》,1941年7月16日,第四版。

⑥ 邵子南:《艺术节与我们》,《晋察冀日报》,1941年7月16日,第四版。

⑦ 邵子南:《艺术节与我们》,《晋察冀日报》,1941年7月16日,第四版。

⑧ 邵子南:《艺术节与我们》,《晋察冀日报》,1941年7月16日,第四版。

据地以往的艺术节在"检阅艺术工作者的力量"①这一点上做得不够好，并没有展现出根据地文艺工作者的全部力量。作者认为文艺工作者的力量最主要的是艺术上的创造，而根据地五年敌后的艺术生活贯穿始终的"一个活的因素是'创造'"②，如果看不到这些创造，看不见根据地艺术的五年来的进步，就是"主观主义"。同时作者也承认根据地文艺工作中也存在缺点，认为要有《解放日报》所倡导的"脱裤子"的精神，不怕把缺点不足暴露出来；要勇于接受批评，要有"不怕人家在光屁股上打几下"③的勇气。本文对晋察冀根据地几年来文艺方面所取得的成绩以及存在的不足的分析较为客观辩证。

《为新的一代而歌——开展晋察冀边区儿童艺术运动》《鲁迅与孩子》《四四感想》以边区儿童的生活与成长为题材。

田间的《为新的一代而歌——开展晋察冀边区儿童艺术运动》是在1941年儿童节前夕，写给边区儿童的一篇抒情短文。文章先写边区儿童所生活的时代背景——"我们为旧的和侵略势力的刀所刺伤"，④但是"我们"还勇敢地战斗，一步步地走向胜利，在此田间所说的边区军民的战斗，既指向"旧势力"，又指向"侵略势力"，可以说其中反封建、阶级反抗与反侵略三者兼而有之。在这样的背景下，作者赞扬边区的儿童——"我们的小兄弟、小姊妹们"在他们的上一代尚是什么也不知道的年纪，就开始了抗战的工作与战斗，写诗、绘画、演剧、唱歌，甚至上火线，和他们的父母一样站在战斗的岗位上勇敢地战斗。接着作者提出成年的一代要呵护培养新的一代的成长，"用勇敢的旋律、新的旋律、自由的旋律组织成新的一代的战歌，和生活的歌""用为花朵、为未来的手挖掘一条路

① 罗东:《艺术节》,《晋察冀日报》,1942年5月6日,第四版。

② 罗东:《艺术节》,《晋察冀日报》,1942年5月6日,第四版。

③ 罗东:《艺术节》,《晋察冀日报》,1942年5月6日,第四版。

④ 田间:《为新的一代而歌——开展晋察冀边区儿童艺术运动》,《晋察冀日报》,1941年2月16日,第四版。

使新的一代握着新民主主义的旗子成长起来";①展望未来，保卫胜利比争夺胜利更重要，而新的一代要具备保卫胜利的能力与意志，而这样的能力与意志需要成年一代"以同志之爱、兄弟之爱帮助他们获取"。②最后，田间吁请边区"要把艺术的血液开展到孩子们的血液里去"，展开边区儿童文艺，重视边区儿童艺术素养的培养。③

武维扬的《鲁迅和孩子》刊发于第十一期儿童文艺专刊上，文后标注为"《鲁迅谈妇女儿童与青年》一节"。文章谈的是鲁迅先生的儿童观以及对父辈与孩子间关系的看法，文章首先引用《热风》中鲁迅对于中国传统社会中儿童及父母与孩子关系的看法，指出鲁迅始终关心热爱着孩子，鲁迅不是希望孩子成为父母的附属物，无条件地服从父母，如儒家所主张的"于父之道三年无改，可谓孝矣"，也不是以一种功利性的眼光来看待孩子，把孩子看做父母养老防老的工具，而是立足于孩子的未来，希望父母"不完全只顾着自己"，④希望孩子们的将来不要仍然过着如其父辈们一样的"辛苦辗转""辛苦麻木""辛苦恣肆"的生活，而是有他们的父辈未经过的新生活。最后，文章把这一代孩子的命运同时代背景联系起来，提出在民族危亡的战争背景下，这一代孩子遭受着空前的危难，因而"积极抢救后代，并使我们的后代能有新生活，这是现代父母的神圣使命"⑤。

罗东的《四四感想》刊发于1942年4月3日《晋察冀艺术》纪念儿童节的专刊，是一篇极短的短文。主要谈论的是边区的孩子们与文艺的关系。文章首先指出未来"胜利的继续"全靠孩子们一代。作者指出孩子们与艺术是有缘分的，"孩子们富于幻想，没有成见，是真理最忠实的拥护

---

① 田间：《为新的一代而歌——开展晋察冀边区儿童艺术运动》，《晋察冀日报》，1941年2月16日，第四版。

② 田间：《为新的一代而歌——开展晋察冀边区儿童艺术运动》，《晋察冀日报》，1941年2月16日，第四版。

③ 田间：《为新的一代而歌——开展晋察冀边区儿童艺术运动》，《晋察冀日报》，1941年2月16日，第四版。

④ 武维扬：《鲁迅和孩子》，《晋察冀日报》，1941年4月9日，第四版。

⑤ 武维扬：《鲁迅和孩子》，《晋察冀日报》，1941年4月9日，第四版。

者和执行者"，这种气质正是艺术的气质；而艺术对于孩子们的教养也很重要，可以陶冶出孩子们"新的性情，革命的坚韧的敏锐的意志和高扬的天才"。①作者最后发出呼吁：在边区的孩子们已经过上民主自由快乐生活的时候，更需要给他们丰富的文化艺术生活。

《晋察冀艺术》刊载了两篇怀悼之作。

《纪念聂耳同志》是纪念革命音乐家聂耳去世六周年的悼怀之作。文章对聂耳短暂的人生与革命经历作了回顾：从小出来当兵、流浪，后来做码头工人，在饱受资本家的压榨中，找到了斗争的方向；后来在黎锦晖乐队做琴师，其间"看到了音乐的力量，并且学会了怎样用这个武器为革命斗争"；②之后，聂耳在警探追踪中紧张工作，用歌曲唤醒被苦难麻痹了的人们，反抗日本帝国主义与专制者；资产阶级音乐学者的歌曲在聂耳像雷一样的歌声面前显得软弱无力。文章对聂耳的音乐作了高度的赞誉，"聂耳创造了中国新音乐壮健、明确的风格""创造了中国工人阶级及广大革命群众的英勇的典型"③。

1942年1月，萧红病逝于香港，朔的《对死者的悲忆——高尔基、瞿秋白、萧红》尽管题目中说是对高尔基、瞿秋白与萧红的悲忆，但实际是对萧红离世的怀悼文章。文章把高尔基与瞿秋白赞为"在斗争的事业上贡献了自己最勇敢最纯洁的灵魂的人""为着我们新的一代总觉醒而战死的"，而萧红是"继着这两位先知者而死的女战士"④。接着作者把对这些逝者的怀念与边区的文艺运动联系起来，作者指出，在边区正在进行着的"新的文艺复兴运动"，也正是这些逝者"曾经用着他们蘸着血与泪的笔所歌颂过，所殷望过的时代"⑤。而对于逝者的纪念，作者认为生者"要以死者的勇气来鞭策自己"，不能在死者面前"永远地低着头"悲哀，而应

① 罗东：《四四感想》，《晋察冀日报》，1942年4月3日，第四版。
② 肃：《纪念聂耳同志》，《晋察冀日报》，1941年7月5日，第四版。
③ 肃：《纪念聂耳同志》，《晋察冀日报》，1941年7月5日，第四版。
④ 朔：《对死者的悲忆——高尔基、瞿秋白、萧红》，《晋察冀日报》，1942年6月17日，第四版。
⑤ 朔：《对死者的悲忆——高尔基、瞿秋白、萧红》，《晋察冀日报》，1942年6月17日，第四版。

"昂扬着头向他们微笑"。①

另外，《晋察冀艺术》中还出现了一种新的散文样式——街头随笔。《晋察冀艺术》刊载了丁克辛的三则街头随笔：

前年一石谷，缴租五六斗，现存一石谷，只缴三斗六，够吃啦。

老乡：这还只是二十条纲领里的半条哩！

妞儿看着满天星星，耀眼睛，闭起眼睛想：一百个子弟兵，比星星还多吧！

百团大战以后，敌人下命令给顽固派和摩擦专家说："你们这些笨家伙，现在还说'游而不击'吗？该打屁股三百。"②

《晋察冀艺术》刊载的散文中，除街头随笔三则，《由茂林事变想起》《的呢？矢呢?》《矢呵！向偏见射吧！》三篇为议论性的杂文，余下的七篇为抒情散文。不论是杂文还是抒情散文都与形势结合紧密，积极配合根据地当前的工作与任务，《由茂林事变想起》是在皖南事变发生后对国民党当局的揭露与鞭挞，而《的呢？矢呢?》《矢呵！向偏见射吧！》则是对根据地当时正在进行的整顿"三风"的回应，而以儿童为题材的三篇是为边区儿童节或是副刊的儿童文艺专刊所写，两篇悼怀散文，也是重在挖掘聂耳与萧红的革命经历与革命精神之于根据地军民抗战的当下价值。情感基调激越刚健，富有冲击力与感染力，与叙事性作品及诗歌相类，但是语言形式方面文人化色彩较浓，在民族化与大众化方面不及前两类作品。街头随笔作为一种普及性的散文新样式，通俗易懂，较为大众化，但这种样式没有推广开来，创作很少，没有达到街头诗与街头剧的影响力。

① 朔:《对死者的悲忆——高尔基、瞿秋白、萧红》,《晋察冀日报》,1942年6月17日,第四版。
② 丁克辛:《街头随笔三则》,《晋察冀日报》,1941年1月15日,第四版。

第四节　《晋察冀艺术》文艺理论及评论性作品

文艺理论及评论性作品是《晋察冀艺术》中刊载最多的一类文章，共有85篇。

一、对边区文艺问题总体探讨

沙可夫的《目前边区文艺工作者努力的方向——为五四运动二十二周年而作》是一篇从总体上探讨根据地文艺工作的文章，文章大致分两部分内容。第一部分在总结边区文艺工作取得成绩的基础上，指出其还存在的不足，主要是戏剧作品的创作在质和量上都明显落后于边区现实，文章指出当时戏剧运动中"演大戏"倾向产生的原因即与缺少受群众欢迎的新作品("剧本荒")有关，而由此带来的消极影响(当然文章也承认"演大戏"的积极方面)是：不把"剧本创作的停滞状态，戏剧不深入群众等缺点来克服，那么今后边区戏剧运动的开展上会受到极大的阻碍"；[①]另外，音乐作品也少且没有产生普遍流传的新歌曲，文学、美术创作因受印刷条件限制也不多，"不足以充分反映今天边区生动的丰富的现实生活。"[②]鉴于此，文章提出边区文艺工作者努力的第一个方向："面向群众，深入群众，以现实主义的方法，大胆地批判地利用一切有用的形式来大量创作"[③]。第二部分内容与"民族形式"与"秧歌舞"的讨论密切相关，从当时正在发生的"民族形式"与"秧歌舞"的讨论谈起，但是文章主要不是谈作者对这两个问题的看法，而是探讨在论争中应有的态度与方法。文章认为因为文艺理论与实践中的问题需经大家的研究、讨论与辩论，才能

[①] 沙可夫：《目前边区文艺工作者努力的方向——为五四运动二十二周年而作》，《晋察冀日报》，1941年4月29日，第四版。

[②] 沙可夫：《目前边区文艺工作者努力的方向——为五四运动二十二周年而作》，《晋察冀日报》，1941年4月29日，第四版。

[③] 沙可夫：《目前边区文艺工作者努力的方向——为五四运动二十二周年而作》，《晋察冀日报》，1941年4月29日，第四版。

形成一致意见，得出正确结论，所以要提倡自由研究、讨论与辩论的风气，文章指出当时刚发生"民族形式"与"秧歌舞"的讨论也有立场与态度的欠妥之处。文章提出在论争中参与者必须站稳立场，不抱门户之见，不作意气之争；态度须严正而和蔼，不能明枪暗箭，冷嘲热讽，用对付敌人的方法来对待参与论争的同志；"要发扬自我批评精神，虚心倾听别人的意见"。[①]基于此，文章提出边区文艺工作者努力的第二个方向："我们要在自由研究、自由讨论、自由辩论的作风的提倡下，站稳追求真理的立场，把握严正和蔼的态度，发扬自我批评的精神，孜孜不倦地加强对理论与实践问题的学习，继续不断地提高自己。"[②]另外文中也有一处涉及作者对"民族形式"的看法，作者在开头部分提出，五四以来的中国文艺运动"本着大众的民主的革命传统精神"以建立"民族的形式，新民主主义的内容"的新文艺为目标，作者特别指出"民族的形式，新民主主义的内容""绝对不是'旧瓶装新酒'主义"。[③]

　　1941年7月1日至7日晋察冀根据地在平山举行了第二届艺术节，16日，聂荣臻司令员接见了参加边区第二届艺术节的文艺工作者，并发表讲话，讲话内容经赵冠琦整理后以"聂司令员在第二届艺术节大会上的演讲"为题发表于《晋察冀艺术》第二十期。演讲除了回顾边区文艺三年来取得的成绩，主要包含这样几个方面的内容：根据地文艺的性质，中国过去的所谓"高尚"的艺术为少数人所有，群众性的艺术大多是落后的，而边区的文艺是新民主主义的，边区文艺是"提高人民艺术生活、军队艺术生活的活的力量"；人民军队中有"把艺术当作政治工作的武器，拿它来

---

① 沙可夫：《目前边区文艺工作者努力的方向——为五四运动二十二周年而作》，《晋察冀日报》，1941年4月29日，第四版。

② 沙可夫：《目前边区文艺工作者努力的方向——为五四运动二十二周年而作》，《晋察冀日报》，1941年4月29日，第四版。

③ 沙可夫：《目前边区文艺工作者努力的方向——为五四运动二十二周年而作》，《晋察冀日报》，1941年4月29日，第四版。

提高军队文化生活，提高士兵战斗情绪"①的传统，边区的文艺工作者要继承发扬这一传统，在文艺活动中组织起来，掌握好、利用好这一武器；艺术工作者不能受歧视，艺术工作者的旧观念的影响不安心于艺术工作，"要站稳在自己的工作岗位""把艺术视为自己的专门工作"，②立足于长远不懈努力；各种艺术要发扬自由论战，通过批评使艺术进步，批评论战中要有好的态度。另外，聂荣臻的讲话中也谈及大众化与提高的问题，提出边区的文化与艺术一方面要大众化，同时更要提高艺术水准。基于此，文章也对当时边区引发争议的搬演外国名剧的问题提出了看法：演外国戏有助于提高艺术，不能因为群众看不懂，就不演；但同时要更多地创作反映现实的，广大人民都能理解的作品，对于具体的每一部戏，在政治没错误的前提下，不能因为技术（其实即我们现在所说的"艺术"）的某些缺点而完全否定它。

见的《目前文艺创作上的几个问题》是根据地在反击日军"第三期强化治安运动"与准备1942年"一·二八军民誓约运动"的大背景下，为了更好完成文艺创作的新任务，而对当时晋察冀根据地文艺创作上存在的一些问题的探讨。文章主要提出四个方面的问题：一、一个运动到来时，往往热情被激发，但却过于冲动，冷静的思考不足，以致写出来的东西不深刻、表面化，要对创作的中心内容（当时的中心内容主要是指反击"第三期强化治安运动"与"一·二八军民誓约运动"）深入了解和研究，抓住实质的东西来写，而不能只喊口号。二、文艺作品要有感情，要有火一样的热情，"对敌人是烧他们死，对大众是给他们无限的温暖"。③三、反对作品中流露出悲哀的情感，即使是写为民族战死的英雄与被敌人杀死的人民也不能流露悲哀，而是要写出悲壮（作者认为悲壮与悲哀的区别在于悲

---

① 赵冠琪整理：《聂司令员在第二届艺术节大会上的演讲》，《晋察冀日报》，1941年7月16日，第四版。

② 赵冠琪整理：《聂司令员在第二届艺术节大会上的演讲》，《晋察冀日报》，1941年7月16日，第四版。

③ 见：《目前文艺创作上的几个问题》，《晋察冀日报》，1941年11月30日，第四版。

壮里包含着"勇敢和战斗"），要多写勇敢和战斗的作品。四、不能有写大作品才过瘾、才有荣耀的观念，不顾题材的实际大小，把小题材强行写大，在创作能力幼稚时更应从小作品做起，锻炼提高自己，而且"短小精悍，通俗化（不是庸俗化）能有广泛流行性的作品"在"目前"的"宣传战"中是"最尖锐的武器"①（当然作者也补充说，也不反对大的创作，也需要大的武器）。文章所提的创作方面的要求更多地带有战时文学的色彩，强调的是文学的工具性与战斗性，文章在开头就明确提出这一点：文艺工作者的"枪和刺刀就是创作。枪和刺刀好不好就要看创作好不好"。②因而它有对具体历史时空的针对性与适用性，超出这一时空，就会显出局限性。

方用的《建立新的审美观念》针对边区受过去观念与主观主义、形式主义的影响，仍然存在与边区新的历史条件不相符的不健康的审美观念，文章提出应该努力创造新的审美观念，新的审美观念须朴实刚强，力避浮华、虚荣、妖媚，须铲除没有内容的"花菲菲"的旧套。方用指出中国人传统的审美观念始终与浮华、虚荣、妖媚等缠绕，即使边区建立了新的政治经济基础，但作为意识形态的审美观念仍有一定的滞后，因而边区人民并不能必然地无条件地完全建立新的审美观念，因此"从观念上进一步地来建立起中国人民大众的审美观念在今天是万分必要的，刻不容缓的工作"。③

邓康的《我们的宣传》讨论的是对沦陷区的文艺宣传工作中存在的问题以及如何更有效地做好"瓦解敌伪，争取沦陷区人民"④的中心工作。文章认为在这项工作中存在着主观主义与党八股的问题。文章指出文艺作品中党八股的问题表现为："内容的公式化，人物是装上去的、死的；结构是定型的，老一套，感情是不真实的，不能激动人的；语言是无活人的

---

① 见：《目前文艺创作上的几个问题》，《晋察冀日报》，1941年11月30日，第四版。

② 见：《目前文艺创作上的几个问题》，《晋察冀日报》，1941年11月30日，第四版。

③ 方用：《建立新的审美观念》，《晋察冀日报》，1942年1月16日，第四版。

④ 邓康：《我们的宣传》，《晋察冀日报》，1942年5月6日，第四版。

气息"①，因而对敌伪军与沦陷区人民也起不到瓦解与争取作用，文章提出要把其中的经验与教训公布出来作为大家的参考，以便清除文艺上的党八股。对于如克服沦陷区的文艺宣传作品创作中的主观主义，文章提出要搜集研究敌人的宣传材料（尤其是研究其形式，因为他们对形式颇为注重）；要注意宣传工作的多样化；要注意作品接受者的接受程度。总之是要把政治与艺术结合，把政治上的有利条件转化成艺术的力量，深入敌伪军与沦陷区人民内心，瓦解与争取他们，这样"才是真正的艺术，真正的宣传"。②

二、民族形式的讨论

1939年以重庆为中心的大后方发生了文艺的"民族形式"的讨论，讨论延续至1941年前后。作为回应，1941年2月25日，《晋察冀文艺》第七期刊载了田间的《"民族形式"问题》，之后又刊载了左唯央的《读〈"民族形式"问题〉后》、孙犁的《接受"遗产问题"》、③田间的《〈"民族形式"问题〉的补充——兼答左唯央同志》，对"民族形式"问题展开讨论。

《"民族形式"问题》占用整个一版，是一篇较长的理论文章。总体而言，田间明确反对向林冰的民族形式创造上的"民间形式中心源泉"论，对"旧瓶装新酒"式的应用民间旧形式也基本是持否定的态度。对于民族旧形式与民间形式，田间更多看到的是其中负面的东西，认为它们来自封建社会，"本质上是压迫者的统治艺术"，其中虽"或多或少地包含了民族的和民众自己的生活模样"，但是这些让民众感到亲切的东西，却也在习以为常中使他们对封建意识与压迫的反感"软化"，不知不觉中，反

---

① 邓康：《我们的宣传》，《晋察冀日报》，1942年5月6日，第四版。
② 邓康：《我们的宣传》，《晋察冀日报》，1942年5月6日，第四版。
③《晋察冀文艺》第九期刊发启事，对本文题目作了改正：本刊第九期"接受遗产"问题一文标题误植为接受"遗产问题"，兹经该刊作者来信，声明更正如上。因之本文正确标题应为"'接受遗产'问题"。

抗与斗争意识变弱。①但是由于群众的文化与政治水准较低，新文艺运动没有在群众中建立基础，民间旧形式普遍存在，所以当中华民族处于抗日救亡的浪潮中需要新的艺术"反映战斗，助长战斗"时，新文艺却很难发挥其作用，而旧形式、民间形式却强势复活发展起来，这种情况下连一部分新文艺工作者对于旧形式、民间形式的态度也变得彷徨起来，"或者干脆只制'新酒'放在'旧瓶'里去"，②这样导致"利用旧形式"成为"普遍""热烈"的现象，以至于在民族形式的讨论中出现了向林冰等的"'民间形式'是创造'民族形式'的中心源泉"的理论。田间认为这种理论"否定了五四文学革命精神以及它所走过的道路的战绩"，是种"流于观念论"的理论，"（从形式到形式）违反了艺术创造上的现实主义的精神"③。

田间认为在民族形式的论争中，茅盾、郭沫若、胡风的文章反驳了向林冰等的观点，解决了一些问题——作为七月诗派的主将，田间更认同胡风的观点，在此篇文章中，田间大量引用了胡风的论述，而对于茅盾与郭沫若都是认同的前提下有所保留，以下所列举的在论争中所解决的问题，基本都是胡风的观点。比如：对五四新文艺的成绩及前途的肯定，认为新文艺是中国的社会基础上产生出来的文艺形式，不能因为其受别国文艺的直接与间接影响就认为它是非民族的，否认由新文艺作品可以创造民族形式；④比如提出创造民族形式的中心源泉是现实生活，每一种新形式都不

---

① 田间：《"民族形式"问题》，《晋察冀日报》，1941年2月25日，第四版。

② 田间：《"民族形式"问题》，《晋察冀日报》，1941年2月25日，第四版。

③ 田间：《"民族形式"问题》，《晋察冀日报》，1941年2月25日，第四版。

④ 在这里田间提出一个特别有价值的观点："中国新文艺运动的开始，新文艺作品的艺术形式虽然是从近几百年来各新兴国家、各弱小民族里成长的市民阶级文艺与无产阶级文艺等直接或间接的影响而来的，鲁迅的一些小说即受果戈理等作家的影响，但毫无理由说，这是非民族的文艺运动或不能由这些作品可以进展到民族形式的创造、完成——因为类似的社会基础可以产生类似的文艺形式，这些形式也可以互相影响着……"也就是说新文艺主要不是外部移植而来，而是内生的，是在现代中国的社会基础产生出来，并非只有旧形式与民间形式才是中国的，才是民族的，在中国新的社会基础上产生出来的新文艺形式也是中国的，也是民族形式。

是单纯的形式，而是产生于生活，①是社会发展的必然产物，现实主义作家研究民间文艺，不是为了运用其形式也不是为了接受其内容，而是为了帮助作家更好地了解大众的生活状态，解剖大众的观念形态，选择与积累大众的文艺词汇，而这三个方面都需要作家的一定观点（创作方法）的组织创造成为新内容的题材和新形式的材料；②再如对于欣赏力的看法，欣赏不是对事物被动的感应而是有能动作用，对于大众的欣赏水平不能被动迎合，而是要有服从真理的原则（按笔者的理解，即是要帮助普通大众认识真相，获得正确的思想观念，其实也就是作家选取适合的文艺形式要服务于对民众的启蒙目标，对民间形式的利用是手段、是方法，而不能成为本体）。田间认为民众的思想感情也是变动发展的，文艺工作者也可以把街头剧、活报剧、田庄剧、街头诗、朗诵诗等形式变成通俗的新形式，在文艺工作者的努力下，群众也会接受这种文艺工作者创造的新的文艺。

对于民间旧形式能有更好发挥宣传教育的"使用价值"的观点，田间认为民间形式也装不下现在要宣传的东西，需要对它批判改造。与此相比新文艺（文中说这里暂指通俗文艺）艺术价值与使用价值兼备，能给人以更多的鼓舞与祝福。对于群众文化低，看不懂新文艺作品的问题，田间认为要通过社会教育工作，提高群众欣赏水平，而不是单方面地迁就群众。对于认为在新文艺的力量没有达到的地方，用旧形式代替一下也好于放弃宣传的问题，田间认为"仍然要看是不是那个地区与新文艺毫无姻缘，在那里完全缺乏伸展的条件""再看我们的领导者是否有决心，是否能不畏艰苦地向先进者取得经验教训，寻觅种子？即使是'代替'也得看如何代替吧（'利用旧形式'的经验教训很多了）"，田间认为："对于'现实生活'和'口头言语'的知识更加丰富，更加能够理解大众的表现感情的方式，表现思维的方式，认识生活的方式，就是所谓'中国作风与中国气

---

① 此点与《在延安文艺座谈会上的讲话》中人民生活是文学艺术的唯一源泉有相通之处。

② 田间：《"民族形式"问题》。田间关于"创造民族形式的中心源泉是现实生活"的观点均引自胡风的论述,这段关于中国作风与中国气派的归结也引自胡风的话。

派'。"①田间认为在晋察冀边区，经过三年的斗争，群众在政治上、经济上、社会教育上都取得了巨大的进步，思想观念、文化水准及欣赏水平都有很大进步，许多群众已能创作表演欣赏新的文艺形式，所以在这里"正好来创造'民族形式'，来向'民族形式'勇敢地前进"，②而非利用旧形式，而且在这个方向上已取得了一定成绩。田间提出民族形式"它本质上是五四的现实主义传统在新的情势下面主动地争取发展的道路，一方面使主导的基本点争取前进，一方面使这主导的基本点受到妨碍的弱处或不足处争取克服，是这一争取发展的道路""更要以新民主主义的世界感和世界观去战取生活，组织生活，武装生活"。③最后田间引用胡风的观点，认为形式是内容本质的要素，形式很少与内容无关，所以新的文艺运动除了在世界观与内容方面的斗争外，还要和旧形式本身作斗争，新的文艺工作者不但不应该"利用旧形式"，还要"影响那些正在'利用旧形式'的一般人""一同前进"④。田间认为民族形式更多的是在新的社会基础上创造，而非借用旧形式，旧形式与西方形式都是创造民族形式的资源而非民族形式本身。

田间的《"民族形式"问题》发表后，紧接着《晋察冀文艺》第八期发表了左唯央的《读〈民族形式〉问题》后，文前的编者按中说田间的此文发表之后，引起了各方意见的争论。左文的言辞较为激烈，把田间的文章称为"以'近似''倾向'和'附合着'向林冰'中心源泉'论的罪名的起诉书"⑤。《读〈民族形式〉问题》后首先确定了论争的焦点，认为田文"与其说是讨论民族形式，毋宁说是讨论利用旧形式"，把田间的论点归结为："反对向林冰，怀疑郭沫若，拥护胡风"。⑥与田文大量引用胡风的论述不同，左文大量地引用了周扬的相关论述，显然左唯央是周扬观点

---

① 田间：《"民族形式"问题》，《晋察冀日报》，1941年2月25日，第四版。
② 田间：《"民族形式"问题》，《晋察冀日报》，1941年2月25日，第四版。
③ 田间：《"民族形式"问题》，《晋察冀日报》，1941年2月25日，第四版。
④ 田间：《"民族形式"问题》，《晋察冀日报》，1941年2月25日，第四版。
⑤ 左唯央：《读"民族形式"问题》后，《晋察冀日报》，1941年3月7日，第四版。
⑥ 左唯央：《读"民族形式"问题》后，《晋察冀日报》，1941年3月7日，第四版。

的支持者,文章的理论基础是周扬的相关论述。左文认为田间这篇文章的中心是一切利用旧形式的行为好像都具有向林冰民族形式"中心源泉"论的倾向,都应该被否定,左文对此提出批评,认为"利用旧形式决不就是把旧形式或民间形式看做中国应有的民族形式或向林冰的那种'中心源泉'"。①左文提出,"利用旧形式则绝非放弃新形式固守旧形式",②在新旧时代的过渡阶段,当群众对他们熟悉的旧形式还有感情的时候,利用旧形式对于教育广大群众是有特殊意义的,旧形式也可以服务于新思想新内容,应在服务政治的前提下,利用任何可利用的旧形式,批评田间没有注意到旧形式中的新内容。左文也反对田间把旧形式仅限于"研究与参考",或如胡风所主张的运用旧形式是为从中得到"帮助",③以及把旧形式当做宣传教育的手段和工具的观点,认同周扬提出的"把学习和研究旧形式当作认识中国、表现中国的工作之一个重要部分,把吸收旧形式中的优良的成果,当作新文艺上的现实主义的一个必要源泉",提出不能"把旧形式作为一种专供新文艺吸收营养的资料,只停止于研究和学习而不去利用"。④左文认为田间不顾及文化很低的群众,放弃旧形式专做新文艺而把提高群众接受水准的责任甩给社会教育工作者的道路是走不通的。最后左文明确提出自己的观点"旧形式一定要利用下去",并引用周扬的论述对利用旧形式的问题作了归结:利用旧形式是"应客观情势的要求,战斗的需要,作为一种大众宣传教育之艺术武器而起来的";⑤旧形式与新文艺的关系是"一面尽可能利用旧形式,使之与大众的新形式平行,在多少迁就大众的欣赏水平中逐渐提高作品之艺术的质量,把他们的欣赏能力也跟着逐渐提高,一直到能鉴赏高级的艺术;另一方面所谓高级的现在的新文艺,应切实大众化,一直到能为一般大众所接受";⑥"民族新形式之建

---

① 左唯央:《读"民族形式"问题》后,《晋察冀日报》,1941年3月7日,第四版。
② 左唯央:《读"民族形式"问题》后,《晋察冀日报》,1941年3月7日,第四版。
③ 左唯央:《读"民族形式"问题》后,《晋察冀日报》,1941年3月7日,第四版。
④ 左唯央:《读"民族形式"问题》后,《晋察冀日报》,1941年3月7日,第四版。
⑤ 左唯央:《读"民族形式"问题》后,《晋察冀日报》,1941年3月7日,第四版。
⑥ 左唯央:《读"民族形式"问题》后,《晋察冀日报》,1941年3月7日,第四版。

立，并不能单纯依靠旧形式（也不能单纯依靠外来形式——唯央），而主要地还是依靠对于自己民族现在生活的各方面的慎（缜）密认真的研究，对人民的语言、风俗、信仰、趣味等的深刻了解，而尤其是对目前民族抗日战争的实际生活的艰苦的实践。离开现实主义的方针，一切关于形式的论辩，都将会成为烦琐主义与空谈"。①

左唯央的文章发表后，田间在第十期又发表了《〈"民族形式"问题〉补充——兼答左唯央同志》，对左唯央的批判作了回应。田间首先对自己文中"利用旧形式"的含义作了说明，田间认为"利用旧形式"有三种含义："一、整套地被承袭——'旧瓶装新酒'。二、批判、改造地利用。三、优良的成果被吸取了，被消化了，成为新形式的滋养料的一部分（即一般人所谓的接受遗产）。"②田间说他文中批评的"利用旧形式"指的是第一种基本不加改动的"全套承袭"，所以田间认为左唯央认为他"轻视'旧形式'，反对利用旧形式，甚至以为我在企图证明'旧形式无用论'"③是对他的误会，因为他并没有否定批判改造地利用旧形式，甚至连"旧瓶装新酒"也没有完全否定。关于后一点，田间用其前文中的这一段文字来印证：

　　也许有人要问："在新文艺的力量没有达到的地方，难道不好先用旧东西来代替一下造成过渡时期吗？或者难道干脆放弃宣传教育吗？"还是有理由的。但我们仍然要看是不是那个地区与新文艺毫无姻缘，在那里完全缺乏伸展的条件；如果不，那再看我们的领导者是否有决心，是否能不畏艰苦地向先进者取得经验教训，寻觅种子？即使"代替"也得看如何代替吧。（"利用旧形式"的经验教训很多了）④

---

① 左唯央:《读"民族形式"问题》后,《晋察冀日报》,1941年3月7日,第四版。
② 田间:《〈"民族形式"问题〉补充——兼答左唯央同志》,《晋察冀日报》,1941年3月28日,第四版。
③ 田间:《〈"民族形式"问题〉补充——兼答左唯央同志》,《晋察冀日报》,1941年3月28日,第四版。
④ 田间:《"民族形式"问题》,《晋察冀日报》,1941年2月25日,第四版。

通读这段文字，感觉田间对于自己没有否定"旧瓶装新酒"式的旧形式利用的辩解很牵强、很无力。而对于"接受遗产"这样一种田间把它称之为"真正利用旧形式的一种方式"①，田间说他更是肯定的。对于他文中引用胡风的观点：研究民间文艺是为了从其中得到"帮助"，田间也为自己（当然也为胡风）作了辩解：胡风在谈到具体如何利用时，"也不止于'研究'的态度"②。

但是田间仍然坚持利用旧形式不能止步于"整套地承袭"的方式，而要努力克服其流弊向前发展，艺术工作者与艺术工作的领导者对旧形式要发展其精华扬弃其糟粕，"用现代的光照耀旧形式"，③要让旧形式发出战斗的力量，需用新的世界观去把握它。田间也再次强调不能把利用旧形式当做创造民族形式的"中心源泉"，坚持民族新形式的创造（田间特别把民族形式的创造称为"民族新形式的创造"）的基础是现实生活，因为"现实生活首先是包括着社会的人，以及人的意识、斗争、语言、姿态、情感等等；这些不但构成民族艺术的内容，同时构成民族艺术的民族形式的主要因素。"④依然强调作家"检阅"⑤旧形式的能力，用新的观点理解判别旧形式，"进而把优良的战绩、战术，和自己本有的战术有机地结合起来，透过现实生活结合起来"。⑥实际田间仍然在坚持作家的主观战斗性，仍然有对胡风文艺理论的坚持。田间提出民族形式问题的意义在于"警策作家们要更好地深入现实生活，反映现实生活，使我们新文艺的形式更加有民族的色彩、音响、气魄。……最后完全民族化，进而世界化（愈能民族化也愈能世界化）"⑦。在田间看来，创造民族新形式"首先是

① 田间：《〈"民族形式"问题〉补充——兼答左唯央同志》，《晋察冀日报》，1941年3月28日，第四版。
② 田间：《〈"民族形式"问题〉补充——兼答左唯央同志》，《晋察冀日报》，1941年3月28日，第四版。
③ 田间：《〈"民族形式"问题〉补充——兼答左唯央同志》，《晋察冀日报》，1941年3月28日，第四版。
④ 田间：《〈"民族形式"问题〉补充——兼答左唯央同志》，《晋察冀日报》，1941年3月28日，第四版。
⑤ 田间：《〈"民族形式"问题〉补充——兼答左唯央同志》，《晋察冀日报》，1941年3月28日，第四版。
⑥ 田间：《〈"民族形式"问题〉补充——兼答左唯央同志》，《晋察冀日报》，1941年3月28日，第四版。
⑦ 田间：《〈"民族形式"问题〉补充——兼答左唯央同志》，《晋察冀日报》，1941年3月28日，第四版。

深入生活，反映现实生活"①（其实也即是前面所说的以现实生活为基础，坚持现实主义），然后是外来优秀文化与文学和民族优秀文艺传统的吸收，与许多论者偏于利用民族旧形式创建民族形式不同，田间引用周扬的话论述对外来文化及文学的吸收，其实语义重点是对外来文化之于创建民族新形式的重要性的强调，也强调了对五四文化精神的继承与发展。最后，对于创建民族新形式的问题，田间认为民族有了新生活，就必须产生新形式，田间也不否定利用旧形式，但认为不经过批判改造的旧形式会与新生活有矛盾，而经过批判改造的旧形式也是新形式；田间认为"创造新形式，运用新形式"是创造"民族形式"的"重大工作之一"。②关于新形式，田间谈到几点：一、这种新形式"主要的是'五四'以来新文艺的形式以及从这基础发展的形式"；③二、要在"运用"中创建，也就是在革命工作的实践中创建与验证，强调的是其实践性的品格；新形式的创建是一个逐渐完善的过程，其间不要害怕它不完善，也不怕标新立异；民族形式不是固定不变的，而是自由多样的，它随着新的生活新的理想不断创造不断发展，"今天的'民族形式'和明天的'民族形式'决不会相同的"，④而且民族形式也会因不同作家而不同。

在田间与左唯央就"民族形式"问题展开论争期间，孙犁在第九期发表了《接受"遗产问题"》，虽然不是直接参与"民族形式"的论争，但所谈问题也在民族形式创造与旧形式利用范围之内。孙犁的这篇文章在标题上标出是"摘要"，所以文章实际只是简单地列出了一些作者关于此问题的观点，而没有展开论述。文章共分十五段，基本是每段谈一个观点：一、"'接受遗产'问题，不是'利用'旧形式问题，也不是从民间形式找中心源泉问题"，它是"建立民族形式工作中的重要的部分（但不是主

---

① 田间:《〈"民族形式"问题〉补充——兼答左唯央同志》,《晋察冀日报》,1941年3月28日,第四版。
② 田间:《〈"民族形式"问题〉补充——兼答左唯央同志》,《晋察冀日报》,1941年3月28日,第四版。
③ 田间:《〈"民族形式"问题〉补充——兼答左唯央同志》,《晋察冀日报》,1941年3月28日,第四版。
④ 田间:《〈"民族形式"问题〉补充——兼答左唯央同志》,《晋察冀日报》,1941年3月28日,第四版。

要的部分)"。①二、既要接受中国文学的遗产,"昨天"的遗产,也要接受外国文学的遗产与"明天"的遗产,而且要接受文学之外的中外整个历史的遗产。三、"接受中国的文学遗产,要接受那些代表中国历史发展的,充分表现当时大众的生活和希望的那些文学",②接受外国文学遗产取舍相似。四、"越是近代的则被接受的可能越多"。③五、"接受遗产的问题,应依附民族今天的生活"。④六、接受遗产应以"肯定民族新的生活,否定民族旧的生活,发展民族新的生活"为要求。⑤七、"今天,中华民族的生活,和民族的过去历史有关,和国际上别的民族有关,为了表现今天的民族生活,接受遗产是不可缺的工作"。⑥八、"接受,不是化装,不是披外套(最糟糕的是拙笨的模仿)"而是"从生活走向表现生活"。⑦九、接受国外的遗产,接受新的内容,也接受新的表现方法,这样可以帮助建立民族形式。十、中国旧文学的语言是死语言,接受国内外的文学遗产对完成中国的语言、语法拉丁化有价值,语言的创建要从现实生活出发。十一、"建立民族形式的过程,也就是彻底大众化的过程"。⑧十二、文学的民族形式有革命的而非改良的特点。十三、接受方法上,"要先准备自己的创造能力,要确认民族形式""要能取精用宏,大胆扬弃"。⑨十四、创造民族形式,主要是"写人(从生活写人)",写"民族的精神和风貌""不一定是只对中国旧文学作品的形式摸索"。⑩

据左唯央看,之前边区曾对民族形式问题作过讨论,且已形成统一意见,此次是田间重新挑起话题。田间的《"民族形式"问题》一文标题上

---

① 孙犁:《接受"遗产问题"》,《晋察冀日报》,1941年3月15日,第四版。
② 孙犁:《接受"遗产问题"》,《晋察冀日报》,1941年3月15日,第四版。
③ 孙犁:《接受"遗产问题"》,《晋察冀日报》,1941年3月15日,第四版。
④ 孙犁:《接受"遗产问题"》,《晋察冀日报》,1941年3月15日,第四版。
⑤ 孙犁:《接受"遗产问题"》,《晋察冀日报》,1941年3月15日,第四版。
⑥ 孙犁:《接受"遗产问题"》,《晋察冀日报》,1941年3月15日,第四版。
⑦ 孙犁:《接受"遗产问题"》,《晋察冀日报》,1941年3月15日,第四版。
⑧ 孙犁:《接受"遗产问题"》,《晋察冀日报》,1941年3月15日,第四版。
⑨ 孙犁:《接受"遗产问题"》,《晋察冀日报》,1941年3月15日,第四版。
⑩ 孙犁:《接受"遗产问题"》,《晋察冀日报》,1941年3月15日,第四版。

加着"文艺社论",似乎是编委会的集体意见,但文末附记中又说是"个人感想",而文章发表后,有许多读者把它看做编委会的意见。3月18日《晋察冀文艺》第十期以《晋察冀文艺》编委会的名义刊发《本刊四五申明》,对这次讨论作了几点声明:《晋察冀文艺》虽大半是由田间审稿编辑,但《"民族形式"问题》一文只是田间"个人的感想",并不代表编委会的意见;承认批判地利用旧形式是创造民族新形式的一个必要而且重要的部分,但反对向林冰等的"以民间形式为民族形式的中心源泉"观点,主张以五四以来新文艺的成果为基础发展民族形式;田间的文章对此观点未清楚地阐明,对秧歌舞的看法有些不妥;冯宿海对秧歌舞的否定不正确;另外则是刊物编辑方面的变动,"今后如有问题需要讨论""由编委会或读者提议向各方征求意见召开座谈会,只将讨论结果在本刊上发表"。①从语气看,带有一定检讨意味,尤其最末一段。此后再无"民族形式"问题讨论的文章。

三、秧歌舞讨论

关于"民族形式"的讨论很快结束,但是在讨论中却引发了关于"秧歌舞"的讨论。在《"民族形式"问题》一文中,田间以根据地"秧歌舞"这种民间旧形式的利用情形为例来说明旧形式很难容纳新的宣传内容:

> 大家认为"秧歌舞"的形式算不错的了,但根据最好的说,它批判了一下,也多少改造了一下,结果无非是人多些(加进"工人""农民"诸角色)扭得紧张些,配以乐声,加进简单的场面(它也只能加进简单的场面)。这样,我们看见什么呢?——群众还是笑笑哈哈地,舞员也是笑笑哈哈地。好一点的话,多少有些效果,坏一点的话,一场无谓的游戏。更坏的是有些妇女要打扮得漂漂亮亮的,男子

---

① 《晋察冀文艺》编委会:《本刊四五申明》,《晋察冀日报》,1941年3月18日,第四版。

也乘机来看女人。假如新民主主义的舞应该是坚强的力的节奏,那这都相反。那这是好的宣传教育工具吗?能获得更多的使用价值吗?①

对此,左唯央说他所看到的根据地的秧歌舞却是另外一番景象:

> 就我们平常所见的那种秧歌舞(虽然不是什么"最好的")来说,首先我们觉得它是包含着抗日的内容,和各阶级阶层共同联合抗日的统一战线的内容;甚至常常反映着一定时期国内政治形势的特点,如日本帝国主义的政治诱降,国内亲日派反共分子顽固分子的阴谋和人民的斗争;它不仅有"工人"和"农民",而且有日寇、汉奸、亲日派、顽固派诸角色。②

左唯央批评田间"完全没有注意这些旧形式中的新内容,而只是单纯地舍弃了这些生动的现实内容,由纯形式的见地给予评价的"③,因而否定不了旧形式之于宣传教育的作用。

田间在《〈"民族形式"问题〉补充——兼答左唯央同志》一文中回应左唯央的批评时,否认自己反对旧形式利用,否定根据地秧歌舞取得的成绩,认为自己只是反对不经批判改造地利用秧歌舞(虽然也承认由于讨论的是"民族形式",所以文中并未谈如何批判改造秧歌舞),而且田间坚持秧歌舞在一般民众中"并未经过怎么批判、改造地利用也是事实",在根据地的一些地方在利用秧歌舞时产生了一些流弊。探讨这些问题时田间提及冯宿海的文章,认可冯对秧歌舞利用中种种偏向的批评。

在田间与左唯央论争期间,《晋察冀文艺》第九期刊发了冯宿海的《关于"秧歌舞"种种》,冯宿海的《关于"秧歌舞"种种》探讨的是旧形式的利用改造问题,即把盛行于根据地农村的秧歌舞改造成为抗战宣传教

---

① 田间:《"民族形式"问题》,《晋察冀日报》,1941年2月25日,第四版。

② 左唯央:《读"民族形式"问题后》,《晋察冀日报》,1941年3月7日,第四版。

③ 左唯央:《读"民族形式"问题后》,《晋察冀日报》,1941年3月7日,第四版。

育服务的艺术形式。冯宿海认为，秧歌舞尽管产生于民间，但后来被统治阶级所利用，成为他们思想统治的工具，抗战以来虽有积极的变化，如广大妇女参与进来，是对封建文化的一种否定，但仍然处在低级的阶段（如仍然存在为看女人而看秧歌舞的现象），还未成为一种真正的革命武器，因而边区的秧歌舞需要随社会的变化而发展改进。冯宿海把边区秧歌舞危机的原因归纳为以下几个方面：一、仍然是种纯粹的旧形式，虽然配进一些抗战的歌子与小调，但内容与形式不能统一，革命的内容用色情的、肉麻的形式表现出来，"变成软绵绵的麻醉剂了"。① 二、形式过于简单，表现不出舞蹈的艺术力量，无力形象地反映现实，甚至还歪曲现实。三、音乐② 是"独立的，各管各的"，③ 音乐声掩盖了歌声，歌声做了音乐的俘虏。四、化装上脱离现实（如女人化得粉红黛绿，打扮得杨柳细腰）。冯文提出必须把秧歌舞改造为歌舞剧：应表现一个完整的故事，典型形象化；舞式舞姿要有一定的意义，体现人物感情，形式与内容结合；化装本色化，与现实生活接近，道具用劳动工具与武器代替手绢；音乐与剧情结合，服从整部剧，起辅佐作用；演出场所仍保留街头表演；改革旧秧歌舞的男扮女角，让妇女参与进来，男女合演。

《关于"秧歌舞"种种》因为紧接着田间的《"民族形式"问题》发表，而且与田间对秧歌舞的利用持相似的批评态度，所以也被读者误认为是代表了编辑部对秧歌舞利用的态度，所以在《本刊四五申明》中对此也作了澄清：

> 《关于"秧歌舞"种种》一文，田间同志选刊的原因，因其中曾涉及到秧歌舞的批判改造问题，还可以使大家研究讨论；不过，当时因编辑仓促及本刊篇幅关系，未能将冯宿海同志的文章加以按语，当属憾事。该文在《"民族形式"问题》一文引起左唯央同志的讨论

---

① 冯宿海：《关于"秧歌舞"种种》，《晋察冀日报》，1941年3月15日，第四版。
② 此处"音乐"当指秧歌舞的伴奏音乐。
③ 冯宿海：《关于"秧歌舞"种种》，《晋察冀日报》，1941年3月15日，第四版。

后，田间同志觉得不妥，曾急电报社同志代为停止刊载，终因排版已毕，无法抽出。现在只有希望大家加以讨论之。

并对冯宿海的文章作了很严厉的批评：

> 我们认为冯宿海同志在《关于"秧歌舞"种种》一文中，对今天边区乡村文化生活重要表现之一，秧歌舞的活跃，竟嬉笑怒骂，冷嘲热讽，不仅说得一钱不值，甚至说这是可以造成太平观念，生活腐化，并给敌人作为造谣诬蔑的根据，这种看法是完全不正确的。

在"民族形式"的讨论结束之后，对《关于"秧歌舞"种种》的批评仍持续了一段时间，从3月29日起《晋察冀日报》第四版刊载了三篇长文：3月29日《晋察冀日报》整版刊载了林采的文章《从秧歌舞谈旧形式——略评〈关于"秧歌舞"种种〉并关于旧形式的利用问题》，4月3日以三分之二的篇幅刊载了任均超的《关于〈关于"秧歌舞"种种〉》，5月7日整版刊载了康濯的《"秧歌舞——零碎想起的一些意见"》。据"编者"按语所言，这些文章均是从"本报接到的各方批评的文章多件"中选出，虽按语中也说"为了发扬艺术理论探讨的精神"，[1]但三篇文章实际都对冯文总体持否定态度，林文说冯文的观点"完全是由于对于现实情势的曲解而到达的污蔑和唾弃的态度"，[2]任文也认为冯宿海对秧歌舞的看法"很不妥当"，[3]对冯文的批评实际很激烈。康濯对冯文的批评相对温和一些，批评了"冯宿海同志对于今天秧歌舞的估价是过低了些。他或者还只是多看了些去年的或者个别地方的现象，或者，在文章的一些措词上有些

---

① 林采：《从秧歌舞谈旧形式——略评〈关于"秧歌舞"种种〉并关于旧形式的利用问题》的"编者"按语，《晋察冀日报》，1941年3月29日，第四版。
② 林采：《从秧歌舞谈旧形式——略评〈关于"秧歌舞"种种〉并关于旧形式的利用问题》，《晋察冀日报》，1941年3月29日，第四版。
③ 任均超：《关于〈关于"秧歌舞"种种〉》，《晋察冀日报》，1941年4月3日，第四版。

不当不'雅'，对于改造的意见有些'声势浩大'，因而，在客观上多少造成了不好的印象"，①但同时也承认冯宿海关于改造秧歌舞的意见"也是必要的"，这些意见"未必就是要'取消秧歌舞'"，冯文对秧歌舞的要求也未必是高到"从地上一跃上天的幻想"。②因这三篇长文均非刊于《晋察冀文艺》副刊，所以不做详细评述。

　　一年之后的1942年5月13日，《晋察冀文艺》又发表了更石的《秧歌舞的化装》。文中指出虽然有些同志对于秧歌舞的改造发表了一些文章，但在实际工作中去做改造的仍然不多，因而更石的文章针对根据地农村与个别部队秧歌舞活动中在化装方面存在的问题，从很具体的层面作了探讨，提出化装的几个原则：化装要为了舞蹈动作和表情的需要；描写一件故事的秧歌剧要按每一个人物身份个性化装，适度的夸张可以有（坏人丑化一些，革命者美化一些），但要夸张得不轻浮、不妖艳，叫人相信这些都是社会上活着的人（也就是要有真实性）；没故事的秧歌舞也要化装，而且要化得更明显一些，以表达舞蹈的情绪，便于站得远的观众看清；化装要注意"和谐"与"匀称"。因为探讨的对象具体而微，所以文章所提秧歌舞的改造的措施有一定的实际操作性，比如谈化装和谐与匀称时，文章举例，如"十二个人表演秧歌舞，四个人戴帽，四个人光头，另四个人包头巾，便感觉和谐；三个穿红，两个着绿，一个穿蓝，另一个穿灰，那五个又穿黑，这便不能叫人有'匀称'的快感"③。虽然探讨的也是秧歌舞的问题，但并不有意针对前面几篇文章，所以似不应归入一年之前的论争，但是从文中透露出来的秧歌舞改造的一些情形来看，在关于论争发生一年之后，边区秧歌舞的改造仍存在不少问题，一定程度上印证了冯宿海与田间关于秧歌舞的看法并非没有道理，左唯央的看法可能有些过于乐观。

　　另外，沙可夫的《目前边区文艺工作者努力的方向——为五四运动二

①康濯：《"秧歌舞——零碎想起的一些意见"》，《晋察冀日报》，1941年5月7日，第四版。
②康濯：《"秧歌舞——零碎想起的一些意见"》，《晋察冀日报》，1941年5月7日，第四版。
③更石：《秧歌舞的化装》，《晋察冀日报》，1942年5月13日，第四版。

十二周年而作》是一篇从总体上探讨根据地文艺工作的文章，但是其中有大量内容是针对"民族形式"与"秧歌舞"讨论而发。前文已述，不再重复。

四、关于名剧大剧演出的讨论

1941年初，随着《婚事》《母亲》《日出》等中外名剧大剧在晋察冀根据地的上演，《晋察冀艺术》上刊载了不少讨论大剧名剧演出的文章。

娄山在《关于〈婚事〉的演出》中首先从导演与演员两方面肯定了果戈理的《婚事》演出：导演对角色多动作复杂场面的把控能力强，各场连接紧凑，一些演员表演真实。同时也提出其不足：舞台限于物质条件，略显简陋，排演略嫌仓促；演员表演上的不足：个性不够，斯拉夫人的气质表现不够，对俄国旧贵族的虚伪与丑陋表现不够。最后提出介绍世界名剧，向世界伟大的剧作家学习，对于提高艺术是必要的。

沙可夫的《向高尔基学习——祝〈母亲〉二次公演》首先指出高尔基的母亲在白边区公演是"一件在抗日文化运动的开展上有莫大意义的事件"，[1]文章认为，为了广泛开展边区文化运动和普及并提高边区文化，"向中外古典作家，特别是现代大作家学习是一个必要的步骤"，并且特别提到向高尔基与鲁迅[2]学习革命思想与现实主义创作方法。文章认为，从《母亲》里可以看到的沙皇时代的专制黑暗及其必然趋于崩溃与俄国无产阶级觉悟起来斗争对边区的革命教育意义很大。

崔嵬的《迎接困难和克服困难》则主要谈《母亲》在晋察冀边区演出中遇到的困难：演员没到过大城市，没受过西方文明的洗礼，扮外国人有困难，即使有些演员有都市生活经历，但所学的技术都是英美电影的，对俄罗斯人不熟悉，演不出旧俄时代斯拉夫人的气魄，演不出旧俄时代劳动者的觉醒与成长，从旧时代向新时代的转化更不容易；排演时间短。成功

---

① 沙可夫：《向高尔基学习——祝〈母亲〉二次公演》，《晋察冀日报》，1941年1月22日，第四版。
② 文中把两人称为新文化的方向与旗帜。

之处是：演员的演剧生活与实际斗争生活经验对演出劳动者的转化有很大助益，舞台装置虽受限于条件简单潦草，但化装很成功。

《母亲》《婚事》《日出》三大名剧公演以后，丁里、王久丽、田间、汪洋、李牧、牧虹、周巍峙、胡苏、洪涛、侯金镜、崔嵬、张金辉、郭耕、贾克、廖行光、赵冠琦、韩塞、罗东举行了集体讨论，第五期上刊载了胡苏执笔的讨论成果。讨论认为，边区剧运的最后目的不是三大公演，而是站在群众剧运——人民大众的剧运基础上面，向古典名作学习，求得边区剧运"普及"的开展与质的提高，如因公演而形成以演外国戏为荣，陷于对本身剧团的悲观，则有悖于演出的意义；剧团的演员水准不同，演出任务不同，不应强求都去演演出要求较高的剧目，即使水准较高的剧团亦不应专志于外国剧而置普及任务于不顾；并且剧团在演出此种戏剧时，应更有计划，"更研究"地来演，①更好发挥质的提高作用；把此次公演的方方面面加以研讨，作为戏剧教育（可采用上课的方式）把这样的提高普及开来，通过对名剧的研究，提高剧团演出的质量。讨论认为在三大公演的鼓舞下，边区剧作者应努力写出反映边区现实斗争的大剧作（文章认为，这是边区几年来的剧作所缺乏的），但又要防止以量取胜，不能推崇多幕剧，看不起独幕剧；晚会创作的突击性加上时间仓促，带来的不成熟需改进，尽量减少不必要的晚会；要向先进国家古典作品及新形式学习但不能忽略本国遗产的接受，应研究与吸收中国旧剧形式。

丁里的《介绍〈带枪的人〉》主要介绍苏联剧本《带枪的人》及其在苏联的演出，为本剧在晋察冀根据地的演出提供借鉴。作者从演出的意义、主题、人物形象等几个方面对《带枪的人》作了介绍与分析。文章认为《带枪的人》的演出意义不仅是艺术上的，而且表现在"历史策略的教育"上，其剧以丰富的形象真实地反映了那个时代，"恰似使我们参与了那个壮阔的时代，呼吸着十月的气息"；②从主题来看，是十月革命的缩

---

① 胡苏等：《〈母亲〉〈婚事〉〈日出〉三大名剧公演以后》，《晋察冀日报》，1941年2月6日，第四版。
② 丁里：《介绍〈带枪的人〉》，《晋察冀日报》，1941年7月16日，第四版。

影，速写式地描绘了这一轰轰烈烈的革命时代，是歌颂十月革命的历史诗篇；人物形象上，剧本成功塑造了革命领袖列宁、"带枪的人"——士兵中的典型形象雪特林（另也有工人形象）以及没落阶级的（地主、资本家及孟什维克）的代表形象，尤其是雪特林，作者认为这个"伟大而平凡"的士兵形象之所以塑造得成功在于剧本把他塑造为"特定的历史时期和一定的社会条件下形成的有血有肉的产物"。[1]真实地写出了其从沙俄旧士兵向"为社会主义革命而奋斗的战士"的转变，并特别提到其中渗透了布尔什维克争取农民完成革命任务的策略，这点可以说对于边区最有现实意义；在创作手法上，即是现实主义，真实地反映了历史的真实，不突出个人，在"成功的场面"与"群的活动"中显出人物个性，因反映的革命历史"庞大而多面"，[2]采用了蒙太奇的手法。

《关于〈列宁〉的表演——演员手记之一》是牧虹谈他在剧中扮演列宁时的演出经验的总结，与许多文章强调生活体验不同，本文作者主要谈通过阅读各种资料——关于列宁的图片、电影画报、回忆录、传记等来理解列宁的性格，把握人物形象，也谈到表演与化装的问题。

五、对创作各个环节及不同文体创作问题的探讨

《晋察冀艺术》中还有一些探讨创作各个环节及不同文体创作问题的文章，多为专业的文艺工作者所写，具体而详细，给予文艺创作与初学写作者以理论与方法上的指导。

《我们的主题》是孙犁（林冬蘋是孙犁的另一个笔名）的一篇探讨文学创作主题的理论性文章。文章指出边区文艺（文中为"艺术"，但从所探讨问题看，用"文艺"更合适）创作的主题本应是大家比较熟悉的问题，但正因为"太熟悉和太简单"，反而"有时就容易模糊起来，涣散起来"，所以需要"主题性的强调"和"主题性的鲜明"[3]。作者强调边区文

---

[1] 丁里：《介绍〈带枪的人〉》，《晋察冀日报》，1941年7月16日，第四版。
[2] 丁里：《介绍〈带枪的人〉》，《晋察冀日报》，1941年7月16日，第四版。
[3] 林冬蘋：《我们的主题》，《晋察冀日报》，1941年1月31日，第四版。

艺创作的主题是"爱护边区",具体地讲即是"爱护抗日根据地,爱护进步力量,爱护保卫了抗日根据地和作为进步的动力的子弟兵、领导者和战士"[①]。作者认为边区三年来的作品中存在着这样一些艺术上的缺点:"热情漂浮于作品的外衣多于注射到作品的内脏,因此使作品失去内在的康健和跳动力,因此,我们的热情和愿望就多是在人民眼前打转,而不能完全抱吻着人民的灵魂。因此,我们的意见和企图多是自外向人民投入,多是被他们机械吸收,不能全部成为营养和发育的力量,而必然使作家的意见和企图有一定程度的悬空。"[②]作者认为艺术作为"思想宣传的最普遍的最有成效的手法",应该是"以现实的血和肉充实着思想,它给那些思想以比别种科学更大的显著性和确切性",而产生"一种生动的,便利的,而且见[③]极普遍的工作效果"成为"战斗中""制胜"的方法。[④]作者指出这些问题的真正根源在于作家"对作品主题的疏忽,对主题强调的单弱,对主题表现要求的不愿费大心力",主题是作家的"灵魂""力量的源泉""思想的本质",作家"时刻应该用鲜明的色彩写画在心里",要为"高度表扬[⑤]它而用尽一切的力";[⑥]边区文艺创作的"鲜明尖锐进步和刺激"的主题的表达应该是"使我们的思想和希望、意见和企图通过作品真真生根在人民心里,在人民心里生根一种力量,启发人民对边区发于热情而同时又是发于理智更亲切的爱,保卫的决心",而不是漂浮于其上,主题的"表扬"不能只有感情,还应有理性"来控制着感情"。[⑦]最后作者还谈到把边区文艺的主题限于"爱护边区"是否过窄的问题,作者认为"这个主题的范围并不狭窄""其本身有丰富的容量",且"创作的样式上""也是

---

　　① 林冬蘋:《我们的主题》,《晋察冀日报》,1941年1月31日,第四版。

　　② 林冬蘋:《我们的主题》,《晋察冀日报》,1941年1月31日,第四版。

　　③ 原文如此,此"见"字不知何意,但从语义上看,此处无此字似更顺畅,疑为作者笔误或印刷错误所致赘字。

　　④ 林冬蘋:《我们的主题》,《晋察冀日报》,1941年1月31日,第四版。

　　⑤ 笔者理解,此处"表扬"主题应为"表达凸显"主题之意。

　　⑥ 林冬蘋:《我们的主题》,《晋察冀日报》,1941年1月31日,第四版。

　　⑦ 林冬蘋:《我们的主题》,《晋察冀日报》,1941年1月31日,第四版。

多方面的"。①

孙犁的《关于诗的语言》②探讨的是诗歌的语言问题。文章从文学的语言谈起，认为文学的语言虽应当是大众的口头语，但应对其洗练推敲，使之艺术化，而韵文的语言更是"不只要把口头语言组织得有条理，细腻和复杂，还要选择那属于诗的宜于做诗的表现的语言"③。文章反对"机械地从翻译作品找句法和字眼"，认为经过翻译的诗作已经失去了原作中蕴涵的诗人所处时代的一些神韵，提出"大众化并不反对欧化，但要从好的译品中吸收西洋进步的言语组织来帮助中国现代语言的改进"；④提出边区的诗人应当以边区大众的语言"做基础运用一般社会的普通话，创造优美的真正的'文学的国语'"，而不能"无原则地求新颖找别致"。⑤文章最后提出"现代边区诗的言语，一定要把握大众说话的腔调，思想和希望，一定要把握言语腔调的韵律，思索上生活上的节拍，要使诗的言语有原则地美化""当是在习惯上，本地大众共同使用的，真正白话的，多音节的，有语尾的言语"。⑥总体而言在诗歌的语言上，孙犁主张大众化，而反对欧化的洋味过重的语言。

康濯的《谈文学的语言》探讨的是文学语言大众化的问题。文章认为根据地创造新民主主义的文学"要求的是真正大众的语言"，⑦但是当时根据地的文学却存在不少缺点：啰唆、别扭或者"华丽"得要死的语言堆积，故意追索新字眼新词汇而不顾能不能看懂（康濯并不认为这种"新"语言是"洋化语言"而是新的不适当的文学语言的滥用，比如"血花激荡着……""风张开翅膀，嗖嗖地吹着""……迤……""女人的奶子似的柔

---

① 林冬蘋：《我们的主题》，《晋察冀日报》，1941年1月31日，第四版。

② 此文收入《孙犁文集》时，有不少改动，最大的改动是删掉开头一段："现在是到了该把诗的言语的问题研究一下的时候了"，以及结尾部分："有人说，中国诗的语言问题，一定要等中国话写法完全拉丁化了，这是耽误事的说法。工作是现在就要做的。"

③ 孙犁：《关于诗的语言》，《晋察冀日报》，1941年5月14日，第四版。

④ 孙犁：《关于诗的语言》，《晋察冀日报》，1941年5月14日，第四版。

⑤ 孙犁：《关于诗的语言》，《晋察冀日报》，1941年5月14日，第四版。

⑥ 孙犁：《关于诗的语言》，《晋察冀日报》，1941年5月14日，第四版。

⑦ 康濯：《谈文学的语言》，《晋察冀日报》，1942年2月28日，第四版。

软……"①）；不适当采用新名词、新术语，成为记账式、口号化、政治化的语言，枯燥地叫喊"伟大"，而没有形象性艺术性；接近大众不够，对大众语言研究不够，以致只能生硬地运用一些皮毛的、缺乏生命的群众口头语，或仅根据自己听到的一些群众口头语"主观地创造'新的大众语言'"。②康濯提出创造真正的大众的文学语言应当丰富大众的语汇和词，要特别注意大众的语汇和词的搜集与准备，要深入民众的生活，研究民众的创作。

杨朔的《写小说》探讨的是小说创作的规律性创作方法。如何创作小说，应该是抽象的理论问题，但是有着丰富创作经验的作家杨朔以烹调作比，用简洁明快的语言、平和风趣的语态娓娓道来，生动形象，通俗易懂，饶有趣味。文章首先提出文艺创作须有丰富的创造性，不能因袭模仿，不能像生产商品一样不断复制，同时，也指出文学也非全凭灵感和天才而无法捉摸，而是有一些规律与方法可循。接着作家把小说创作比作烹调，生动形象地谈了小说创作的全过程。杨朔把故事称作小说创作的材料如烹调中的食材，认为要选择故事的精粹来写小说，处理题材要精炼，短篇小说的题材不应故意拉长，反之，长篇小说的题材却可以精炼成短篇；如菜中有主品，人物是小说的主品，环境是陪衬，人物要抓住个性来描写，人物个性影响故事的不同走向，也要描写围绕在人物身边的环境，"环境可以造成不同的人物，反转过来，不同的人物又必须要改变他周围事物"；③感情是小说中的"油""作者应该把自己的七情六欲强烈地灌输到作品当中""作者抱着热情来写东西，作品才能生动，才能摇撼一个读者的心"；④运用技巧，把握火候，技巧表现在文字上，"文字应该极其传

---

① 康濯：《谈文学的语言》，《晋察冀日报》，1942年2月28日，第四版。
② 康濯：《谈文学的语言》，《晋察冀日报》，1942年2月28日，第四版。
③ 杨朔：《写小说》，《晋察冀日报》，1941年7月31日，第四版。关于环境与人物的关系，杨朔举例："为什么农民多半保守而自私呢？因为他们总是牵挂着自己的一点点土地财产，所以不及自由得一无所有的工人革命性大。正因为农民多半保守而自私，他们的家庭才会堆积着多种不同的废物。"所以说，杨朔在这里所说大环境主要是从阶级的视角出发关注人物的经济环境。
④ 杨朔：《写小说》，《晋察冀日报》，1941年7月31日，第四版。

神、明确、贴切地写出一个人，写出一件事，技巧能使你的描述有开合的结构，有起伏的波澜，不落到庸俗的地步"；①思想是小说作品的"盐"，"依据一定的思想，一个作者才能从一定的角度来观察事物，分析事物"；②作品完成之后，还要看其有无"营养"，也就是要能"反映时代，推动时代"，③有社会意义，包含真理与正义。最后提出写好小说需要"加强自己的修养，深刻地去认识人生"。④

歌的《写小故事》认为小故事这种形式借着"口语化的描写，动人的故事，把作品的主题打入读者的心中"，⑤而且让读者回味，因为其口语化，所以也极易在乡村中传播。小故事在边区除了承担宣传任务，还片断式地记录了一个时代，所以作者认为在当时的边区写小故事指的是写有历史生命的小故事，虚构的少写。对于如何写小故事，作者谈到以下几点：要学习民间（向村妇、村老）的讲故事方法，把握读者的兴趣，要站在讲述者的立场，引导读者进入故事，展开主题；与墙头小说注重人物描写不同，小故事注重情节，不能用太多文字写景，刻画人物，而是要把人物刻画与环境描写融化于情节的讲述，"在行动中表现出来"⑥；也不同于民间传说，情节不能过于夸张、传奇；语言要富于口语化，不但叙述语言要口语化，描写也要口语化。

蔡其矫的《形象·想象——答复读者王琨同志的两个问题》以问答的形式回答了诗歌创作中如何塑造形象和想象在艺术上的价值及在创作中怎样运用和培养想象两个问题。对于前一个问题，蔡其矫指出，诗人要以具体的形象来反映现实，写诗最忌概念化的叙述与标语口号化，诗的形象可以用比拟的方式塑造，最重要的是用具体的性格，具体的景物、音响、画面（画面在诗中最为重要）来表现思想，用具体的思想在理论上和感情上

---

① 杨朔：《写小说》，《晋察冀日报》，1941年7月31日，第四版。
② 杨朔：《写小说》，《晋察冀日报》，1941年7月31日，第四版。
③ 杨朔：《写小说》，《晋察冀日报》，1941年7月31日，第四版。
④ 杨朔：《写小说》，《晋察冀日报》，1941年7月31日，第四版。
⑤ 歌：《写小故事》，《晋察冀日报》，1942年3月14日，第四版。
⑥ 歌：《写小故事》，《晋察冀日报》，1942年3月14日，第四版。

说服读者；创造明晰的形象，要依靠诗人的想象和联想，有无丰富的想象和联想决定于诗人有无丰富的生活，同时对民间歌谣、大众语汇等的收集也很必要。对于第二个问题[1]，蔡其矫认为想象产生于现实，其内容是经验的积累，而经验是认识世界的结果，记忆中的旧经验经新经验呼应，并与新经验结合才能产生想象；想象在诗歌中犹如翅膀之于鸟类一样重要，"拟人、托物、比喻、联想、象征都是想象力的结果"。[2]对于想象力的培养，作者认为最主要的是生活体验，写诗就是要用语言把自己的灵魂表现出来，作者提出培养想象力的五点：专心于一件事；把阅读、谈话、思索以至于做梦中所得的暗示记录下来，"等待与追求突然有如闪电的观念的闪现"；[3] "想象进行中必须努力前进"，[4]不能半途而废；想象要有一个出发点，有目的；要经过孤独的思索。作为一个有丰富创作经验的诗人，蔡其矫在谈论这样抽象的诗歌理论问题时，谈得非常具体形象。

玛金的《我们要求洗练的剧作》针对根据地戏剧创作缺乏"完整而精粹"的作品，剧作者热衷于把独幕剧的题材拉成多幕剧的偏向，提出要创作"洗练的剧作"，多创作独幕剧。

六、关于部队及乡村文艺的探讨

晋察冀边区对普及性的乡村文艺与部队文艺也非常重视。《晋察冀文艺》也刊载了不少关于这方面的探讨文章。

夏天的《铁的文艺和铁的子弟兵》探讨的是部队文艺，是为当时刚刚发布的"晋察冀军区关于开展部队文艺的决定"而作。文章首先提出"铁

---

① 读者王琨的来信中写为"幻想"，蔡其矫以为是"想象"之误写，但是蔡的回答中也有关于"幻想"的内容，蔡其矫认为，幻想在艺术上虽有价值，但由于初学写诗者很难有"深邃的思想"与"极宽阔的人类感"，所以不好谈这个问题。

② 蔡其矫：《形象·想象——答复读者王琨同志的两个问题》，《晋察冀日报》，1942 年 5 月 13 日，第四版。

③ 蔡其矫：《形象·想象——答复读者王琨同志的两个问题》，《晋察冀日报》，1942 年 5 月 13 日，第四版。

④ 蔡其矫：《形象·想象——答复读者王琨同志的两个问题》，《晋察冀日报》，1942 年 5 月 13 日，第四版。

的文艺",即"五四以来的新文艺是以科学的世界观、现实主义的创作方法、鲁迅的精神领导着的文艺,它在一开始就趋向大众、为大众",①虽新文艺实际上还不能和大众结合得很好,但事实上,追求自由、解放与新民主主义国家的中国大众不会放弃新文艺,渴望着新文艺,这就是"铁的文艺",所以简略地讲,"铁的文艺"强调的是新文艺趋向大众与大众渴望新文艺,新文艺与大众间的这样一种紧密的关系。之后作者对晋察冀根据地的部队文艺状况作了一个简单描述,作者指出根据地的战士("铁的战士")在英勇保卫根据地,使根据地变成坚固堡垒的同时,他们的"文化与艺术也生长起来了",②战士们可以用生动的叙述和描写写日记和通讯,歌曲、戏剧等也在他们中间流行,《抗敌三日刊》、抗敌剧社及各军分区剧社,在部队文艺方面做出了很大成绩,深受战士们喜欢。作者提出晋察冀军区关于开展部队文艺的新指示是使边区部队文艺工作的"更前进更高涨"③的标识,在新的标识面前,文艺工作者要更深更广地把文艺工作开展到"铁的子弟兵的营垒里",④得到他们更大的爱护。为此作者对部队文艺工作者提出更高的要求——实现"铁的文艺和铁的子弟兵的更高的结合"⑤,也就是使战士们不但能接受文艺,而且能自己创作文艺。

《我对于乡村和部队艺术运动的感想》是根据地一些知名的文艺工作者对于乡村和部队艺术运动的一些看法和建议的汇集,共五个部分。第一部分《感想》中包括可夫、何干之、周巍峙的三段短文:可夫提出边区的文艺工作者要在"艺术大众化""面向群众方面"⑥继续下功夫,克服在乡村与部队艺术工作中的脱离实际、脱离群众的主观主义倾向;何干之以为乡村文艺运动难的是实际去做,要用农民的语言写出表现他们思想感情并且农民能看得懂、听得懂,爱看爱听的作品,而不是轻视大众,脱离群众

---

① 夏天:《铁的文艺和铁的子弟兵》,《晋察冀日报》,1941年6月18日,第四版。
② 夏天:《铁的文艺和铁的子弟兵》,《晋察冀日报》,1941年6月18日,第四版。
③ 夏天:《铁的文艺和铁的子弟兵》,《晋察冀日报》,1941年6月18日,第四版。
④ 夏天:《铁的文艺和铁的子弟兵》,《晋察冀日报》,1941年6月18日,第四版。
⑤ 夏天:《铁的文艺和铁的子弟兵》,《晋察冀日报》,1941年6月18日,第四版。
⑥ 可夫、田间等:《我对于乡村和部队艺术运动的感想》,《晋察冀日报》,1942年1月4日。第四版。

写一些"主观的虚构的东西",①对于部队文艺运动,何干之以为是乡村文艺运动的特殊形态,因为士兵是穿了军装的农民;周巍峙提出"积极开展乡村艺术运动是保持与提高部队艺术水准的基本办法,而部队艺术质量的提高又直接间接地促成乡村艺术工作的进步"②,所以要探讨研究如何使两者协同发展。第二部分杨朔的《艺术与大众》认为艺术反映人生与社会问题,批评人生与社会,推动人生与社会发展,所以艺术是革命的武器,只有艺术大众化,被广大的人群掌握,才能有革命的斗争性,而开展乡村与部队文艺运动就是要使艺术大众化,"把艺术打入广大的人群中""教育大众,鼓舞大众,让他们知道人为什么活,应该怎样活,引导他们走上革命的道路",③另外杨朔提出文艺运动应在党政军各方面的合作与帮助下进行。第三部分为田间的《两个小的私见》仅简单两条意见:"一、提高大家的鉴赏与批评能力(首先是对艺术运动,艺术与政治运动真实关系的认识)。""二、发扬大家的创造能力(在艺术活动上和艺术创造上的创造能力)。"④第四部分《怎样开展部队和群众中的艺术工作》包括沃渣与罗东的两段短文,沃渣对加强部队和群众的艺术工作提出两条意见:部队文艺方面,派艺术干部下到团里帮助团里的宣传艺术工作,如办美术展览与墙报,发现培养有艺术才能的战斗员成为艺术作品的写作者。二、乡村艺术方面,加强文救会艺术干部领导与帮助当地艺术团体,沃渣提出的意见很具体细致,很具实践操作性。罗东则提出要把乡村和部队文艺工作不但看做普及工作而且看做大众文化的提高工作,数量与质量同时发展,其成果应在新民主主义文化成果中占重要位置。第五部分鲁藜的《我的希望》主要谈的是文艺批评的问题,鲁藜提出希望文艺批评工作能清除文艺运动中的主观主义,但更要防备一些主观主义批评家把文艺的幼苗连根拔掉而留下芟草,后者对文艺的危害更大,所以作者提出希望有客观公正

---

① 可夫、田间等:《我对于乡村和部队艺术运动的感想》,《晋察冀日报》,1942年1月4日,第四版。

② 可夫、田间等:《我对于乡村和部队艺术运动的感想》,《晋察冀日报》,1942年1月4日,第四版。

③ 可夫、田间等:《我对于乡村和部队艺术运动的感想》,《晋察冀日报》,1942年1月4日,第四版。

④ 可夫、田间等:《我对于乡村和部队艺术运动的感想》,《晋察冀日报》,1942年1月4日,第四版。

的批评家。

　　柳茵的《培养部队中的文艺作家》提出部队文艺工作的主要任务是用文艺来武装战士，因而部队文艺工作就不仅要把知识分子作家写的作品给他们看，而且更要培养部队的文艺作家，让战士们用自己的语言"写自己的（或集团的）生活、情感与战斗意志"。[1]对于如何培养部队文艺作家，文章提到三点：首先加强对部队初学写作者的创作指导，作者否定了创作上的天才论，认为给予初学写作者正确的理论与方法的指导，对他们的创作有很大帮助，而且是培养部队文艺作家的迫切的工作，尤其是关于素材、题材、主题、语言等的一些基本的常识性的理论与方法的指导；其次，对初学者的作品多给鼓励，多给发表机会，应更看重这些作品健康、活泼和有生活气息的一面，而非因它的粗糙和简陋而不给发表的机会，改稿时要尽量保持原有的语言风格（这种语言风格也可供作家学习）；最后，对不识字但有丰富斗争生活者，可以让他们口头创作，记录下来后加工整理成文学作品，以此来培养既是战士又是作家的部队文艺作家。

　　1941 年 1、2 月间，中共中央文委与军委总政治部发布了《关于开展部队文艺工作的指示》，1942 年 5 月晋察冀军区政治部根据《指示》精神制定发布了《关于开展部队文艺工作的新决定》。1942 年 5 月，《晋察冀艺术》第三十八期用一整个版面刊载了《我们所希望于部队文艺的》《广泛培植部队文艺工作者》《对于部队剧社工作的几点意见》三篇探讨部队文艺工作的文章，可以看做是对《指示》与《决定》的回应。

　　见的《我们所希望于部队文艺的》是针对当时存在的轻视部队文艺所取得的成绩，认为其中（如《战地文艺》等刊载的一些作品）"既没有什么伟大的作品，又看不出什么'明显'的效果，'有'和'无'差不多"[2]的错误观点而发，作者认为如《战地文艺》等刊物已经培养出许多部队青年写作者，现在虽有不足，但从长远看，经过锻炼，是可以成为优良的文

---

① 柳茵：《培养部队中的文艺作家》，《晋察冀日报》，1942 年 2 月 28 日，第四版。
② 见：《我们所希望于部队文艺的》，《晋察冀日报》，1942 年 5 月 23 日，第四版。

艺界战士的，因而就要"把部队文艺工作放在长期计划之内，多面培养之内"，①既要把其看得和部队其他工作同等重要，又要区别开来依据文艺工作的特性展开工作。文章提出为了准备反攻，必须立即把将要参加反攻的文艺战士培养起来，这对于包括部队文艺和地方文艺运动在内的整个华北敌后运动都非常重要，因为部队文艺运动与地方文艺运动是互相影响的，而在一些地方，部队文艺运动是地方文艺运动的指导者；另外部队文艺运动的开展要实现文艺目标和政治目标的一致。

洪荒的《广泛培植部队文艺工作者》提出部队文艺工作的支柱是部队中的专门的文艺（文中为"艺术"，其他文章中也有用"艺术"的，如《我们的宣传》实际用"文艺"更合适些）工作者（如"经常演剧的青年艺术工作者——剧社同志"），但部队文艺建设工作不能仅仅依靠他们，而要在广大战士中培植文艺工作者，"使他们在文艺的浸润中丰富他们智慧，改造他们旧的意识，用新的思想斗争的武器，逐渐地建立起他们心里的文艺阵地"②。而且一些这样的作者用新的感情、新的气息写成的淳朴、真挚、健康的短小作品已经在军区的一些刊物上出现（如《战地文艺》及一些副刊），这样的文艺上的新芽在部队文艺中已经迅速成长起来。但是作者指出，在部队中仍然有一些有文艺修养且有一定创作能力的人因为他们本职工作不是文艺被忽视，而且因为阅读一些文艺作品，参与一些文艺方面的活动受到指责与批评。作者提出"使指战员接近新的文艺，从新的文艺活动中来认识现实、改造现实"，③同时培养文艺爱好者对于部队文艺建设非常重要，而部队中的有文艺修养者和文艺爱好者就是部队文艺建设的桥梁，因而应该鼓励他们、培养他们，使他们发挥更大的作用。文章指出尽管部队中建立了不少文艺小组，但活动与阅读时间不够，因而作者提议应多给文艺爱好者进行文艺活动的时间与便利，在不影响本职工作的情况下，允许与鼓励他们进行文艺的阅读与创作。另外本文中也提出部队文

---

① 见：《我们所希望于部队文艺的》，《晋察冀日报》，1942年5月23日，第四版。
② 洪荒：《广泛培植部队文艺工作者》，《晋察冀日报》，1942年5月23日，第四版。
③ 洪荒：《广泛培植部队文艺工作者》，《晋察冀日报》，1942年5月23日，第四版。

艺工作除了政治工作任务外，还有推动新文艺运动，开辟新民主主义艺术道路的责任。

克己的《对于部队剧社工作的几点意见》探讨的是部队剧运。文章首先指出部队剧社的中心任务是帮助推动部队的文艺活动（包括戏剧、音乐、美术等活动），但在实际工作中在"剧本、歌本及战士文艺食粮的供给与指导上，做得非常不够"，[①]剖析其原因在于：演出太多；对任务的关心不够，认识上偏向于演出。在此基础上提出了解决问题的建议：减少不必要的演出，空出时间来解决这些问题，按期开办文艺工作训练班，解决部队基层文艺工作者文艺知识与方法缺乏的问题；教学上，每个学员专学一种，教学方法上要具体简单实用，出小册子，使他们在训练之外的工作中也能学习；为部队提供更多适合战士的剧本、歌本（本子要适合战士的生活，避免高深）；另外就是帮助宣传队的工作，使其能深入连队起到指导推动部队文艺活动的作用；加强剧社自身的理论、技术与实战的研究与学习。

七、关于村剧运及田庄剧的讨论

除了上文提到的一些探讨文艺在乡村及部队普及问题的文章，也有一些是专门探讨乡村戏剧活动的文章。

《"创造模范村剧团"竞赛标准中几个问题》从四个方面谈了"创造模范村剧团"竞赛标准时应注意的几个问题：关于剧本创作，如果没有能力用文字写出完整的剧本，可以先出一个有完整故事与固定台词的剧本故事，"主题必须反映目前的政治中心任务"[②]，故事取材于发生过的或群众都知道的事实，更具煽动力；形式要短小精悍，以话剧、活报剧、街头剧为主，秧歌、皮黄、梆子适当采用；防止文明戏化（即演出中随意发挥，互相戏弄的倾向），演戏须严肃认真。舞台装置方面，须纠正不去设法利

---

① 克己：《对于部队剧社工作的几点意见》，《晋察冀日报》，1942年5月23日，第四版。
② 苏醒：《"创造模范村剧团"竞赛标准中几个问题》，《晋察冀日报》，1941年1月15日，第四版。

用一切布景装置与没有大剧院式的灯光布景就不能演戏的倾向，要适应农村的演出条件，尽量利用现有的舞台装置，并且努力创造新颖朴素的舞台装置；各村剧团要在互相交流、互相帮助中提高自己，要通过演出观摩以达到技术与其他方面训练的提高，要有定时的研究会议等；最后要纠正"好高骛远"——羡慕大剧团，想脱离生产的错误观念。

凌风的《谈田庄剧与〈跟着聂司令员前进〉》分两部分，第一部分是对田庄剧这种戏剧新形式的介绍，文章介绍了田庄剧这种戏剧新形式的形成与名称的确定。文章说，田庄剧是根据晋察冀边区实际的演剧条件提出的，与街头剧相比更适合农村的演出，这种利用农村的田园、山坡、树林（甚至自然界的月亮星光等）等做演出的场景道具的灵活便捷的演出新形式，可以给剧团演出在人力、物质、经济方面带来很多方便；田庄剧对剧目也有很强的适应性，也可以演场面宏大的剧，只要场所选择得当歌剧也可演出。第二部分是对田庄剧《跟着聂司令员前进》演出的介绍与探讨，文章很详细地分步介绍了本剧的排演过程，并指出演出在表演上是集体化的，不突出演员个人；最后指出演出的一些不足：排演时间仓促，演出的计划性与积极性不足。

《怎样提高和巩固村剧团——一个村剧团的来信》①是 X 县李村剧团写给编辑部的信，文后"编者注"中说，因为其中"谈的问题很实际，所以发表它供各村剧团参考"。②主要谈这个剧团巩固和提高村剧团的经验教训和主要做法：一，改编组织形式，清理其中的坏分子，多吸收青年妇女参加，同时注意正确的男女关系；二、无论闲时还是忙时都坚持活动（如坚持每天晚上一小时活动，唱歌排戏学习；美术与文艺的同志每周交两篇作品，无论闲时忙时都坚持）；坚持进行每周一次的一般戏剧常识的学习；培养与督促上过几年学的同志学习创作；减少专门舞台装备购置，尽量就地取材，找天然布景（如幕布在反"扫荡"中损失后就不再购置，而是借

---

① 针对剧协提出的"创造模范村剧团"问题。
②《怎样提高和巩固村剧团——一个村剧团的来信》,《晋察冀日报》,1942年1月24日,第四版。

用演出场所的门窗等）；剧团内要建立民主团结的生机勃勃的作风。

辛光的《影响与提高》探讨的是作为边区剧运的一个重要收获的村剧运的发展问题（主要针对村剧运的不正规与不平衡问题）。文章认为解决这一问题需加强村剧团的组织领导，解决村剧运的干部与材料（开训练班与大量适合村剧团演出的材料）问题，发展上重质不重量为努力方向。文章特别提出用大剧团（脱产剧团）的工作来影响村剧运以使其提高。对于这个问题，文章认为从边区剧运的发展历史来看，边区剧运的初期，大多村剧运就是在大剧团的影响下成立的（当然也有在村剧运的互相影响下成立起来的），但这一阶段偏于量的发展，当村剧运发展到一个新阶段，就需要质的提高；村剧运往往模仿大剧团演戏，大剧团对他们施以好的影响，可以避免其产生不好的偏向（如文明戏旧剧的遗毒）走向正规（如反"扫荡"秧歌舞演出后纠正了不正确利用旧秧歌舞的偏向），当然在这一过程中也要注意不好的影响（如过于注重灯光布景舞台装置、鄙视小戏等）；即使某些村剧团已经掌握正确的发展方向及方法，也仍需大剧团不断给予他们影响，使其发展得更健全；大剧团应多流动到比较落后或发展不正规的地区去演出交流，提高村剧运的戏剧理论与技巧及对演出的组织管理能力（特别是组织晚会与组织管理舞台秩序的能力）；最后提出村剧运间也要克服互相轻视与闭关自守的偏向，建立起正确的批评与互相帮助机制。

田野的《田庄演出与开展乡村剧运》是作者对根据地剧团深入敌占区、游击区演出后的总结与思考。在敌占区、游击区演出，演出环境要求演出要简便快捷，所以采用了不同于舞台演出的田庄演出方式，不搭舞台，不置布景，在真实的环境里演，素材为当地群众生活中发生过的事。因为各村各地条件不同，所以每次演出都要因应调整，即使同一剧目，每次演出都有变化，这就需要演员与导演的应变能力，剧本也应适合于这种演出方式或是选择首尾可变化的剧本（文中以《喜爱》的演出为例，很详细很细致地讲了田庄演出）。作者认为，根据地内的演出（尤其是村剧团的演出），也需学习这样的田庄演出方式，田庄演出可以节省经费，又能锻炼演员，还可收到宣传教育的实效，能解决村剧团演出中的部分问题，推进乡村剧运。

1942年四五月间，抗敌剧社深入敌占区进行艺术宣传活动，第一分队不慎被敌包围，遭受了损失（洛灏的《记突围》对此有较为详细的记述）。1942年6月4日的短文《我们的敬礼》对此作了简单的总结。文章首先肯定了根据地剧社艺术工作者"以鲜血、以汗、以智慧，为着完成我们当前的任务而出没在游击区，出没在敌人据点之前"所体现出来的"勇敢的精神"①，肯定了此次活动中各艺术团体所创造的成绩，并且指出通过此次活动艺术工作者个人也得到了极大的锻炼，使得他们变得"更勇敢""思想更敏锐""艺术创造获得了丰富的生命"。②文章同时也指出在战争的艰苦环境中艺术工作者应该注意身体的锻炼，注意军事知识的学习，以减少自己的牺牲，更好地完成宣传任务。

八、墙头小说与街头诗、街头剧等文艺新形式的探讨

适应战时环境，抗战期间各个抗日革命根据地内产生了多种轻快便捷宣传鼓动性强的文艺新样式，《晋察冀艺术》中有多篇探讨这些新样式写作的文章。

孙犁的《关于墙头小说》首先追溯了"墙头小说"的缘起：产生于日本，由日本左翼文艺杂志《红旗》倡导，号召工厂、农村、团体中的进步作家写作即写即张贴，但是"结果还是印在刊物上的作品比贴在墙上的多"；③20世纪30年代左翼刊物《北斗》也曾介绍倡导，但这个运动也没开展起来。然后，孙犁提出边区当时的现实条件——边区广大人民有练习写作的要求，各机关、学校都有自己的墙报，边区印刷条件不好——需要墙头小说；之后孙犁通过与报告文学的对比来谈墙头小说的特征：除短小与非印刷这些外在特征，墙头小说"更直接、更具体"，④也就是说比报告

---

① 《我们的敬礼》《晋察冀日报》1942年6月4日，第四版。
② 《我们的敬礼》《晋察冀日报》1942年6月4日，第四版。
③ 孙犁：《关于墙头小说》，《晋察冀日报》，1941年3月7日，第四版。
④ 孙犁：《关于墙头小说》，《晋察冀日报》，1941年3月7日，第四版。

文学更具及时性,一件事发生马上可以反映出来;"可能有一些假设和想象""故事可能是作者自编的",①也就是说它是小说,允许虚构;从功用上讲是行动前的"文艺的政治动员的工具"与行动后的"文艺检讨的形式";形式上"有头有尾,生动有力,更大众化,更具有民族的形式和风格。它可以用单张的纸写出,也可以编入墙报"②。最后总结"墙头小说与街头剧、墙头诗是边区三支文艺轻骑队,是年轻的文艺三姐妹"③。

田间是街头诗的探索者和实践者,《怎样写街头诗》正如田间自己所言是以街头诗写作的"实践经验来发言"。④文章从五个方面比较全面地探讨了街头诗的写作:一、目的,"和大众站在一起战斗,并且使大众获得艺术""很迅速地、很迫切地而且很广泛地在各个斗争的场合里,革命的步伐里"显示"提高人类向上的意义、斗争的热情",这样的"大众的、战斗的时代的目的"为诗人所拥抱,"大众的灵魂与诗人的灵魂"合二为一,"表现到诗里,才是诗的目的",⑤在这里,田间强调主客观的互相作用,可以看到胡风理论的影响。二、性格,有如民众与战士一样的"勇敢、热忱、强悍和突击的性格",是诗歌的"先锋",比其他诗歌站在更前面的位置,但是反对"疯子似的""乱叫乱打"的"空大炮式的勇敢","反对没有热情和浮躁"。⑥三、姿态,要有锋利、尖锐的站立,像火一样的面貌,钢铁一样的胸膛,"要短小精悍和轻装",也要"机智","这样它才能善于观察和歌颂战斗的来潮,瞭望敌人的行动以保证解决战斗"⑦。四、工作,既须"把标语口号所概括的具体的内容具体地反映出来甚至呼喊出来",又须"组织得最紧密,最精粹",所以要选择"最恰当表现的语言",要向民众的语言学习,要向"格言、俳句、歇后语、谚语、俚语等

---

① 孙犁:《关于墙头小说》,《晋察冀日报》,1941年3月7日,第四版。
② 孙犁:《关于墙头小说》,《晋察冀日报》,1941年3月7日,第四版。
③ 孙犁:《关于墙头小说》,《晋察冀日报》,1941年3月7日,第四版。
④ 田间:《怎样写街头诗》,《晋察冀日报》,1941年5月14日,第四版。
⑤ 田间:《怎样写街头诗》,《晋察冀日报》,1941年5月14日,第四版。
⑥ 田间:《怎样写街头诗》,《晋察冀日报》,1941年5月14日,第四版。
⑦ 田间:《怎样写街头诗》,《晋察冀日报》,1941年5月14日,第四版。

那些精密的、智慧的组织法学习"。①五、街头诗与街头歌谣的异同："同为民众而战斗"，但"街头诗以其自由和有力的表现"为特征，②街头歌谣则表现为韵律节奏规律化，可以歌唱。其中"性格"与"姿态"谈的是街头诗的特征，而"工作"谈的是其语言的应用。

田间的《街头诗运动三周年纪念》从当时根据地的一些工作人员、小学生以及村干部写的一些自称是"街头诗"的文字写起，作者认为这些文字都是用口号编成，其中没有浓厚的感情与中心主题，看别人这样写就跟着写，缺乏街头诗的艺术性，写成了和歌谣差不多的东西——从这点可看出尽管抗战期间田间的诗歌也多为通俗易懂之作，田间还是偏于把街头诗看做欧美式的现代诗，更偏于从西方现代诗歌而非中国民间寻找依据与资源创作街头诗。尽管如此，田间也没有完全否定这样的街头诗的写作，而是从中看出一些积极的东西，即他们对街头诗的爱好以及街头诗在民众中的广泛影响；田间认为这样的街头诗虽然有许多缺点，但仅是把它看做写字写文章的练习，也有其积极意义，一般群众的写作要有一个逐步提高的过程，不能一开始就向他们要求高水平的诗作，因而不是要否定他们的创作，而是要鼓励他们多写，帮助他们克服写作中的困难、缺点与不良倾向；田间认为街头诗是一种"特别富于战斗性的诗"，③越是斗争激烈的时候，越需要街头诗，当斗争进入新阶段，根据地的街头诗运动也应该在几年来热烈开展的基础上发展提高到一个新的时期。

《让新年的街头活跃起来吧》是对晋察冀剧运中的"街头剧的创作和演出太少"问题的分析探讨。作者认为其中虽然也因一些现实问题所致，如农民一年四季只有冬天有闲暇，其余时间都在忙；只有晚上有时间，白天都在忙等等一些客观问题，但更主要的是"我们戏剧工作者主观方面所造成的"。④其中的原因有：第一，戏剧工作者专心于舞台剧的演出和研究

---

① 田间：《怎样写街头诗》，《晋察冀日报》，1941年5月14日，第四版。
② 田间：《怎样写街头诗》，《晋察冀日报》，1941年5月14日，第四版。
③ 田间：《街头诗运动三周年纪念》，《晋察冀日报》，1941年8月14日，第四版。
④ 胡苏：《让新年的街头活跃起来吧》，《晋察冀日报》，1941年1月9日，第四版。

"而忽视了街头剧的演出与创作";第二,因街头剧取消了舞台布景,在创作构思时必须得结合现实,给创作上带来了"限制"和困难;第三是"大剧团经常忙于其自身工作",无暇顾及街头剧①。另外文章也指出了当时群众剧运脚本缺乏的问题。文章认为街头剧有短小、轻便、演出容易、大众化且宣传鼓动性强的优势,所以在群众剧运中应为其争取一席之地,文章呼吁"多多作街头剧的创作和演出""让新年的街头活跃起来"。②

牧虹的《街头剧随谈》从以下几个方面探讨了街头剧的演出:化装上要逼真,不要夸张;街头剧演出中演员与观众距离很近,观众也是演员,演员须有这样的认识;剧作要以生活真实为尺度,故事发展与人物语言要接近平常的事件与人物,不要过分离奇与舞台化;不以演剧名义召集观众,而是以生活中足以引人注意的声响、动作、事件等吸引群众;多用方言,反映边区的现实。

九、关于戏剧角色及化装的探讨

《晋察冀艺术》中也有一些对于戏剧表演与化装等问题的探讨。

崔嵬的《角色的认识》探讨了演员如何认识把握自己所扮演的角色:演员要了解全剧而非仅自己的角色,要研究剧本的整体,了解主题及各个角色间的关系,然后再研究自己所扮角色的外形、性格和角色的内在精神生活;角色的性格、意识等由阶级生活决定,因而需要演员根据一定的社会意识辩证地对角色作理解,这其实也即是用马克思主义的视角理解人物,据此崔嵬对赵森林演的周朴园提出了批评,认为他没有从阶级论的视角理解角色,对周朴园有过多的同情,同时也据此认为自己演的《回到祖国的怀抱》中的歌舞团团长因自己对剧本的社会环境不熟悉而导致对角色的把握不准;最后提出演员要做到这些,须有"高度的文化程度,深刻的文学修养,以及正确地认识现实社会的能力"③。

---

① 胡苏:《让新年的街头活跃起来吧》,《晋察冀日报》,1941年1月9日,第四版。
② 胡苏:《让新年的街头活跃起来吧》,《晋察冀日报》,1941年1月9日,第四版。
③ 崔嵬:《角色的认识》,《晋察冀日报》,1941年12月24日,第四版。

　　韩塞的《怎样解决男扮女装的问题——兼答张春同志的来信》认为根据地戏剧目前存在的男扮女装的问题，对于部队是因女演员不好找所致，对于农村则是因为思想观念不够开明与男女同演时不够严肃，把戏里的角色拿到生活中开玩笑所致。文章认为男女合演是非常必要的，就演出来说，男演男女演女更便利。文章认为旧戏里男扮女的原因在于旧社会戏子与女子地位都低，女子没有做戏子演戏的自由；另外，旧戏里的身段动作、唱腔、做工等也是身体弱的女子难以承担的，而目下，女子地位提高，而戏剧的主要形式是话剧，所演的是我们熟悉的现代人，男演男，女演女更合适，男演女没必要。但是文章也认为在解决这个问题的过渡期在不开明的农村仍可延续男演女，部队则尽可选无女角的剧目。文章提出在男扮女时应注意几个问题：认真做戏，演得像真的女性；用严肃的态度表演，给人真实的感觉，但不能过火，不随便开玩笑加作料，不搔首弄姿；装扮上与角色贴合，避免不像与过火，不能用文明戏与京戏的装扮，但可适当戏剧化；在男扮女的场合，要给观众解释用新眼光来看待，把它看做正常的技术表演，认真地看待它。

　　《化装随谈》从"为什么要化装"与"化装的准备"两个方面谈了戏剧的化装问题。对于第一个问题，文章认为，演员演戏一定要像剧中人物，所以要通过化装（美化或丑化）改变演员的面貌身体以接近剧中人物的面貌身体，另外即使演员外貌与剧中人物相像，也要化装，否则观众看不清演员的面部表情，而且，其他演员都化装，一个不化，破坏了剧情的统一。对于第二个问题，文章从人像研究、搜集资料（看到的、活人的、书上的）、了解自己、了解角色四个方面非常详尽地谈了化装准备问题，很有操作性。

　　另外前面述及的更石的《秧歌舞的化装》也是探讨戏剧化装的。

十、儿童文艺的探讨

　　《晋察冀艺术》第六期与第十一期为儿童文艺专刊，共刊载《为新一代而歌》《少年高尔基们》《亲生之母》《砍刀》《儿童文艺的创作》与《鲁迅和孩子》《卖身契》《春风》《给孩子们的信》《略谈儿童剧》10篇有关儿童文艺的作品，其中《儿童文艺的创作》《略谈儿童戏剧》是关于儿童文艺的理论性探讨之作。

《儿童文艺的创作》是孙犁的探讨晋察冀边区儿童文艺创作的文章，从内容看，应该是因在鲁迅逝世纪念日联想到鲁迅关于中国儿童文艺的论述而感发。作者的思考较为宽泛，采用了散文的笔法，有点随着思绪信笔写来的感觉。作者先从中国儿童文艺的发展写起，认为叶绍钧的《稻草人》是为中国儿童文艺开新路之作，之后虽有张天翼等的"大人的"童话，但中国的儿童文艺总体而言如鲁迅所言："不但并无蜕变，而且也没人追踪，而是拼命在向后转。"① 就边区的儿童文艺而言，孙犁认为对于叶绍钧开辟的道路"不仅有充分的追踪的勇气，而且有十足的'蜕变'中超越的可能"，② 边区儿童普遍地参与了一些文艺活动，也创作了一些文艺作品，取得了初步成果，但也有不足，相较于形式（"短小，浅白有韵，行动多于对白，民间形式，奔向民族形式"③）边区儿童文艺内容方面问题更多一些。接下来作者借苏联儿童文艺发展中如何解决这方面的问题为解放区儿童文艺的发展提供借鉴：苏联儿童文艺发展的过程中曾经有过两个偏向，第一个是"忽视了儿童读物的特点""主张把神话和幻想④完全从童话中驱逐出去，完全'科学化'"，⑤ 另一种是"主张使儿童读物完全脱离现实""把他们拘拢到完全的神话玻璃罩子中或是幻想的'暖室'里"⑥，因为解决了这两个偏向，苏联儿童文艺不仅吸收了古典文学中的现实主义，也接受借鉴了浪漫主义的、神话的和科学的幻想的内容，走上了"平坦的路面飞进了"⑦。孙犁在提出借鉴学习苏联经验的同时，也指出处于

---

① 林冬蘋：《儿童文艺的创作》，《晋察冀日报》，1941年2月16日，第四版。
② 林冬蘋：《儿童文艺的创作》，《晋察冀日报》，1941年2月16日，第四版。
③ 林冬蘋：《儿童文艺的创作》，《晋察冀日报》，1941年2月16日，第四版。
④ 孙犁在文中说此处"幻想"意为"科学的幻想"。
⑤ 林冬蘋：《儿童文艺的创作》，《晋察冀日报》，1941年2月16日，第四版。
⑥ 林冬蘋：《儿童文艺的创作》，《晋察冀日报》，1941年2月16日，第四版。
⑦ 林冬蘋：《儿童文艺的创作》，《晋察冀日报》，1941年2月16日，第四版。

战争环境中的边区儿童文艺中，神话和幻想的运用不能如处于和平环境中的苏联多，内容应与边区的现实要求更切合。作者提出要用儿童文艺对边区的儿童作政治的、战斗的、科学的教育，应把基础的科学知识包含在儿童读物里教育儿童以至于他们的父母，不但要注意民间的艺术形式，也要从欧美尤其是苏联儿童读物中吸收经验；战斗、民主与科学的内容可以通过适合儿童爱好的幻想与拟人化来表现。最后孙犁认为儿童是不同于成人的独异的个体，所以儿童文艺的创作者除深入现实生活外，应更进一步深入儿童的生活，研究儿童的生活，把儿童读物的写作"当做边区儿童保育工作的一部分"。①

更石的《略谈儿童戏剧》发表于第十一期"儿童专号"上，文章认为儿童剧对于儿童其作用在于，通过剧中的人物形象，使儿童对人、事、物及一切宇宙万物的无知而获得一定的启发；而且因戏剧是一种集体的艺术，因而边区儿童直接参演可使其在演出活动中养成"集团的组织的精神"②。并且提出重视学习苏联的儿童剧，在边区开展儿童剧运；学习苏联式的通过对观众观剧反映的科学化的分析研究③创作剧本的方式，解决边区儿童剧的编剧困难。

十一、关于英烈的文艺书写问题的探讨

在抗战中，根据地涌现出许多英雄烈士，书写英雄烈士的事迹既是对他们崇敬的表达，同时亦可鼓舞边区军民的斗志。《晋察冀艺术》中也刊载了一些讨论英雄烈士的文艺书写的文章。

《论战时的英雄的文学——在冀中〈前线报〉文艺小组座谈会上的发言》是根据《前线报》文艺小组对孙犁的发言记录整理而成，且发表时还

---

① 林冬蘋:《儿童文艺的创作》,《晋察冀日报》,1941年2月16日,第四版。此篇文章以《谈儿童文艺的创作》收入《孙犁文集》,但有较大改动,尤其是这一部分改动较大。

② 更石:《略谈儿童戏剧》,《晋察冀艺术》第11期,《晋察冀日报》,1941年4月9日,第四版。

③ 文中引用葛一虹《苏联儿童戏剧》中对这种方式的介绍,调查内容包括儿童男女区别,剧场上儿童行动之关联,儿童对演出风格形式喜好度的调查分析,分析儿童观剧的反映,以及观后的书信及绘画。

未经孙犁审阅，因而口语色彩明显，有些地方不够严密，与后来收入《孙犁文集》的文本有一些不同。文章指出"文学对战争的服务由来已久""希腊最早的史诗和名悲剧都是歌唱战争和英雄事业的"，[①]人民也喜欢英雄故事，因而民间有许多歌颂英雄的东西保留，它们虽然经封建统治的愚民政策的改造表现为侠义、忠勇，但从中仍可见出人民对英雄的始终的敬仰。而到了抗战时期"文学对战争的服务"表现得更明显，战争与英雄都有了新的含义，但因为仍有一些旧观念的残留影响着对英雄的理解与写作。孙犁提出战时的英雄文学写作重要的是要"区别怎样的英勇和怎样的英雄"，[②]一般有两种情况：个人的英雄与群众的英雄，写作技术上，可以"在集体中可以分清主要人物的面貌""通过集体写个人"，如《铁流》；也可以"通过个人来写集体"，通过写一个人"看出整个部队来"[③]，如《毁灭》。孙犁提出的这两种写法，写出的都是个人与集体融合起来的英雄形象，这可能就是孙犁理解中的英雄的新含义。针对冀中部队的战士都来自农村，孙犁提出写农民的发展成长，不能像以前的作家把农民的人性写得永久不动，主要写农民的缺点，"今天"的文学要写农民怎样一步一步成长为子弟兵战士，这可以说是孙犁对根据地文学塑造新的人物提出了新的要求，这样的看取农民的视角显然不同于五四文学启蒙视角之下的农民，但因为写的是农民的成长，其性格是动态变化的，所以仍然一定程度上保留了启蒙视角，仍然留有书写农民身上的缺点（透视国民性）的空间。孙犁提出英雄文学要表现胜利，但不能把取得胜利写得太容易，这样既不真实也无力量；[④]英雄文学中不需写悲哀，但需要悲壮的作品启发斗争意识；当有适合浪漫主义的题材时，也可以通过一定的技巧进行浪漫主义的渲

---

① 孙犁：《论战时的英雄的文学——在冀中〈前线报〉文艺小组座谈会上的发言》，《晋察冀日报》，1941年12月16日，第四版。

② 孙犁：《论战时的英雄的文学——在冀中〈前线报〉文艺小组座谈会上的发言》，《晋察冀日报》，1941年12月16日，第四版。

③ 孙犁：《论战时的英雄的文学——在冀中〈前线报〉文艺小组座谈会上的发言》，《晋察冀日报》，1941年12月16日，第四版。

④ 在早期抗战文学中如《海燕》《新地》《新华文艺》中的战斗与英雄书写，这样的问题比较明显。

染，当然孙犁强调这种浪漫主义是积极浪漫主义，目的是鼓舞战斗意志，孙犁认为这样一种战斗的时代、英雄的时代，生活本身就带有浪漫主义色彩，比如，生活中所见的"战士过度的勇敢，过度的智慧"①就是宝贵的浪漫主义的创作材料。就浪漫主义和现实主义关系的问题，孙犁认为浪漫主义的典型问题，不论是典型事件还是典型人物的塑造实际上都是现实主义的问题，对于这一点，孙犁没有展开论述。另外文章还谈到两点：一、部队作者先有生活，后有文学修养，对于写作而言是有利条件，强调的是生活经验之于写作的重要性；二、英雄人物既要塑造战士典型，也不能忽视干部典型。

《关于创作"烈士传记"和"英雄传记"》可以说是文协对"烈士传记"和"英雄传记"写作的倡议书。其中烈士传记是写已故的优秀战斗者，而英雄传记是写正在战斗着的英雄们。文章首先提出"烈士传记"和"英雄传记"写作的目的：用文字为烈士与英雄竖立纪念碑，使得他们的事迹和精神流传给大众，流传给后代子孙，不但在"目前"的根据地，而且在未来的中国以至世界流传。其次是主题：歌颂革命和勇敢的行为。第三是功用：是人民生活的指导者，"鼓动""警醒"着人民选择"世界上最好的""最艰苦的"道路——"不是为了个人的命运而是为了大众共同命运的前进"。②第四，传记的特点：可用来歌颂烈士与英雄的多种文体中有自己特性的一种，它全面地记录"一个人"包括他的"出生及其环境""面貌性格"以及"为什么战斗""为什么能够战斗"和他的"战斗业绩"等；③文章通过与小说的对比来说明传记的特点——小说可以虚构事件人物，可以写一个人的某一方面，小说的人物是典型的，但文中只是点出小说的特点而没有直接写出传记的特点，言下之意应该是传记与此相对不具有这些特点；因为需要写出英雄们真实的历史（主要是战斗精神的历史），

---

① 孙犁：《论战时的英雄的文学——在冀中〈前线报〉文艺小组座谈会上的发言》，《晋察冀日报》，1941年12月16日，第四版。

② 文协：《关于创作"烈士传记"和"英雄传记"》，《晋察冀日报》，1942年1月16日，第四版。

③ 文协：《关于创作"烈士传记"和"英雄传记"》，《晋察冀日报》，1942年1月16日，第四版。

因而"今天"需要传记。第五是写法：不能像写家谱一样只记人的生死年月，不能像新闻纪事仅是简单的叙述，不能是故事的堆积与片段的英勇事迹的书写。最后指出晋察冀边区各界产生了许多烈士与英雄，他们的事迹与精神需要书写，创作"烈士传记"和"英雄传记"是边区文艺工作者"至上的""使我们的民族辉煌与不可被征服的工作"。①

十二、对刊物与文艺运动及文艺作品的评述

宏观的理论探讨之外，《晋察冀艺术》也刊载了一些对具体的文艺刊物与作品的评析之作。

《〈五十年代〉(介绍)》是对晋察冀边区出版的大型文化艺术刊物《五十年代》的第一期做的评介。文章首先对刊物作了一个总的评价："内容和分量和延安的《中国文化》大致相同，可以说是全国有数的进步、充实的刊物"，②对第一期的内容也作了概括：刊载文章偏重于文艺理论与创作。接着对其中的七篇文章作了具体的评析，认为《列宁与文学遗产问题》(译作)"对边区正在讨论和实践着的文艺上的民族形式问题、接受遗产问题，是最可珍贵而最及时的指南读物"；③韩塞的《心理描写杂谈》和一田的《现实、反映现实》写得通俗、透彻，对写作有实际的帮助和启发；田间的长诗《铁的子弟兵》在反映边区丰富的现实与诗的力量及情感上都值得推荐；何干之的《鲁迅的方向》用"历史科学的学力来观察鲁迅的思想的发展"，是"中国研究鲁迅的力作"；④何洛的《易卜生在中国》对边区戏剧创作接受易卜生的遗产可以起到向导作用。

见的《评〈大家说〉》是对北岳区文救会编印的《大家说》的评论。《大家说》收录的是1941年秋冬之际根据地反"扫荡"中涌现出来的真实故事写成的一些作品。文中评论的基本是其中的两个作品：《老太太的

---

① 文协：《关于创作"烈士传记"和"英雄传记"》，《晋察冀日报》，1942年1月16日，第四版。
② 号：《〈五十年代〉(介绍)》，《晋察冀日报》，1941年7月5日，第四版。
③ 号：《〈五十年代〉(介绍)》，《晋察冀日报》，1941年7月5日，第四版。
④ 号：《〈五十年代〉(介绍)》，《晋察冀日报》，1941年7月5日，第四版。

"游击战"》和《烈士碑和荣誉奖章》。《老太太的"游击战"》是一个不
到250字的短故事，文章认为故事文字虽简单，但人物形象塑造得活起来
了，文章认为其中原因首先是内容使然，故事本身"就带着无限的光
荣"，①其次是写法上的自然朴素，没有陷入写作理论与华丽词语的套子。
《战士碑和荣誉奖章》写的就是后来非常著名的狼牙山五壮士的故事，作
者首先批评其标题不恰当，"烈士碑和荣誉奖章"不如命名为"五个壮士"
鲜明。②由此扩展开来，作者提出无论是故事传说还是报告，标题都应如
"行动的旗帜一样"，③新颖而正确，也要善于利用民众创造的标题；其次
批评《战士碑和荣誉奖章》为了衬托五壮士的英勇而描述了日军的军力众
多，但这样做的另一方面却无意间写出了日军力量的强大，有"夸敌"④
之嫌，不利于抗敌宣传。最后作者还强调了作品之外的问题，即这些故事
在根据地的传播与宣传。

远的《〈诗〉介绍》则对晋察冀边区诗会编辑出版的《诗》的创刊号
作了很全面的介绍，包括前面沙可夫、杨朔的关于边区诗运的感想，新晋
诗人王炜、任肖与知名诗人田间、邵子南、方冰、魏巍不同内容不同风格
诗歌以及苏联诗歌译作的评介，尽管文章简短，介绍多于评析，但基本清
晰地呈现出《诗》创刊号的全貌。

1942年2月20日，边区文协主办的文艺刊物《晋察冀文艺》创刊，同
日《晋察冀艺术》副刊发表了林江的《〈晋察冀文艺〉创刊号读后感》，
对《晋察冀文艺》创刊号上刊载的多篇作品及栏目作了评析。文章主要评
析了《小姑娘》《寨主》《锁》三篇作品。作者说《小姑娘》"像一条清澈
的小溪……传播着人民的不屈服的斗争"，⑤用具体形象的语言从主题内容

---

① 见:《评〈大家说〉》,《晋察冀日报》,1941年12月16日,第四版。
② 这个标题与现在的标题已很接近,而且根据文中所写,这个标题正是这个故事在群众中流传
时的标题,另外作者说到原标题含两个意义:因为狼牙山五壮士既有牺牲的烈士,又有生还的英雄,
所以取了"战士碑和荣誉奖章"这个题目,战士碑对死者,荣誉奖章对生者。
③ 见:《评〈大家说〉》,《晋察冀日报》,1941年12月16日,第四版。
④ 见:《评〈大家说〉》,《晋察冀日报》,1941年12月16日,第四版。
⑤ 林江:《〈晋察冀文艺〉创刊号读后感》,《晋察冀日报》,1942年2月20日,第四版。

与风格特色两方面肯定了这篇作品，也指出其不足，作为一个民间的传说，农民的感情与农民的气氛稍显不够。对于《寨主》则认为作品通过生活的细节、人物的行动与历史的叙述与描绘，艺术地塑造出感人的人物形象，作品中满含感情，但作者对感情的表现控制得很好，语言朴素有力，没有废话。但对于《锁》则批评多于肯定，认为由于作者对边区农民不熟悉，没有写好农民的对话、感情与生活习惯，使得人物形象刻画无力，题材处理上，对斗争（农民满仓自我的斗争与老一代农民与新一代农民的斗争）强调不够，但肯定了作者捕捉题材的敏感（通过一件平常琐事来隐含时代的变化与农民的觉醒）与语言技巧的熟练。对《贫农和酒》《武丁伯伯》《王福禄》也作了简单评析，肯定了田间在《贫农和酒》中口语化语言的大胆运用与表现方法的独特新颖；对于《武丁伯伯》则肯定其有质朴的语言与深厚的感情，但认为其语言应突破古诗与文言的调子，更解放一些，更口语化一些，而《王福禄》则其他人物与环境描写过多，没有把主要人物突出出来。除此之外文章还提到其中的"大众习作"与"批评和短论"等栏目。总之，文章几乎涉及本期刊物的全部内容，基本呈现出刊物的全貌。

甘城的《文艺的绿芽——对几个刊物的评介》是对晋察冀根据地出版的几个文艺刊物的简评，包括部队的文艺刊物《文艺轻骑》（一军分区《工作通讯》副刊）、《火线文艺》（四军分区《火线报》副刊）、《连队文艺》（三军分区《连队导报》副刊）和地方文艺刊物《乡村文艺》（《战牛通讯》副刊）、《绿芽》《文艺》以及诗集《小集》和《同志的枪》（"火线文丛"）。作者认为这些刊物上刊载了一些较好的作品，"在反映各个地区的斗争生活，在鼓励起战士群众对于创作的热爱上都多少起了它应有的作用"[1]。文章谈到这样几个方面的问题：读者的问题，文章认为这些刊物的读者是农民和战士，所以最重要的是把握住阅读对象，"求得和读者呼吸的一致（在形式上注意通俗不怪奇……），求得读者能从刊物上真能得

---

[1] 甘城：《文艺的绿芽——对几个刊物的评介》，《晋察冀日报》，1942年6月17日，第四版。

到一些生活的启示"，①避免刊载小资产阶级感情很深的诗作；作者方面，要围绕刊物培养一些有能力的作者，要力避刊物的同人性，需要刊物给予读者一些比较系统的知识，对一些作品作批评，做到创作上的动员工作，编者要灌输给初学写作的战士以正确的文艺知识，鼓励他们用自己的感情、用自己的生活来写作；刊物改动作品的问题，须深刻地体会原作的精神感情；稿件应该以短小精悍者为主，少登大作品，要注意到每一篇稿件的效用。

1941 年 11 月，为响应中共北方分局和八路军野战政治部倡导开展军民誓约运动，边区文协号召文艺界开展以"军民誓约运动"和反对敌人"三次治安强化运动"为中心内容的文艺创作运动。1942 年 1 月底，边区文联和鲁迅文艺奖金委员会公布了"军民誓约运动征文"第一批入选作品。田间的《文学上的一次战斗——我对于这次创作运动中文学作品的印象》是对这次创作运动中产生的文学作品的综合性评述。田间首先肯定了这次文学运动所取得的成就：短时间内创作了大量作品；文艺工作者在运动中表现出极高热情，写出了对祖国与战斗的爱；作品中政治与艺术有机结合。但文章的重点是指出从中发现的不足，这部分内容占到全文的近四分之三。这些不足包括：反映生活不多、不广、不深，有些作者对表现的对象了解模糊，作品概念化、公式化，人物个性不鲜明，感情平淡；有些作者创作中慌张草率，"没有用尽自己的力量"②，同时也暴露出生活经验与写作技术方面的不足，没有用心写作，没有用思想深深地思考所选择的主题，怎样通过故事、利用故事发挥主题；结构松散，叙述与描写不精炼，语言运用上不细心，语言拖沓、杂乱、污秽、不简洁、不生动以致不正确，不恰当地使用华丽字句，使用口语缺乏提炼；对于现实、主题、故事缺乏感情，以致作品写出来没力量、没色彩、没味道（田间认为这样的感情需要在生活与斗争中慢慢养成）。另外，田间特别提到小作品的创作问

---

① 甘城：《文艺的绿芽——对几个刊物的评介》，《晋察冀日报》，1942 年 6 月 17 日，第四版。

② 田间：《文学上的一次战斗——我对于这次创作运动中文学作品的印象》，《晋察冀日报》，1942 年 2 月 4 日，第四版。

题,田间指出,本次运动中小作品多是因为其能迅速迫切地反映斗争,为斗争服务,而小作品的创作更需要有"坚实的、顽强的组织能力与组织工作",①要向主题突进,要使结构严密,感情要更集中和尖锐,语言更需要锤炼。

蓝静之的《〈晋察冀戏剧〉读后》针对的是《晋察冀戏剧》所出的一期特辑"对于目前工作上的意见和感想"的介绍与观感。文章首先指出《晋察冀戏剧》密切配合着边区剧运的发展,对边区剧运起着提高和指导的作用。本期特辑共包含13篇作品,作者认为"联系起来看,可得出一个今后边区剧运发展方向的轮廓",其中提出工作在边区剧运一线的戏剧工作者从"实际战斗中所痛切感到需要纠正和注意的问题",②包括创作、研究、演出等各方面的不容忽视的问题。然后对刊物刊载的13篇作品中的《导具③的选择安排及使用》(此文主要内容为关于道具选择的原则,如何安排以及把道具当作一个表演者所获得的效能,都有精湛的解说。并列举了大家所熟知的剧本及文艺名著)、《戏剧中的文学要素》(关于剧作理论)、《奇特与平凡》(批评边区剧作的形式主义倾向:"离奇的故事""惊人的手法",以虚构代替真实,以"技术"吸引观众等)及译作《丹青科和青年戏剧工作者的谈话》(作者丹青科是与史垣尼齐名的演出家,在这篇文章里阐述了关于演员处理角色的问题,演员在出场以前应如何准备,如何把演员技巧的概念和舞台上活的人结合起来等问题)作了介绍与评析。最后又指出刊物虽稍显专门化,但是作为指导和研究性刊物是适合于戏剧工作者的良好读物。

长怡的《〈小故事集〉读后感》是一篇书评。《小故事集》由刘办主编、文救出版,书中收入以"小故事"这种文体写成的12篇作品。作者认为:用小故事这种"锋利的精悍的文学形式,来表达这样丰富的、生动的

---

① 田间:《文学上的一次战斗——我对于这次创作运动中文学作品的印象》,《晋察冀日报》,1942年2月4日,第四版。

② 蓝静之:《〈晋察冀戏剧〉读后》,《晋察冀日报》,1942年3月14日,第四版。

③ 现在一般写作"道具"。

战斗内容"，是"边区文艺工作者极（亟）须要继续努力的一条道路"。①
文章通过文本的分析肯定了《死也不向敌人屈服》《不投降的小姑娘》两
篇作品"突出的、有力的，描画出不屈的民族战士的雄姿"②（文中全文
引用了前一篇，这篇作品事实上不是叙述了一个完整故事，而是描写了一
个拼刺刀的场面，是一种横断面式的呈现）；肯定了《三个疯子的故事》
《孩子和大炮》"用朴素简洁的言语，直爽地把边区人民对敌的仇恨和抗战
胜利的信心明白地描画出来"。③对于《一只羊和一挺机枪》《女人的头
发》，作者批评了前者故事情节的不完整与不合理，批评了后者的部分对
话有损于人物的勇敢形象，并且指出作品文字上的一些细小问题（如"县
长"之前须加"伪"）以及词句的冗赘之处。

　　仅有的一篇对具体作品的评论是张天翼《论〈阿Q正传〉》，是原刊
载于大后方的刊物《文艺阵地》第六卷第一期（1941年）的张天翼的《论
〈阿Q正传〉》的节录。《论〈阿Q正传〉》刊于《文艺阵地》时是一篇长
达17个页码的长文，全文共分"最初的印象""阿Q的性格""读书笔记一
则""关于'序'及其他"四个部分，《晋察冀艺术》节录了其中六段，其
中前面四段来自"读书笔记一则"部分，最后两段来自"最初的印象"与
"阿Q的性格"部分。第一段是对《阿Q正传》的总体概括，只有一句话：
"《阿Q正传》是对未庄式的文化与生活的一个总批评。"④第二段谈的是
阿Q的典型性，张天翼认为阿Q作为一个典型形象，具有时空的超越
性——"在辛亥前，在辛亥后，也会有阿Q。在打流生活以外的许多行业
中，也会有阿Q"，⑤但同时张天翼认为这种超越性又不是无限的，阿Q是
由其所处的社会经济文化等种种条件塑造而成的，当进入"世界大同"的
时代，人的生存环境发生了变化，阿Q就会消失。第三段，张天翼又指出

①　长怡：《〈小故事集〉读后感》，《晋察冀日报》，1942年4月3日，第四版。
②　长怡：《〈小故事集〉读后感》，《晋察冀日报》，1942年4月3日，第四版。
③　长怡：《〈小故事集〉读后感》，《晋察冀日报》，1942年4月3日，第四版。
④　张天翼：《论〈阿Q正传〉》，《晋察冀日报》，1942年4月10日，第四版。
⑤　张天翼：《论〈阿Q正传〉》，《晋察冀日报》，1942年4月10日，第四版。

即使在这样生存处境中的被欺压的弱小者中，也并不是全部都成为如阿Q这样的"被压而又无力挣扎只好伏在那箍子里"①一种类型，也有自强不息、奋起反抗的——"如我们这个民族就是"。②第四段谈的是阿Q这个典型与其原型之间的关系，张天翼认为"阿Q代表了千千万万的人"，③但并不是说这些人都与阿Q具有同样的性格，而是每个人身上都有或多或少的"阿Q灵魂的原子"，或是每个人以不同的方式表现出不同方面的"阿Q性"，现实世界里人们身上的"阿Q性"主要不表现在外貌行为上——"并不一定是癞头，也并不一定说过'儿子打老子'，不一定欺侮小尼姑，不一定痛恶辫子和哭丧棒"，而是内在精神上——"忌讳毛病，自慰自的'精神胜利法''忘却'，欺软怕硬，排斥异端，等等"。④但是原文中间有这样一段谈作家如何塑造典型形象的话被抽掉了："艺术家发掘了他们的灵魂，把那里所含有的阿Q灵魂原子抽出来，创造了一个完全的阿Q性的阿Q，最阿Q的阿Q。这就创造了典型。"⑤第五段张天翼指出通过阿Q的形象可以看清自己身上的"阿Q性"，也可以发现别人身上的"阿Q性"，而要从这样的"阿Q性"中摆脱出来，就"只有从未庄文化的圈子里跳出去，不再怀着我们不知其然的那些成见，并且要不再自欺自地想出些话来安慰自己，而勇于正视自己的毛病"。⑥第六段，张天翼指出整个民族在走与阿Q命运相反的道路(也即前面所说的"站得起来，而自强不息")的"现在"，每个人都应该检验一下自身是否还有"阿Q灵魂的原子""一定要勇于正视我们自己身上的缺点和毛病，一定要洗涤我们的灵魂"⑦。尽管以上都是《文艺阵地》中原文的节录，但经过这样的重新"组接"，其中有了一种不完全等同于张天翼原文的行文逻辑。

---

① 张天翼:《论〈阿Q正传〉》,《晋察冀日报》,1942年4月10日,第四版。
②张天翼:《论〈阿Q正传〉》,《晋察冀日报》,1942年4月10日,第四版。
③ 张天翼:《论〈阿Q正传〉》,《晋察冀日报》,1942年4月10日,第四版。
④ 张天翼:《论〈阿Q正传〉》,《晋察冀日报》,1942年4月10日,第四版。
⑤ 张天翼:《论〈阿Q正传〉》,《文艺阵地》,1941年第6卷第1期。
⑥ 张天翼:《论〈阿Q正传〉》,《晋察冀日报》,1942年4月10日,第四版。
⑦ 张天翼:《论〈阿Q正传〉》,《晋察冀日报》,1942年4月10日,第四版。

1941年初，在高尔基主编的《世界一日》与茅盾主编的《中国一日》的启示下，冀中区党政军负责人向冀中区文艺界发出组织写作《冀中一日》的倡议，4月选定5月27日为"冀中一日"的时间，组织各界人士开始了"冀中一日"的写作运动，所收集作品编选为4辑30余万字的《冀中一日》出版，孙犁参与了本书的编选，力编（孙犁）的《"冀中一日"以后》①是对这一写作运动的总结。作者给予"冀中一日"活动一个总的评价："'冀中一日'是冀中文学运动的一个转换点，一个划时期的运动。"②接着介绍编选情况及主要内容，在此基础上阐述了《冀中一日》的意义：一、是"名副其实的群众文艺运动""提高了人民对写作的认识，对文学的认识，对现实的认识"，③也借此发现了群众中的许多有写作才能者。二、可以看到冀中军民"今天的生活（横断面的生活）情景，并可看到生活和现实的纵的发展"。④三、其意义不能以美学原则衡量，而在于"以前从不知笔墨为何物，文章为何物的人，今天能够执笔写一二万字，或千把字的文章""在于他们能写文章是与能作战，能运用民主原则，获得同时发挥"。⑤四、对于上层文学工作者（其义当为知识分子作家或专业的文艺工作者）更深入地体验生活，"扩大生活圈子重新较量自己"是一个"大刺激、大推动、大教育"；⑥促使冀中的干部群众，"从文学上认识现实生活及工作"，⑦使冀中区之外的人从冀中区的实际工作者的作品中看到他们真实的工作和生活。文章也谈到《冀中一日》编选中的不足：如"未能照顾到生活工作的多样性，人民生活的实际，示范出多样的写法，适于群众日常生活表现的写法。未能强调主要看是不是作者的生活，且不必去研究文章的写法"，致使"群众常受文章形式之拘束、顾忌，而未能

---

① 此文后来以"关于《冀中一日》写作运动"为题收入张学新、刘宗武编《晋察冀文学史料》，有删节。

② 力编：《"冀中一日"以后》，《晋察冀日报》，1942年6月24日，第四版。

③ 力编：《"冀中一日"以后》，《晋察冀日报》，1942年6月24日，第四版。

④ 力编：《"冀中一日"以后》，《晋察冀日报》，1942年6月24日，第四版。

⑤ 力编：《"冀中一日"以后》，《晋察冀日报》，1942年6月24日，第四版。

⑥ 力编：《"冀中一日"以后》，《晋察冀日报》，1942年6月24日，第四版。

⑦ 力编：《"冀中一日"以后》，《晋察冀日报》，1942年6月24日，第四版。

写出生活之本质部分""在修改稿件时，未能全部保留原作淳朴本色"，①
等等。在这一部分作者附带介绍了伴随《冀中一日》而产生的两个出版
物：《纪念鲁迅先生特辑》，用了向群众作者"说明农村题材的写法"，《区
村和连队的文学写作课本》是"帮助作者们理解冀中现实及加强文学技术
的"。②接着文章谈了《冀中一日》文艺运动产生的效用：使得文艺读物大
受欢迎，刊物的投稿大增，引发了其他的"一日"文艺活动热潮，各种文
艺训练班中，文学课的分量变大，人民的文学爱好从旧文学转向新文学，
"文艺急转直下，成为了群众的"。③

十三、关于文艺小组的探讨

文艺小组是根据地人民军队中特有的文艺组织，一般是组织非专业的
爱好文艺的官兵参与，这种群众性的文艺组织对于提高战士们的文化水平
以及宣传鼓动作用很大。《晋察冀艺术》刊载了两篇探讨文艺小组的文章。

《关于文艺小组的杂谈》全方位介绍与探讨了文艺小组的特点、功用
与运作等。首先是性质，文章指文艺小组如大兵团里的一个班或排，如大
机器里的一个螺丝钉，"有自己的阵地和迅速向前转动的任务"。④其次，
集体主义特色，不论在文艺的学习讨论上还是创作上都是集体主义的，不
搞作家才华学识及书籍资源封闭秘藏，而是互相学习，"自己知道，就要
兄弟同志们都知道""用集体的力量发掘知识的宝藏"⑤。第三，采用集体
创作的方式，文章列举了三种集体创作的方式：一、"从各个不同的角落、
工作、环境、见闻来反映一个地方，或是一个时期的现象。有计划地布置

---

① 力编：《"冀中一日"以后》，《晋察冀日报》，1942年6月24日，第四版。

② 力编：《"冀中一日"以后》，《晋察冀日报》，1942年6月24日，第四版。

③ 力编：《"冀中一日"以后》，《晋察冀日报》，1942年6月24日，第四版。

④ 文：《关于文艺小组的杂谈》，《晋察冀日报》，1941年7月5日，第四版。

⑤ 此段中作者以大运河、北极探险等来论证大事业都是集体的力量完成的，忽视了文艺创作的
独特性；另外提到民族形式讨论中的民间形式问题，作者认为一个小组里有不同地方的人，各自研究
自己家乡的民间形式，然后总起来研究就能对民间形式有概括又具体的认识，把这种方式也看做集
体创作。

分配稿件，再经挑选编辑，完成一册东西"。①二、"几个人讨论一种主题，一个题材，交给一个人执笔，完稿后大家再讨论修改"②。三、"一个人写好一篇东西，在大家面前朗诵，请大家提出意见，然后修改。如果是你向群众去朗诵，按照他们的意见修改，那就是你和群众的集体创作了"，作者指出集体创作不但不会妨碍个人创作，而且能"帮助个人的才能向上发展"。③最后，集体创作作品的传播方式：墙报与朗诵会，文艺小组至少要办一个墙报，而且要贴到小组之外，让当地的群众能看到，当然也可寄给刊物及边区文协文学顾问委员会传播交流；要经常举行朗诵会朗诵名著或自己的作品，朗诵诗与小说，并且让当地群众参与进来，以此"用文艺的朗诵代替日常的平话，用新文艺代替旧小说"，④提高群众的欣赏水平与文学素养，既向群众传达作品的内容，也让群众接触接受新的创作方法与形式。

　　见的《致"文艺小组"》针对过去文艺小组工作中存在的一些问题：工作活动少，文艺学习流于形式，抱怨没有材料、没有时间，被动地等待文协派人领导与帮助工作，诿过于客观条件，工作没有独立作战性与主动性。作者提出文艺小组作为初学文艺者、文艺青年、通讯员等斗争的最先锋的阵地，有许多工作只要有决心、热情和勇气，做好周密的计划是可以自主独立地展开的，如文艺墙报的编辑、街头诗的写作和小故事的朗读、民谣和农村传说的搜集、通讯的创作与研究、举行小型文艺座谈会讨论个别文艺问题、集体创作，等等，这些都是不必有别人的直接帮助和指导的。作者最后提出新的形势下"情形不同了"，文艺小组的工作不能等待，要"用自己的手""创造工作"，⑤也就是要主动地创造性地开展工作，如果缺乏纸张印刷出版，就可以在墙壁上用灰炭写作，或在群众面前、战斗

---

① 文：《关于文艺小组的杂谈》，《晋察冀日报》，1941 年 7 月 5 日，第四版。
② 文：《关于文艺小组的杂谈》，《晋察冀日报》，1941 年 7 月 5 日，第四版。
③ 文：《关于文艺小组的杂谈》，《晋察冀日报》，1941 年 7 月 5 日，第四版。
④ 文：《关于文艺小组的杂谈》，《晋察冀日报》，1941 年 7 月 5 日，第四版。
⑤ 见：《致"文艺小组"》，《晋察冀日报》，1942 年 1 月 24 日，第四版。

的前线朗诵自己的作品。

萧江的《我们的文艺小组》对晋察冀抗日革命根据地第四军分区文艺小组自1941年5月成立半年来的活动发展情况作了全面的总结。文章首先总结了文艺小组成立以来所取得的成绩：全分区成立10个文艺小组与12个分小组，逐步建立了工作会议制度；各文艺小组上交文艺作品350余篇，尽管写作技术不高，但作者们真诚、恳挚地写作，作品大多"流露着丰富而忠实的感情""渲染着生动而壮丽的色彩"[①]；出版了《火线文艺》，每个小组都创办了自己的作品发表园地——墙报，作品有了广泛的发表机会，锻炼了小组成员写作，鼓舞了他们的写作热情，也巩固了文艺小组；文艺小组成员创作的作品反映了部队丰富的战斗生活，密切地配合了当前的政治中心任务；文艺小组的会议增加了讲故事、讲笑话等内容，会议变得热烈充实起来。同时作者也提出了文艺小组活动中存在的不足：范围不够广泛，工作方式过于简单，还存在形式化的问题；阅读刊物及研究资料较少；文艺小组力量仍显单薄，需发展扩大等。

十四、对于文艺批评及阅读的探讨

《晋察冀艺术》中还刊载了一些指导开展文艺批评与文艺阅读的文章。

田间的《文艺批评之旗》针对边区文艺工作中存在的看到别人的作品当面不提意见背后大肆非议，把不满意的意见藏起来不说两种不良倾向，提出文艺批评应该是对作品公开的（往往是见诸文字的书面的）意见，其中应有诚恳的态度与正确的意见，私下议论，吹捧或打击别人都不是正当的文艺批评。田间认为作品发表出来后，就不再属于作者自己而属于社会，任何人都有批评的权利，文艺批评可以考验作品、锻炼作家，是推进文艺的武器；所以文艺批评者要虚心地勇于接受各种批评，不能认为别人水平不够，不够格批评自己。田间提出根据地当前的文艺批评与批评运动，需要大家先诚恳地无私地提出意见，而作者们则需要很好地接受，即

---

① 萧江:《我们的文艺小组》,《晋察冀日报》,1942年2月4日,第四版。

使不正确的意见，也要参考；而之后当文艺批评走上正规的道路后，各种正确与不正确的意见就会得到"清算"①（笔者理解应为对各种意见"分析辨别判断"之意），而批评者对这样的"清算"，也不必害怕，因为自己在"清算"中可以受到教育，得到帮助。

邓康的《怎样来进行文艺批评》首先指出文艺批评的任务：让更多的读者了解作品，扩大作品的社会意义；纠正创作中的不良倾向，指给作家正确的道路；推动文艺活动走上正确广阔的道路。对于怎样进行文艺批评这一问题，文章提出：首先不应该用固定的水准来评价不同的作品，要顾及作品产生的不同的地域（全国与边区）、不同的作者（作家与初学写作的工人战士）、不同的时间（抗战初期与抗战的当前阶段）；批评作品应该把最大的注意力集中在作品反映的现实的深度、主题上，由此探究作者的思想与作品的主题，以此为基础进一步再批评作品的技巧形式；既要设身处地地"像作者一样了解自己的作品"，又要比作者站得更高更客观地指出作品的缺点，为作者指路；批评者与作者不能处于敌对的状态，批评家要深切地去了解作家，要比作家更清醒、更清楚地指出作者不知道的错误，作家也不要怕被批评；批评的意见要确切具体，批评的态度要友善、真诚——批评者之于作者既是指导者，又是学习者；批评者要随着批评范围的不断扩大，"更多地学习文艺、政治的知识，灵活地掌握马列主义的理论原则"，提高自我修养，把自己锻炼成"文艺的批评家"②。

丁克辛的《怎样阅读文艺作品》是一篇写得很具体的有一定操作性的阅读指导性文章。文章首先从阅读的目的写起，认为文艺作品阅读的目的应是从中获得"处世的重要知识，做人的严肃态度""深入地体验人生，了解斗争"。③其次，阅读文艺作品要了解作品的主题，也即作者在作品里要告诉读者的思想——"教导你怎样做人和斗争的思想"④，而与理论书

---

① 田间：《文艺批评之旗》，《晋察冀日报》，1942年1月16日，第四版。
② 邓康：《怎样来进行文艺批评》，《晋察冀日报》，1942年2月28日，第四版。
③ 丁克辛：《怎样阅读文艺作品》，《晋察冀日报》，1942年6月24日，第四版。
④ 丁克辛：《怎样阅读文艺作品》，《晋察冀日报》，1942年6月24日，第四版。

籍不同，文艺作品是"用具体的、真实的生动的形象和动人的热情（感情）来反映生活和思想，传达理论的"，①以此来影响教导读者，说服鼓励读者。第三个问题，阅读的方法问题，文章从阅读的速度、次数以及读书笔记应该记录哪些内容等方面非常细致地介绍了如何去阅读文艺作品。第四，书籍的选择问题，文章提出选择好书的两种方法：其一，有修养的人和文艺团体的推介；其二，多读书，广泛阅读古今中外的文艺书籍（作者建议先读中国的现代的书籍），互相比较，分辨好坏，选择与自己性格气质相通的、喜爱的书籍；另外作者指出在广泛阅读的基础上，再对自己选定的作家作品精读，所受的影响会更深，从而有可能走上创作的道路，作者指出走上创作的道路一方面需要充实的生活，同时也需要多读精读文艺书籍。

十五、译作

《苏联文学顾问委员会给初学写作者的一封信——不要讲述而要表现》是别林斯基的一段话的选译，主要强调文学创作中，不能用推理推论的方法，而是要用艺术描摹的语言表达。

《高尔基论怎样写文学作品——给某青年作家的信》是高尔基对一个苏联青年作者的小说《琐事》的评论。高尔基批评了小说创作上的冈果尔兄弟（现通译为龚古尔兄弟）式自然主义倾向：精细而暧昧地叙述失去典型社会意义的偶然事实，以冷淡的姿态对待作品中的人与事，强调写作中要通过人物与事件典型化才能使作品具有深刻的艺术与社会教育意义；同时也指出小说在描写环境、家具及物件的时候，却又没有运用自然主义的写法，从而使这些描写不够逼真。因此，高尔基批评作品中好像存在两个不同的作者，"一个是没有充分运用自己方法的自然主义者，另一个是没有充分运用浪漫主义手法的浪漫主义者"②。高尔基最后提出："艺术文学

---

① 丁克辛：《怎样阅读文艺作品》，《晋察冀日报》，1942年6月24日，第四版。
② 高尔基：《高尔基论怎样写文学作品——给某青年作家的信》，《晋察冀日报》，1941年12月24日，第四版。

并不是从属于现实的部分的事实的，而是比现实的部分的事实更高级的。文学的真实并不是脱离现实的，而是和它紧密地连接着""文学的真实——是同类的许多事实中提出来的精萃（粹）。这是典型化了的，而且只有正确地将现实中反复的全现象反映在一个现象上的时候，才能产生真实的艺术作品"。[①]

十六、其他

《晋察冀艺术》还刊载了三篇纪念苏联作家的作品。

力编的《壮健性——纪念高尔基》主要包括两部分内容。第一部分写高尔基"反对个人主义，悲叹的、市侩的文学"，[②]引用了高尔基在《论庸俗主义》一文中对神秘主义、唯美派文学以及对布林、安特列夫等的批判，引出高尔基"对人生对万人取积极态度"[③]的主张。第二部分主要是对高尔基早期浪漫主义短篇小说《马加·曲特拉》《老伊支吉》《可汗和他的儿子》《鹰之歌》等的评析，指出高尔基小说中的人物都是"意志坚强的，有分明的个性，强烈的自尊心，对生活抱着渴望"。[④]高尔基进入文学界的时候，俄罗斯文学里充满绝望的气息，高尔基用这样的流浪赤脚汉形象对抗沙皇忠顺臣子及灰暗的市侩们，这一时期高尔基"从赤脚汉或是古代吉普赛人的传说里去采取'真正的人'的形象"，[⑤]但不久之后，高尔基就观察到"真正的人"是工人阶级。

露茜的《纪念高尔基》共三部分：一、对高尔基的评价，"有着特异的艺术手腕，过去已经是，将来仍然是对于全世界无产阶级革命运动产生巨大的作用的"（列宁语），"他的一生就是一部灿烂的英雄史诗""艺术家，社会、政治评论家，教师，社会主义建设的参加者""担负了苏联革

[①] 高尔基：《高尔基论怎样写文学作品——给某青年作家的信》，《晋察冀日报》，1941年12月24日，第四版。

[②] 力编：《壮健性——纪念高尔基》，《晋察冀日报》，1941年6月18日，第四版。

[③] 力编：《壮健性——纪念高尔基》，《晋察冀日报》，1941年6月18日，第四版。

[④] 力编：《壮健性——纪念高尔基》，《晋察冀日报》，1941年6月18日，第四版。

[⑤] 力编：《壮健性——纪念高尔基》，《晋察冀日报》，1941年6月18日，第四版。

命的艺术的整个时代"。①二、高尔基生平的简介。三、需要向高尔基学习什么，文章谈到四点：顽强的革命精神（"如果敌人不投降，就消灭它"②）；热爱青年的精神；推崇知识与酷爱读者；忠实于艺术的态度与革命现实主义精神，即："艺术的效果就是夸张好的，成为更好，夸张坏的——有害于人类的，使之激起不满……艺术在本质上就是战斗，不是拥护便是反对"③，只有作者产生向读者表达的迫切需要，所要表达的在他自己看来对于社会人生非常重要，必须表现于艺术之中，这样的时候才能产生真正的不朽的伟大的艺术品。

徐雉的《苏联怎样纪念玛雅可夫斯基》（原文译作"玛雅可夫司基"）介绍了1940年4月苏联纪念马雅可夫斯基逝世十周年的简况，大致的内容包括，苏联作家协会常务委员会讨论决定隆重纪念，国家文学出版所准备出版全集，苏维埃作家出版所印行他的诗集，出版发行埃西也夫的著名长诗《玛雅可夫斯基》，编印马雅可夫斯基作品的插图集，把马雅可夫斯基的剧作搬上舞台和摄制成电影，举办马雅可夫斯基生活与作品的盛大展览会，为马雅可夫斯基撰写传记（特别为儿童编一种传记），印行一套纪念邮票。

另外，还有一篇探讨战争的背景下保存艺术出版物问题的《保存"艺术"——一个问题的提起》。文章指出作为艺术作品主要载体的出版物"是一种血的记录品"，④因而要用一切力量，用艰苦和耐心保存它们。文章提出要少留些破衣服、破东西而不要丢弃艺术出版物；不仅要保存好的成熟的出版物，而且也要保存一些幼稚的丑劣的东西，因为它是从幼稚向伟大、高大成长的记录，保存工作既要精炼，又要全面；保存艺术出版物也是为艺术工作上的调查研究积累资料。

除此之外，《晋察冀艺术》中还刊载了探讨音乐与美术的15篇文章，

① 露茜:《纪念高尔基》,《晋察冀日报》,1941年6月18日,第四版。
② 露茜:《纪念高尔基》,《晋察冀日报》,1941年6月18日,第四版。
③ 露茜:《纪念高尔基》,《晋察冀日报》,1941年6月18日,第四版。
④ 见:《保存"艺术"——一个问题的提起》,《晋察冀日报》,1942年5月13日,第四版。

其中关于音乐的有《评大后方"音运的退潮"》《歌词写作的一般问题》《对于目前作曲上的一些意见》《反"扫荡"中能不能坚持歌咏比赛》《给初学作曲者》《"悲哀"及其他》《大众歌曲的"党八股"与一些克服办法》；关于美术的有《把木刻艺术更深入到群众中去》《画头》《关于连环画"李铁牛"》《鲁迅论中国美术遗产问题》《边区美术运动新的开展》《谈谈对敌宣传画的制作》《创造中国的柯勒惠支》《对创作连环图画说述几点意见》《艺术字商榷》。因为本书主要针对文学作品，且著者对音乐与美术相关知识欠缺，所以对这些文章不展开评述。

文艺理论及评论性作品是《晋察冀艺术》中篇目最多分量最重的一类文章，所论及范围十分广泛，内容上偏于指出问题与提出解决问题的方法。除了大量对文学问题的探讨，还涉及戏剧（包括剧本、舞台布置、导演、演出、化装等文学与非文学的广泛内容）、美术、音乐等其他样式；既有对边区文艺做宏观的探讨与指导的，也有针对具体的文艺刊物、书籍、作品及文艺现象的评析；既包含对文学创作中诸多问题的探讨（如主题、语言等），也有对具体的不同文体作品的创作探讨（如小说、街头诗、街头剧、传记文学），还有对文艺相关问题的论争（如对民族形式、秧歌舞以及演大戏名剧的论争）；既有对文艺中心问题的探讨（如主题语言），也有对文艺相关的外围问题的探讨（如村剧团的组织、部队文艺小组的组织等）；既有对文艺作品创作的探讨，也有探讨阅读接受的；既有对根据地农村与部队的文艺创作及演出的探讨，也涉及如何在敌占区游击区通过文艺动员民众打击敌人，另外对国统区及苏联文艺也有所涉及；既探讨根据地内专业的作家艺术家的创作，也探讨农村与部队的业余的戏剧演出以及培养农民及战士作家的问题；除了理论探讨，也提出许多文艺活动中带有实践性与操作性的措施。

就文艺主张而言，主要有这样一些内容：强调密切联系现实，深入生活，深入群众，注重生活体验；注重文艺之于抗战的功利性价值，强调文艺服务于当前的政治任务，把文艺看做革命的工具与政治动员的武器；提倡大众化普及性的文艺，同时又强调通过大众化普及性的文艺提高民众的政治文化素养，强调普及与提高的辩证关系；提倡对民族旧形式与民间形式的改造利用，反对欧化洋化；倡导短小精悍、通俗易懂的作品，倡导创造短小轻便的适合于战争环境且宣传鼓动性强的文艺新样式；提倡文艺讨论中的自由、公开与诚恳；倡导朴实刚强悲壮的美学风格。

除了这些在抗战语境下带有一定普遍性的主张，在作品中也有一些作者独到的思考。比如田间认为五四新文艺主要不是外部移植而来，而是在现代中国社会基础上产生出来，并非只有旧形式与民间形式才是中国的，才是民族的，在中国新的社会基础上产生出来的新文艺形式也是中国的，也是民族形式，旧形式与西方形式都是创造民族形式的资源；民族新形式的创造基础是现实生活。再比如孙犁认为英雄文学要表现胜利，但不能把取得胜利写得太容易，这样既不真实也无力量；接受遗产应以"肯定民族新的生活，否定民族旧的生活，发展民族新的生活"为要求。

总之，与《海燕》《鼓》等副刊相比，《晋察冀艺术》是一个更具综合性的文艺副刊，所刊作品涉及更多的艺术门类，其中包括歌曲、木刻等作品，文艺理论及评论性作品更是所涉众多，探讨问题既包括文艺作品本身，也包括与文艺活动相关的一些外围性问题，比如文艺活动的组织、部队与农村非专业作者的培养等，但是文学作品以及文学相关问题的探讨仍然是《晋察冀艺术》中分量最重的一类。《晋察冀艺术》办刊时间尽管横跨1942年延安文艺座谈会前后，延至1942年7月才停刊，但是仍属于根据地早期的文学刊物，就主题与题材而言，仍以战争题材为主，叙事性作品与诗歌中出现了根据地建设的作品，但为数不多。创作方面以短小简洁的作品为主，如墙头小说、街头诗等。语言方面力求通俗易懂，接近普通群众的接受水平，与《海燕》相比表现出一定的民族化色彩，但欧化色彩仍很明显，比较而言，诗歌对民族民间文学资源的借鉴与吸收更多一些。作为存续于延安文艺座谈会前后的文艺副刊，《在延安文艺座谈会上的讲话》中所涉及的理论问题在《晋察冀艺术》刊载的理论性文章中有不少探讨，比如把文艺看做政治工作的武器，普及与提高的关系，比如对深入群众深入生活的强调，把生活看做文学的源泉，比如文艺的民族化、民间化问题，但是从创作方面来看，即使是1942年6、7月间的作品，离《在延安文艺座谈会上的讲话》的要求尚有明显距离，文艺界与作家真正理解《在延安文艺座谈会上的讲话》精神并使之贯彻到创作实践中去，还需要一定的时间。从所刊作品的艺术水准看，与《海燕》不差上下，与《鼓》有不小差距。

附录：

《晋察冀艺术》目录

1. 叙事性作品

第一期（1941年1月9日） 秦兆阳、丁克辛：《老乡们关于毛主席的故事》

第五期（1941月2月6日） 一田：《聂司令员和艺术工作者们的谈话》

第六期（1941年2月16日） 小童：《砍刀》；宋玉芬：《亲生之母》；邵子南：《"少年高尔基"们》

第八期（1941年3月7日） 邓康：《史元》；田间：《镰刀也能反抗呵》

第十一期（1941年4月9日） 赵鹏：《卖身契》

第十九期（1941年6月18日） 李又然译：《河水怎样帮助游击队》

第二十四期（1941年12月16日） 徐雉译：《三个反法西斯的故事》

第二十六期（1942年1月4日） 老鲁：《雁北的一个小姑娘》

第二十八期（1942年1月24日） 中国人：《城》

第二十九期（1942年2月4日） 小山译：《苏联作家在芬兰前线上》

第三十三期（1942年3月25日） 林江：《妇女·文学——夜，炉边，三个男同志的闲话》

第三十四期（1942年4月3日） 臧桂琴、李秀珍、葛芸香：《卖烧饼的小姑娘》；戈宝权节译：《伊加尔卡的孩子们》

第三十五期（1942年4月10日） 鲁藜：《记劳森》

第三十六期（1942年5月6日） 董逸风：《文艺晚会——联大文艺学院艺术生活的报告》

第四十二期（1942年7月12日） 洛灏：《记突围》

2. 诗歌

第二期（1941年1月15日） 邓康：《爱护晋察冀——纪念边区政府成立三周年》

第三期（1941年1月22日） 田间：《纪念〈母亲〉》

第四期（1941年1月31日） 中国人：《别抛弃正义》；四十团一营：《慰劳》

第五期（1941年2月6日）　中国人：《中国在哭泣在愤怒》《同志，握着新四军的血前进》

第十一期（1941年4月9日）　栗茂章：《春风》

第十二期（1941年4月23日）　辛勇：《生产的热潮在澎湃着》

第十四期（1941年5月14日）　缪穆译：《斯大林》；鲁藜：《五月一日在这里》；邵子南：《故乡的诗章》；沙：《锄头和枪》；田流：《来互相温暖呵》《检查一下》；白水：《赶快打造农具》；中国人：《民兵老爷》

第十六期（1941年6月18日）　缪穆译：《歌颂斯大林》

第十七期（1941年6月25日）　中国人：《"加到火里"——纪念中国共产党诞生二十周年》

第十九期（1941年7月5日）　倪尼：《眼泪掉在麦地里》

第二十期（1941年7月16日）　中国人：《斯大林为我们粉碎人类的故人》

第二十二期（1941年8月14日）　羊谷：《这里是共和国的领土》《集体农场》；□□：《边区公安局长》；史轮：《奸细》；田丁：《反对假报》《形式主义》；石坚：《你这家伙》

第二十三期（1941年11月30日）　鲁藜：《夜葬——追悼殉难的战友》

第二十七期（1942年1月16日） 中国人：《她代替哥哥》；席水林：《孩子，谁死了妈妈?》

第三十一期（1942年2月28日） 徐朔：《我们相信你——给伪军兄弟》

第三十五期（1942年4月10日） 张青芝：《报名去》；张凤芝《青年人》

第三十七期（1942年5月13日） 苗青旺：《火——献给边区的孩子们》

第四十一期（1942年6月24日） 中国人：《向明天进军》

3. 散文

第二期（1941年1月15日） 丁克辛：《街头随笔三则》

第五期（1941年2月6日） 邓康：《由茂林事变想起》

第六期（1941年2月16日） 田间：《为新的一代而歌——开展晋察冀边区儿童艺术运动》

第十一期（1941年4月9日） 武维扬：《鲁迅和孩子》

第十九期（1941年7月5日） 肃：《纪念聂耳同志》

第二十期（1941年7月16日） 邵子南：《艺术节与我们》

第三十四期（1942年4月3日）　罗东：《四四感想》

第三十六期（1942年5月6日）　罗东：《艺术节》

第四十期（1942年6月17日）　朔：《对死者的悲忆——高尔基、瞿秋白、萧红》；见：《的呢？矢呢？》

第四十一期（1942年6月24日）　见：《矢呵！向偏见射吧！》

4. 文艺理论及评论性作品

第一期（1941年1月9日）　胡苏：《让新年的街头活跃起来吧》

第二期（1941年1月15日）　苏醒：《"创造模范村剧团"竞赛标准中几个问题》；娄山：《关于〈婚事〉的演出》

第三期（1941年1月22日）　沙可夫：《向高尔基学习——祝〈母亲〉二次公演》；崔嵬：《迎接困难和克服困难》

第四期（1941年1月31日）　林冬蘋：《我们的主题》

第五期（1941年2月6日）　胡苏等：《〈母亲〉〈婚事〉〈日出〉三大名剧公演以后》

第六期（1941年2月16日）　林冬蘋：《儿童文艺的创作》

第七期（1941年2月25日）　田间：《"民族形式"问题》

第八期（1941年3月7日） 左唯央：《读"民族形式"问题后》；孙犁：《关于墙头小说》

第九期（1941年3月15日） 冯宿海：《关于"秧歌舞"种种》；孙犁：《接受"遗产问题"》

第十期（1941年3月28日） 田间：《〈"民族形式"问题〉补充——兼答左唯央同志》

第十一期（1941年4月9日） 更石：《略谈儿童戏剧》

第十二期（1941年4月23日） 肃：《评大后方"音运的退潮"》；施序：《歌词写作的一般问题》；周巍峙：《对于目前作曲上的一些意见》

第十三期（1941年4月29日） 沙可夫：《目前边区文艺工作者努力的方向——为五四运动二十二周年而作》

第十四期（1941年5月14日） 田间：《怎样写街头诗》；孙犁：《关于诗的语言》

第十五期（1941年5月29日） 方用：《把木刻艺术更深入到群众中去》；钟惦棐：《画头》；孙逊：《关于连环画"李铁牛"》；徐灵：《鲁迅论中国美术遗产问题》

第十六期（1941年6月18日） 夏天：《铁的文艺和铁的子弟兵》；力编：《壮健性——纪念高尔基》；露茜：《纪念高尔基》

第十七期（1941年6月25日） 徐雉：《苏联怎样纪念玛雅可夫司基》

第十九期（1941年7月5日） 文：《关于文艺小组的杂谈》；弓：《〈五十年代〉（介绍）》

第二十期（1941年7月16日） 赵冠琪整理：《聂司令员在第二届艺术大会上的演讲》；丁里：《介绍〈带枪的人〉》

第二十一期（1941年7月31日） 杨朔：《写小说》；牧虹：《关于〈列宁〉的表演——演员手记之一》；沃渣：《边区美术运动新的开展》

第二十二期（1941年8月14日） 田间：《街头诗运动三周年纪念》；凌风：《谈田庄剧与〈跟着聂司令员前进〉》；玛金：《我们要求洗练的剧作》

第二十三期（1941年11月30日） 见：《目前文艺创作上的几个问题》；牧虹：《街头剧随谈》；周巍峙：《反扫荡当中能不能坚持歌咏工作》

第二十四期（1941年12月16日） 孙犁：《论战时的英雄的文学——在冀中〈前线报〉文艺小组座谈会上的发言》；见：《评〈大家说〉》；《苏联文字顾问委员会给初学写作者的一封信——不要讲述而要表现》

第二十五期（1941年12月24日） 崔嵬：《角色的认识》；远：《〈诗〉介绍》；高尔基：《高尔基论怎样写文学作品——给某青年作家的信》

第二十六期（1942年1月4日） 可夫、田间等：《我对于乡村和部队艺术运动的感想》；王革：《给初学作曲者》

第二十七期（1942年1月16日） 田间：《文艺批评之旗》；文协：《关于创作"烈士传记"和"英雄传记"》；方用：《建立新的审美观念》

第二十八期（1942年1月24日） 见：《致"文艺小组"》；方用：《谈谈对敌宣传画的制作》；《怎样提高和巩固村剧团——一个村剧团的来信》

第二十九期（1942年2月4日） 田间：《文学上的一次战斗——我对于这次创作运动中文学作品的印象》；歌：《"悲哀"及其他》；萧江：《我们的文艺小组》

第三十期（1942年2月20日） 林江：《〈晋察冀文艺〉创刊号读后感》；韩塞：《怎样解决男扮女装的问题——兼答张春同志的来信》

第三十一期（1942年2月28日） 邓康：《怎样来进行文艺批评》；柳茵：《培养部队中的文艺作家》；康濯：《谈文学的语言》

第三十二期（1942年3月14日） 蓝静之：《〈晋察冀戏剧〉读后》；歌：《写小故事》；远：《化装随谈》

第三十三期（1942年3月25日） 方用：《创造中国的柯勒惠支》

第三十四期（1942年4月3日） 长怡：《〈小故事集〉读后感》

第三十五期（1942年4月10日） 张天翼：《论〈阿Q正传〉》；钟惦菲：《对创作连环图画说述几点意见》

第三十六期（1942年5月6日） 邓康：《我们的宣传》；方用：《艺术字商榷》

第三十七期（1942年5月13日） 见：《保存"艺术"——一个问题的提起》；蔡其矫：《形象·想象——答复读者王琨同志的两个问题》；更石：《秧歌舞的化装》

第三十八期（1942年5月23日） 洪荒：《广泛培植部队文艺工作者》；见：《我们所希望于部队文艺的》；克己：《对于部队剧社工作的几点意见》

第三十九期（1942年6月4日） 周巍峙：《大众歌曲的"党八股"与一些克服办法》；钟惦菲：《对创作连环图画说述几点意见（续）》；《我们的敬礼》

第四十期（1942年6月17日） 甘城：《文艺的绿芽——对几个刊物的评介》；钟惦菲：《对创作连环图画说述几点意见（续）》

第四十一期（1942年6月24日） 丁克辛：《怎样阅读文艺作品》；力编：《"冀中一日"以后》

第四十二期（1942年7月12日） 辛光：《影响和提高》；田野：《田庄演出与开展乡村剧运》